21世纪韩国语系列教材

韩国现代文学
作品选读

한국 현대문학 작품 선독

韩 梅　韩 晓 ◎ 编著

北京大学出版社
PEKING UNIVERSITY PRESS

图书在版编目(CIP)数据

韩国现代文学作品选读/韩梅,韩晓编著.—北京：北京大学出版社,2010.5
(21世纪韩国语系列教材)
ISBN 978-7-301-17179-0

Ⅰ.韩… Ⅱ.①韩…②韩… Ⅲ.①朝鲜语－阅读教学－高等学校－教材②文学－作品－简介－韩国－现代 Ⅳ.H559.4:I

中国版本图书馆CIP数据核字(2010)第080688号

书　　　　名：	韩国现代文学作品选读
著作责任者：	韩　梅　韩　晓　编著
责 任 编 辑：	宣　瑄
标 准 书 号：	ISBN 978-7-301-17179-0/H·2501
地　　　　址：	北京市海淀区成府路205号　100871
网　　　　址：	http://www.pup.cn
电 子 信 箱：	554992144@qq.com
电　　　　话：	邮购部 62752015　发行部 62750672　编辑部 62759634　出版部 62754962
印 　刷 　者：	北京虎彩文化传播有限公司
经 　销 　者：	新华书店
	787毫米×1092毫米　16开本　13.5印张　280千字
	2010年5月第1版　2024年6月第5次印刷
定　　　　价：	56.00元

未经许可,不得以任何方式复制或抄袭本书之部分或全部内容。
版权所有,侵权必究
举报电话：(010)62752024　电子信箱：fd@pup.pku.edu.cn

普通高等教育"十一五"国家级规划教材

《21世纪韩国语系列教材》专家委员会

主任委员：

安炳浩　北京大学　教授
　　　　中国朝鲜语／韩国语教育研究学会会长
张光军　解放军外国语学院亚非系主任　博导
　　　　教育部外语教学指导委员会委员
　　　　大韩民国国语国文学会海外理事
张　敏　北京大学　教授　博导
牛林杰　山东大学韩国学院院长　教授

委　员：

金永寿　延边大学朝鲜韩国学院院长　教授
苗春梅　北京外国语大学亚非学院韩国语系主任　教授
何彤梅　大连外国语学院韩国语系主任　教授
王　丹　北京大学外国语学院朝鲜(韩国)语言文化系主任　副教授

韩国专家顾问：

闵贤植　韩国首尔大学国语教育系　教授
姜信沆　韩国成均馆大学国语国文系　教授
赵恒禄　韩国祥明大学国语教育系　教授

总 序

中韩建交之初，北京大学出版社出版了全国25所大学联合编写的韩国语基础教科书《标准韩国语》。在近十年的教学实践中，这套教材得到了广大师生的认可和欢迎，为我国的韩国语人才培养做出了积极的贡献。随着我国韩国语教育事业的迅速发展，广大师生对韩国语教材的要求也越来越高。在教学实践中，迫切需要一套适合大学本科、专科等教学的韩国语系列教材。为此，北京大学出版社再度荟萃韩国语教学界精英，推出了国内第一套韩国语系列教材——《21世纪韩国语系列教材》。

本系列教材是以高校韩国语专业教学大纲为基础策划、编写的，编写计划基本上囊括了韩国语专业大学本科的全部课程，既包括听、说、读、写、译等语言基础教材，也包括韩国文化、韩国文学等文化修养教材，因其具备完备性、科学性、实用性、权威性的特点，已正式被列为普通高等教育"十一五"国家级规划教材。

本系列教材与以往其他版本教材相比有其鲜明特点：首先，它是目前为止唯一被列入"十一五"国家级规划的韩国语系列教材。第二，它是触动时代脉搏的韩国语教材，教材的每一个环节都力求做到新颖、实用，图文并茂，时代感强，摆脱了题材老套、墨守成规的教材编写模式，真正实现了"新世纪——新教材——新人才"的目标。第三，语言与文化是密不可分的，不了解一个国家的文化，就不能切实地掌握一个国家的语言，从这一视角出发，立体化系列教材的开发在外语教材(包括非通用语教材)规划中是势在必行的。《21世纪韩国语系列教材》就是在这一教学思维的指导下应运而生的。第四，本系列教材具有权威性。由中国韩国语教育研究学会会长、北京大学安炳浩教授，大韩民国国语国文学会海外理事、中国韩国语教育研究学会副会长张光军教授，北京大学张敏教授，山东大学牛林杰教授组织编写。参加编纂的中韩专家、教授来自北京大学、韩国首尔大学、北京外国语大学、韩国成均馆大学、山东大学、解放军外国语学院、大连外国语学院、延边大学、青岛大学、中央民族大学、山东师范大学、烟台大学等国内外多所院校。他们在韩国语教学领域具有丰富的执教经验和雄厚的科研实力。

本系列教材将采取开放、灵活的出版方式，陆续出版发行。欢迎各位读者对本系列教材的不足之处提出宝贵意见。

北京大学出版社
2007年4月

目 录　목 차

제1과　시:「진달래꽃」외 5편 ~~~~~~1

第1课　诗歌：《金达莱花》等5首

제2과　소설:「빈처」~~~~~~9

第2课　小说：贫妻

제3과　소설:「배따라기」~~~~~~24

第3课　小说：船歌

제4과　소설:「벙어리 삼룡이」~~~~~~~~~~~~~~~~~~~~~~~~~~~~~~~~~~~~38

第4课　小说：哑巴三龙

제5과　소설:「탈출기」~~~~~~50

第5课　小说：逃出记

제6과　시:「거울」외 5편 ~~~~~~59

第6课　诗歌：《镜子》等5首

제7과　소설:「백치 아다다」~~~~~~~~~~~~~~~~~~~~~~~~~~~~~~~~~~~~~~66

第7课　小说：白痴阿达达

제8과　소설:「동백꽃」~~~~~~79

第8课　小说：山茶花

제9과　소설:「무녀도」~~~~~~~~~~~~~~~~~~~~~~~~~~~~~~~~~~~~87

第9课　小说：巫女图

제10과　소설:「별」,「소나기」~~~~~~~~~~~~~~~~~~~~~~~~~~~~~~108

第10课　小说：《星》、《骤雨》

제11과　소설:「실비명(失碑銘)」~~~~~~~~~~~~~~~~~~~~~~~~~~~~125

第11课　小说：失碑铭

제12과　시:「국화 옆에서」외 5편 ~~~~~~~~~~~~~~~~~~~~~~~~~137

第12课　诗歌：《在菊花旁边》等5首

제13과　소설:「수난이대」~~~~~~~~~~~~~~~~~~~~~~~~~~~~~~~144

第13课　小说：受难二代

제14과　소설:「젊은 느티나무」~~~~~~~~~~~~~~~~~~~~~~~~~~~155

第14课　小说：年轻的毛榉树

제15과　소설:「서울, 1964년 겨울」~~~~~~~~~~~~~~~~~~~~~~~~174

第15课　小说：首尔，1964年冬

제16과　소설:「서편제」~~~~~~~~~~~~~~~~~~~~~~~~~~~~~~~~~193

第16课　小说：西便制

제 1 과   시 : 「진달래꽃」 외 5편

[작가 소개/作家介紹]

　　한용운(韓龍雲, 1879~1944년), 호 만해(萬海), 1879년 충청남도 홍성에서 태어나 **향리**에서 **한학**을 배웠다. 26세 때 **출가하여** 승려가 되었다. 그 후 일본에 건너가 불교와 서양철학을 공부한 후 중국과 **시베리아** 등지를 **방랑하다가** 1913년 귀국했다. 1919년 3·1운동 때 「독립선언서」에 서명한 것으로 인해 체포되어 3년형을 선고받고 **복역했다**. 1926년 시집 「님의 침묵」을 출판하여 저항문학에 앞장섰다.
　　한용운은 승려이자 독립운동가이면서 동시에 **왕성한** 창작활동을 펼친 시인이다. 그의 시에는 독립사상과 불교사상이 예술적으로 결합되어 있다. 그의 많은 시가 작품에서 "님"을 노래하고 있는데 "님"은 잃어버린 조국, 민족, 자연, 사랑, **불타** 등을 의미한 것으로 분석된다. 그의 시는 **관념화** 경향을 서정성 속에서 효과적으로 **응축**시킴으로써 뛰어난 산문적 정서를 확립하였다.
　　이상화(李相和, 1901~1943년), 호 상화(尙火), 무량(無量)등이다. 1901년 대구에서 태어났으며 1918년 중앙학교를 **수료하고**, 1919년 3·1운동 때 학생운동에 참가했다. 1922년 『백조』지에 「나의 침실로」 등 시 작품을 발표하면서 문단에 나오게 되었다.
　　이상화의 작품을 보면 서정적 자아가 어둠의 현실을 등지고 동굴과 밀실 속으로 도피하는 경우도 있지만 서정적 자아가 어둠의 현실을 뚫고 나온 경우도 있다. 그런 면에서 이상화는 시대의 고통과 개인의 고뇌를 극복하고 식민지 현실에 대한 시적인식의 확대를 가능하게 하였다.
　　김소월(金素月, 1902~1934년), 본명은 정식(廷湜), 1902년 평안북도 구성군 구성면에서 태어났다. 1915년 오산학교에 입학한 후, 거기서 문학의 스승인 김억을 만나게 되어 그의 지도 아래 시 창작을 시작했다. 1922년 『개벽』에 「진달래꽃」을 발표하여 문단에 **등단하고** 「금잔디」, 「먼 후일」 등 중요한 작품들을 연이어 발표하였다. 1926년부터 작품 발표를 중단하고 여러 사업을 해봤으나 모두 실패했다. 1934년 김소월은 독을 마시고 스스로 목숨을 끊었다.
　　김소월의 시적 특징은 전통시의 기본 골격인 형태상의 **정제성**과 율격적 정서, 그리고 **절제된** 시어의 농축을 자유시 속에서 효과적으로 계승한 것이고 독창적인 시형식과 탁월한 어휘 구사로 민족적 **애환**을 **극대화함으로써** 민요에서 보이는 민족 정서를 되살려 놓았다는 것이다.

[단어 해석/单词解析]

1. 향리 : 고향이나 고향 마을 **乡里**
2. 한학 : 한문학 **汉文学**
3. 출가하다 : 속세를 떠나서 중이 되다 **出家**
4. 시베리아 : 러시아의 우랄 산맥에서 태평양 연안에 이르는 북아시아 지역 **西伯利亚**
5. 방랑하다 : 정한 곳 없이 이리저리 떠돌아 다니다 **流浪**
6. 복역하다 : 징역을 살다 **服刑**
7. 왕성하다 : 한창 성하다 **旺盛**
8. 불타 : 불교에서 깨달음을 얻은 사람을 부르는 말 **佛陀**
9. 관념화 : 대상에 관한 명확한 정신적 표현 **抽象化，观念化**
10. 응축 : 내용의 핵심이 어느 한곳에 집중되어 쌓여 있음 **凝缩**
11. 수료하다 : 일정한 학과를 다 배워 끝내다 **修完全部课程**
12. 등단하다 : 문단(文壇)에 처음으로 등장하다 **登上文坛**
13. 정제성 : 정돈하여 가지런한 성격 **整齐性**
14. 절제되다 : 정도에 넘지 아니하도록 알맞게 조절하여 제한하다 **节制**
15. 애환 : 슬픔과 기쁨 **悲欢**
16. 극대화하다 : 아주 크게 하다 **极大化**

[작품 해제/作品解析]

「먼 후일」: 1920년 『학생계』 1호에 발표된 작품이다. 사랑에 대한 **열망**과 떠난 임에 대한 그리움을 표현하는 애정시이다. 이 시의 가장 큰 매력은 상대방을 지금까지 잊지 않고 기다려온 것을 '잊었노라'로 표현하는 **반어**적 진술에 있다. **반복법**과 **대화법**으로 작품을 성공시키고 하나의 연 속에서 과거 **시제**와 미래 시제가 공존하는 것도 이 시의 특징이다.

　　「진달래꽃」: 1922년 『개벽』 25호에 발표된 김소월 대표작 중의 하나이다. 이 시는 민요적 율격을 취하여 승화된 이별의 **정한**을 노래한다. 반복적인 **리듬**과 음악성이 돋보이고, 7·5조의 음수율, 3음보 **토속어**의 활용, **각운**의 의도적 배치, 반어와 **역설법** 등 다양

한 표현수법이 사용되고 있다. 토속적 **사투리**와 사랑의 마음을 효과적으로 처리한 것이 높이 평가된다. 또한 한국 여성의 전통적인 미덕인 순종이 기저에 깔려있으면서도 내면으로는 님을 붙잡고 싶어하는 마음이 담겨 있는 것이 특징적이다.

「님의 침묵」: 1926년 간행된 시집 『님의 침묵』에 수록되어 있는 한용운의 대표작 중의 한 편이다. 현실을 떠나 가버린 "님", 지금 현실에 존재하지 않는 "님"을 노래하고 있다. 여기서의 '님'은 잃어버린 조국, 혹은 부처, 애인 등으로 볼 수 있다. "님은 갔지만은 나는 님을 보내지 아니하였다"거나 "다시 만날 것을 믿는다"는 것은 이전 한국 시에 자주 나타난 "이별의 정한"에서 벗어나 "희망"을 추구하기 시작한다는 것을 **시사한다**.

「알 수 없어요」: 1926년 간행된 한용운의 시집 『님의 침묵』에 수록되어 있는 작품이다. 시의 **표제**가 말하는 것처럼 이 시는 알 수 없는 세계의 **심오함**과 **유원한** 절대자의 본체를 추구하고, 번뇌하며 구도하는 자아의 세계를 표현하고 있다. 오동잎, 푸른 하늘, 향기, 작은 시내, 저녁노을 등 신비하고 아름다운 자연 현상을 통해 절대자의 존재를 제시하고 있는 것이 주목할 만하다. 대화체 수법을 사용하여 연마다 '입니까'로 끝맺음으로써 시적 운율을 잘 살리고 있다.

「빼앗긴 들에도 봄은 오는가」: 1926년 『개벽』 70호에 발표된 이상화의 대표작이다. 이 시는 나라를 빼앗긴 민족적 **울분**과 일제에 대한 강력한 저항 정신을 노래하고 있다. 일제 하에서 봄을 맞는 **착잡한** 심정을 **압축시킨** 첫 행인 "지금은 남의 땅, 빼앗긴 들에도 봄은 오는가"라는 구절이 "그러나, 지금은 들을 빼앗겨 봄조차 빼앗기겠네"라는 마지막 행과 강렬한 대조를 이루어 지금은 들을 빼앗겼지만 아름다운 봄이 반드시 찾아올 수 있다는 굳은 신념을 나타낸다.

[단어 해석/单词解析]

1. 열망 : 열렬하게 바람 **热切盼望**
2. 반어 : 표현의 효과를 높이기 위하여 실제와 반대되는 뜻의 말을 하는 것 **反语，反话**
3. 반복법 : 같거나 비슷한 어구를 되풀이하여 효과적으로 표현하려는 수사법 **反复法**
4. 대화법 : 대화의 형식을 이용하여 효과적으로 표현하려는 수사법 **对话法**
5. 시제 : 어떤 사건이나 사실이 일어난 시간 선상의 위치를 표시하는 문법 범주 과거·현재·미래가 있음 **时制**
6. 정한 : 정과 한 **情与恨**
7. 리듬 : 음의 장단이나 강약 따위가 반복될 때의 그 규칙적인 으의 흐름 **节奏**
8. 토속어 : 그 지방의 특유한 말 **当地话，土话**
9. 각운 : 시가에서, 구나 행의 끝에 규칙적으로 같은 운의 글자를 다는 일 또는 그 운 **脚韵，每行的最后一个音节押韵**
10. 역설법 : 역설을 표현 수단으로 하는 수사법 **悖论法**

11. 사투리 : 방언, 특정 집단에서 사용하는 언어 **方言**
12. 시사하다 : 어떤 것을 미리 간접적으로 표현해 주다 **启发，提示**
13. 표제 : 제목 **标题，题目**
14. 심오하다 : 사상이나 이론 따위가 깊이가 있고 오묘하다 **深奥**
15. 유원하다 : 심오하여 아득하다 **悠远**
16. 울분 : 답답하고 분함 또는 그런 마음 **郁愤，愤懑**
17. 착잡하다 : 갈피를 잡을 수 없이 뒤섞여 어수선하다 **复杂**
18. 압축시키다 : 물질 따위에 압력을 가하여 그 부피를 줄이다 **压缩**

[작품 원문/作品原文]

먼 후일

김소월

먼 후일 당신이 찾으시면
그 때에 내 말이 "잊었노라"

당신이 속으로 나무라면
"무척 그리다가 잊었노라"

그래도 당신이 나무라면
"**믿기지** 않아서 잊었노라"

오늘도 어제도 아니 잊고
먼 후일 그 때에 "잊었노라"

진달래꽃

김소월

나 보기가 역겨워
가실 때에는
말없이 고이 보내 드리우리다.

영변(寧邊)에 약산(藥山)
진달래꽃

아름 따다 가실 길에 뿌리우리다.

가시는 걸음 걸음
놓인 그 꽃을
사뿐히 즈려 밟고 가시옵소서.

나 보기가 역겨워
가실 때에는
죽어도 아니 눈물 흘리오리다.

님의 침묵

한용운

님은 갔습니다. 아아 사랑하는 나의 님은 갔습니다.
푸른 산빛을 **깨치고** 단풍나무 숲을 향하여 난 작은 길을 걸어서 차마 떨치고 갔습니다.
황금의 꽃같이 굳고 빛나던 옛 맹세는 차디찬 티끌이 되어서, 한숨의 미풍에 날아갔습니다.
날카로운 첫 키스의 추억은 나의 운명의 지침을 돌려놓고, 뒷걸음쳐서 사라졌습니다.
나는 향기로운 님의 말소리에 귀먹고, 꽃다운 님의 얼굴에 눈멀었습니다.
사랑도 사람의 일이라, 만날 때에 미리 떠날 것을 염려하고 경계하지 아니한 것은 아니지만, 이별은 뜻밖의 일이 되고 놀란 가슴은 새로운 슬픔에 터집니다.
그러나 이별은 쓸데없는 눈물의 원천을 만들고 마는 것은 스스로 사랑을 깨치는 것인 줄 아는 까닭에, 걷잡을 수 없는 슬픔의 힘을 옮겨서 새 희망의 **정수배기**에 **들어부었습니다**.
우리는 만날 때에 떠날 것을 염려하는 것과 같이, 떠날 때에 다시 만날 것을 믿습니다.
아아, 님은 갔지마는 나는 님을 보내지 아니하였습니다.
제 곡조를 못 이기는 사랑의 노래는 님의 침묵을 휩싸고 돕니다.

알 수 없어요

한용운

바람도 없는 공중에 수직의 파문을 내며 고요히 떨어지는 오동잎은 누구의 발자취입니까?

지리한 장마 끝에 서풍이 몰려가는 무서운 검은 구름의 터진 틈으로, **언뜻언뜻** 보이는 푸른 하늘은 누구의 얼굴입니까?

꽃도 없는 깊은 나무에 푸른 이끼를 거쳐서, 옛 탑 위에 고요한 하늘을 스치는 알 수 없는 향기는 누구의 입김입니까?

근원은 알지도 못할 곳에서 나서 **돌부리**를 울리고, 가늘게 흐르는 작은 시내는 굽이굽이 누구의 노래입니까?

연꽃 같은 발꿈치로 가이 없는 바다를 밟고, 옥 같은 손으로 끝없는 하늘을 만지면서, 떨어지는 해를 곱게 단장하는 저녁놀은 누구의 시입니까?

타고 남은 재가 다시 기름이 됩니다.
그칠 줄을 모르고 타는 나의 가슴은 누구의 밤을 지키는 약한 등불입니까?

빼앗긴 들에도 봄은 오는가

이상화

지금은 남의 땅—빼앗긴 들에도 봄은 오는가?

나는 온몸에 햇살을 받고,
푸른 하늘 푸른 들이 맞붙은 곳으로,
가르마 같은 논길을 따라 꿈 속을 가듯 걸어만 간다.

입술을 다문 하늘아, 들아,
내 맘에는 나 혼자 온 것 같지를 않구나!
네가 끌었느냐? 누가 부르더냐?
답답하여라. 말을 해 다오.

바람은 내 귀에 속삭이며,
한 자국도 섰지 마라, 옷자락을 흔들고.
종다리는 울타리 너머 아가씨같이 구름 뒤에서 반갑다 웃네.

고맙게 잘 자란 보리밭아!
간밤 자정이 넘어 내리던 고운 비로
너는 **삼단** 같은 머리털을 감았구나. 내 머리조차 **가뿐하다**.

혼자라도 **가쁘게** 나가자.
마른 논을 안고 도는 착한 도랑이

젖먹이 달래는 노래를 하고 제 혼자 어깨춤만 추고 가네.

나비 제비야, **깝치지** 마라.
맨드라미, **들마꽃**에도 인사를 해야지.
아주까리 기름을 바른 이가 **지심 매던** 그 들이라 다 보고 싶다.

내 손에 호미를 쥐어 다오.
살찐 젖가슴과 같은 부드러운 이 흙을
발목이 시도록 밟아도 보고, 좋은 땀조차 흘리고 싶다.

강가에 나온 아이와 같이,
짬도 모르고 끝도 없이 닫는 내 혼아!
무엇을 찾느냐? 어디로 가느냐? 우서웁다, 답을 하려무나.

나는 온몸에 풋내를 띠고,
푸른 웃음 푸른 설움이 어우러진 사이로,
다리를 절며 하루를 걷는다. 아마도 봄 **신명이 지폈**나 보다.
그러나 지금은 들을 빼앗겨 봄조차 빼앗기겠네.

[단어 해석/单词解析]

1. 믿기다: '믿다'의 피동사 **信得过, 可信**
2. 아름: 두 팔을 둥글게 모아 만든 둘레 안에 들 만한 분량을 세는 단위 **围, 抱**
3. 사뿐히: 매우 가볍게 움직이는 모양 **轻盈地**
4. 즈려 밟다: 지르밟다, 위에서 내리눌러 밟다 **踩, 踏**
5. 깨치다: 깨뜨리다 **打破**
6. 정수배기: 정수리, 머리 위의 숫구멍이 있는 자리 **头顶**
7. 들어붓다: 비 따위가 퍼붓듯이 쏟아지다 **浇**
8. 언뜻언뜻: 지나는 결에 잇따라 잠깐씩 나타나는 모양 **从身边不时闪过**
9. 돌부리: 땅 위로 내민 돌멩이의 뾰족한 부분 **石头尖儿**
10. 가르마: 이마에서 정수리까지의 머리카락을 양쪽으로 갈랐을 때 생기는 금 **头发向左右两边分时的分际**
11. 종다리: 종달새 **百灵鸟, 云雀**
12. 삼단: 삼을 묶은 단 **麻捆儿**
13. 가뿐하다: 몸의 상태가 가볍고 상쾌하다 **轻快**

14. 가쁘다: 몹시 숨이 차다 **气喘吁吁**
15. 젖먹이: 젖을 먹는 어린아이 **婴儿，吃奶的孩子**
16. 깝치다: 경망하게 행동하다, 서두르다 **着忙**
17. 맨드라미: 계관화, 잎과 꽃으로 불로색소를 추출할 수 있고 관상용으로 재배하기도 하는 비름과의 한해살이풀 **鸡冠花**
18. 들마꽃: 양생 마꽃 **野生麻开的花**
19. 아주까리: 피마자 **蓖麻**
20. 지심 매다: 김매다 **除草**
21. 신명이 지피다: 사람에게 신령이 통하게 모든 것을 알게 되다 **通神**

[연습 문제/练习]

1. 「진달래꽃」과 「먼 후일」두 작품에 나타난 김소월 시의 특징이 무엇인지 생각해 보십시오.
2. 「님의 침묵」과 「알 수 없어요」는 산문체 시인데 운율을 어떻게 조성하고 있는지 말해 보십시오.
3. 「빼앗긴 들에도 봄은 오는가」에서 어떤 표현이 한국적 정서를 표현하고 있는지 말해 보십시오.

제 2 과   소설 : 「빈처」

[작가 소개/作家介绍]

　　경북 대구에서 태어난 현진건(1900~1943년)은 1912년에 일본 도쿄에서 독일어학교를 졸업한 후, 1918년 중국 상해 호강대학 독일어학부에서 수학하면서 문학에 관심을 보이기 시작하였다. 1919년 그는 대구에서 이상화, 백기만 등과 함께 동인지『거화』를 발간하고, 1920년『개벽』동인지에 단편소설「희생화」를 발표함으로써 문단에 등장하였다. 이듬해에는 사실주의 경향이 짙은「빈처」를『개벽』에 발표하면서 문단의 주목을 받게 되었다. 이 소설은 그의 **출세작**이자 문단인들과의 교류를 이끌어 낸 작품이다. 이후 1922년 그는 박종화, 이상화, 나도향 등과 함께『백조』동인지를 창간하여 문단의 **중견**이 되었다. 같은 해 무능한 지식층을 **풍자**한「술 권하는 사회」를 발표하고 1923년「할머니의 죽음」, 1924년「운수 좋은 날」, 1925년「B사감과 러브레터」등 다수의 단편을 창작하였다. 그 후 일제 탄압이 **고조되면서** 그는 역사소설 창작에도 몰두하여「적도」,「무영탑」,「흑치상지」등과 같은 장편 소설을 남겼다.
　　그는 한국 문학사에서 리얼리즘을 개척한 선구자로 한국 신문학 초창기를 빛낸 작가이며 김동인과 더불어 한국 근대 단편소설의 **정립**자이다.

[단어 해석/单词解析]

1. 출세작 : 예술계에서 인정받는 지위를 얻게 한 작품 **成名作**
2. 중견 : 어떤 단체나 사회에서 중심이 되는 사람 **中坚, 骨干**
3. 풍자 : 문학 작품 따위에서, 현실의 부정적 현상이나 모순을 빗대어 비웃으면서 씀 **挖苦, 讽刺**
4. 고조되다 : 사상이나 감정, 세력 따위가 한창 무르익거나 높아진다 **高涨**

5. 정립 : 바로 섬. 또는 바로 세움 **成立, 确立**

[작품 해제/作品解析]

　　1921년에 발표된「빈처」는 가난한 무명작가의 아내에 관한 이야기이다. 아내 혼자 **전전긍긍**하면서 간신히 생계를 영위한다. 부부 둘이서 서로 위로해가며 살아가는 모습이 마치 작가의 신변을 그린 것 같아 이 소설은 작가의 신변 체험 소설로 분류된다.
　　작중의 '나'는 지식에 목말라 중국과 일본에도 다녀왔지만 소설 쓰는 것 외에는 아무런 재주도 없어 한 푼도 벌지 못한다. 가계는 그저 아내가 전당포에 옷가지들을 맡겨 빌려 온 돈으로 **꾸려질** 뿐이다. 이 작품은 극적인 사건은 없지만 일상생활 속의 사소한 사건을 통해 아내의 헌신적인 **내조**를 보여 준다. '나'는 이런저런 불만 없이 '나'를 믿고 따르는 아내에게 미안하면서도 한편으로는 고맙게 생각한다. 반면 잘 사는 처형은 가난한 아내와 대조를 이룬다. 작가는 헌신적인 '나'의 아내와 물질적 가치를 따지는 처형을 대비시켜 당시 사회의 보편적 가치관을 보여 줄 뿐 아니라 작가 자신의 내면적 가치관도 드러낸다. 또한 '나'와 아내가 처한 궁핍한 생활을 **생생하게** 묘사함으로써 당시 사회 현실의 부조리함을 고발하고 이러한 세계가 바람직하지 않음을 보여준다.

[단어 해석/单词解析]

1. 전전긍긍 : 몹시 두려워서 벌벌 떨며 조심함 **战战兢兢**
2. 꾸리다 : 일을 추진하여 처리해 나가거나, 생활을 규모 있게 이끌어 나가다 **操持, 操办, 收拾**
3. 내조 : 아내가 남편을 도움 **内助**
4. 생생하다 : 바로 눈앞에 보는 것처럼 명백하고 또렷하다 **活生生的, 鲜活的**

[작품 원문/作品原文]

1

"그것이 어째 없을까?"
아내가 장문을 열고 무엇을 찾더니 입안말로 중얼거린다.
"무엇이 없어?"
나는 우두커니 책상머리에 앉아서 책장만 뒤적뒤적하다가 물어보았다.

"**모본단** 저고리가 하나 남았는데······."

"······"

나는 그만 **묵묵하였다**. 아내가 그것을 찾아 무엇을 하려는 것을 앎이라. 오늘 밤에 옆집 할멈을 시켜 잡히려 하는 것이다.

이 2년 동안에 돈 한 푼 나는 데는 없고 그대로 **주리면** 시장할 줄 알아 기구(器具)와 의복을 전당국(典當局) 창고에 들이밀거나 고물상 한구석에 세워 두고 돈을 얻어 오는 수밖에 없었다. 지금 아내가 하나 남은 모본단 저고리를 찾는 것도 아침거리를 장만하려 함이다.

나는 입맛을 쩍쩍 다시고 폈던 책을 덮으며 '후유' 한숨을 내쉬었다.

봄은 벌써 반이나 지났건마는 이슬을 실은 듯한 밤기운이 방구석으로부터 슬금슬금 기어나와 사람에게 안기고 비가 오는 까닭인지 밤은 아직 깊지 않건만 인적조차 끊어지고 온 천지가 빈 듯이 고요한데 투닥투닥 떨어지는 빗소리가 한없는 구슬픈 생각을 자아낸다.

"빌어먹을 것 되는 대로 되어라."

나는 점점 견딜 수 없어 두 손으로 흩어진 머리카락을 쓰다듬어 올리며 중얼거려 보았다. 이 말이 더욱 처량한 생각을 일으킨다. 나는 또 한 번, '후유' 한숨을 내쉬며 왼팔을 베고 책상에 쓰러지며 눈을 감았다.

이 순간에 오늘 지낸 일이 불현듯 생각이 난다.

늦게야 점심을 마치고 내가 막 궐련(卷煙) 한 개를 피워 물 적에 한성은행 다니는 T가 공일이라고 놀러 왔었다.

친척은 다 멀지 않게 살아도 가난한 꼴을 보이기도 싫고 찾아갈 적마다 무엇을 꾀어 내라고 조르지도 아니하였건만 행여나 무슨 구차한 소리를 할까봐서 미리 방패막이를 하고 눈살을 찌푸리는 듯하여 나는 발을 끊고 따라서 찾아오는 이도 없었다. 다만 이 T는 촌수가 가까운 까닭인지 자주 우리를 방문하였다.

그는 성실하고 공순하며 **소소한** 소사(小事)에 슬퍼하고 기뻐하는 인물이었다. 동년배(同年輩)인 우리 둘은 늘 친척 간에 비교거리가 되었었다. 그리고 나의 평판이 항상 좋지 못했다.

"T는 돈을 알고 위인이 진실해서 그 애는 돈 푼이나 모을 것이야! 그러나 K(내 이름)는 아무짝에도 못 쓸 놈이야. 그 잘난 언문 섞어서 무어라고 끄적거려 놓고 제 주제에 무슨 조선에 유명한 문학가가 된다니! **시러베아들놈**!"

이것이 그네들의 평판이었다. 내가 문학인지 무엇인지 하는 소리가 까닭 없이 그네들의 비위에 틀린 것이다. 더군다나 나는 그네들의 생일이나 혹은 대사 때에 돈 한 푼 이렇다는 일이 없고 T는 소위 착실히 돈벌이를 하여 가지고 국수 **밥소라나** 보조를 하는 까닭이다.

"얼마 아니 되어 T는 잘 살 것이고 K는 거지가 될 것이니 두고 보아!"

오촌 당숙은 이런 말씀까지 하였다 한다. 입 밖에는 아니 내어도 친부모 친형제까지라도 심중으로는 다 이렇게 생각할 것이다. 그래도 부모는 달라서 화가 나시면,

"네가 그리 하다가는 말경(末境)에 **비렁뱅이**가 되고 말 것이야."

라고 꾸중은 하셔도,

"사람이란 늦복 모르느니라."

"그런 사람은 또 그렇게 되느니라."

하시는 것이 스스로 위로하는 말씀이고 또 며느리를 위로하는 말씀이었다. 이것을 보아도 하는 수 없는 놈이라고 단념을 하시면서 그래도 잘 되기를 바라시고 축원하시는 것을 알겠더라.

여하간 이만하면 T의 사람됨을 가히 알 수가 있다. 그러고 그가 우리 집에 올 것 같으면 지어서 쾌활하게 웃으며 힘써 재미스러운 이야기를 하였다. 단둘이 고적하게 그날그날을 보내는 우리에게는 더할 수 없이 반가웠다.

오늘도 그가 활발하게 집에 쑥 들어오더니 신문지에 싼 **기름한** 것을 '이것 봐라' 하는 듯이 마루 위에 올려놓고 분주히 구두끈을 끄른다.

"이것은 무엇인가!"

나는 물어보았다.

"저, 제 처의 양산(洋傘)이야요. 쓰던 것이 벌써 다 낡았고 또 살이 부러졌다나요."

그는 구두를 벗고 마루에 올라서며 나오는 웃음을 참지 못하여 벙글벙글하면서 대답을 한다. 그는 나의 아내를 보며 돌연히,

"아주머니, 좀 구경하시렵니까?"

하더니 싼 종이와 집을 벗기고 양산을 펴 보인다. 흰 비단 바탕에 두어 가지 매화를 수놓은 양산이었다.

"검정이는 좋은 것이 많아도 너무 칙칙해 보이고……회색이나 누렁이는 하나도 그것이야 싶은 것이 없어서 이것을 산걸요."

그는 '이것보다 더 좋은 것을 살 수가 있나' 하는 뜻을 보이려고 애를 쓰며 이런 발명까지 한다.

"이것도 퍽 좋은데요."

이런 칭찬을 하면서 양산을 펴들고 이리저리 홀린 듯이 들여다보고 있는 아내의 눈에는, '나도 이런 것을 하나 가졌으면' 하는 생각이 역력히 보인다.

나는 갑자기 불쾌한 생각이 와락 일어나서 방으로 들어오며 아내의 양산 보는 양을 빙그레 웃고 바라보고 있는 T에게,

"여보게, 방에 들어오게그려, 우리 이야기나 하세."

T는 따라 들어와 물가 폭등에 대한 이야기며, 자기의 월급이 오른 이야기며, 주권을 몇 주 사두었더니 꽤 이익이 남았다든가, 이번 각 은행 사무원 경기회에서 자기가 우월한 성적을 얻었다든가, 이런 것 저런 것 한참 이야기하다가 돌아갔다.

T를 보내고 책상을 향하여 짓던 소설의 결미(結尾)를 생각하고 있을 즈음에,

"여보!"

아내의 떠는 목소리가 바로 내 귀 곁에서 들린다. 핏기 없는 얼굴에 살짝 붉은 빛이 돌며 어느 결에 내 곁에 바싹 다가앉았더라.

"당신도 살 도리를 좀 하셔요."

"……"

나는 또 '시작하는구나' 하는 생각이 번개같이 머리에 번쩍이며 불쾌한 생각이 벌컥 일어난다. 그러나 무어라고 대답할 말이 없이 묵묵히 있었다.

"우리도 남과 같이 살아 보아야지요！"

아내가 T의 양산에 단단히 자극을 받은 것이다. 예술가의 처 노릇을 하려는 독특한 결심이 있는 그는 좀처럼 이런 소리를 입 밖에 내지 아니하였다. 그러나 무엇에 상당한 자극만 받으면 참고 참았던 이런 소리를 하게 되는 것이다. 나도 이런 소리를 들을 적마다 '그럴 만도 하다' 는 동정심이 없지 아니하나 심사가 어쩐지 좋지 못하였다.

이번에도 '그럴 만도 하다' 는 동정심이 없지 아니하되 또한 불쾌한 생각을 억제키 어려웠다. 잠깐 있다가 불쾌한 빛을 드러내며,

"급작스럽게 살 도리를 하라면 어찌할 수가 있소. 차차 될 때가 있겠지！"

"아이구, 차차란 말씀 그만두구려, 어느 천년에……."

아내의 얼굴에 붉은 빛이 짙어지며 전에 없던 흥분한 어조로 이런 말까지 하였다. 자세히 보니 두 눈에 은은히 눈물이 괴었더라.

나는 잠시 **멍멍하게** 있었다. 성낸 불길이 치받쳐 올라온다. 나는 참을 수 없다.

"**막벌이꾼**한테 시집을 갈 것이지, 누가 내게 시집을 오랬어！ 저 따위가 예술가의 처가 다 뭐야！"

사나운 어조로 **몰풍스럽게** 소리를 꽥 질렀다.

"에그……！"

살짝 얼굴빛이 변해지며 어이없이 나를 보더니 고개가 점점 수그러지며 한 방울 두 방울 방울방울 눈물이 장판 위에 떨어진다.

나는 이런 일을 가슴에 그리며 그래도 내일 아침거리를 장만하려고 옷을 찾는 아내의 심중을 생각해 보니 말할 수 없는 슬픈 생각이 가을 바람과 같이 설렁설렁 심골(心骨)을 분지르는 것 같다.

쓸쓸한 빗소리는 굵었다 가늘었다 의연히 적적한 밤공기에 더욱 처량히 들리고 **그을음** 앉은 **등피**(燈皮) 속에서 비치는 불빛은 구름에 가린 달빛처럼 우는 듯 조는 듯, 구차히 얻어 산 몇 권 양책(洋冊)의 표제 금자가 번쩍거린다.

2

장 앞에 초연히 서 있던 아내가 무엇이 생각났는지 고개를 끄덕끄덕하며 들릴 듯 말 듯 목 안의 소리로,

"으흐…… 옳지 참 그날……."

"찾었소！"

"아니야요, 벌써…… 저 인천(仁川) 사시는 형님이 오셨던 날……."

"……"
아내가 애써 찾던 그것도 벌써 전당포의 고운 먼지가 앉았구나! 종지 하나라도 차근차근 아랑곳하는 아내가 그것을 잡혔는지 아니 잡혔는지 모르는 것을 보면 빈곤(貧困)이 얼마나 그의 정신을 물어뜯었는지 가히 알겠다.
"……"
"……"
한참 동안 서로 아무 말이 없었다. 가슴이 어째 답답해지며 누구하고 싸움이나 좀 해보았으면, 소리껏 고함이나 질러 보았으면, 실컷 울어보았으면 하는 일종 이상한 감정이 부글부글 피어 오르며 전신에 이가 스멀스멀 기어다니는 듯 옷이 어째 몸에 끼여 견딜 수가 없다. 나는 이런 감정을 노골적으로 드러내며,
"점점 구차한 살림에 싫증이 나서 못 견디겠지?"
아내는 무엇을 생각하는지 모르게 정신을 잃고 섰다가 그 거슴츠레한 눈이 둥그래지며,
"네에? 어째서요?"
"무얼 그렇지!"
"싫은 생각은 조금도 없어요."
이렇게 말이 오락가락함을 따라 나는 흥분의 도(度)가 점점 짙어 간다.
그래서 아내가 떨리는 소리로,
"어째 그런 줄 아셔요?"
하고 반문할 적에,
"나를 숙맥으로 알우?"
라고, 격렬하게 소리를 높였다.
아내는 살짝 분한 빛이 눈에 비치어 물끄러미 나를 들여다본다. 나는 **괘씸하다**는 듯이 흘겨보며,
"그러면 그것 모를까! 오늘날까지 잘 참아 오더니 인제는 점점 기색이 달라지는걸 뭐! 물론 그럴 만도 하지마는!"
이런 말을 하는 내 가슴에는 지난 일이 활동사진 모양으로 얼른얼른 나타난다.
육 년 전에(그때 나는 십육 세이고 저는 십팔 세였다.) 우리가 결혼한 지 얼마 아니 되어 지식에 목마른 나는 지식의 바닷물을 얻어 마시려고 표연히 집을 떠났었다. 광풍(狂風)에 나부끼는 버들잎 모양으로 오늘은 지나(支那), 내일은 일본으로 굴러다니다가 금전의 탓으로 지식의 바닷물도 흠씬 마셔보지도 못하고 **반거들충이**가 되어 집에 돌아오고 말았다. 내게 시집 올 때에는 방글방글 피려는 꽃봉오리 같던 아내가 어느 결에 **이울어가는** 꽃처럼 두 뺨에 선연(鮮姸)한 빛이 스러지고 이마에는 벌써 두어 금 가는 줄이 그리어졌다.
처가 덕으로 집간도 장만하고 세간도 얻어 우리는 소위 살림을 하게 되었다.
처음에는 그럭저럭 지내었지마는 한푼 나는 데 없는 살림이라 한 달 가고 두 달 갈수록 점점 곤란해질 따름이었다. 나는 보수 없는 독서와 가치 없는 창작으로 해가 지고 날이 새며 쌀이 있는지 나무가 있는지 망연케 몰랐다. 그래도 때때로 맛있는 반찬이 상에 오르고 입은

옷이 과히 추하지 아니함은 전혀 아내의 힘이었다. 전들 무슨 벌이가 있으리요, 부끄럼을 무릅쓰고 친가에 가서 눈치를 보아 가며, 구차한 소리를 하여가지고 얻어 온 것이었다. 그것도 한 번 두 번 말이지 장구한 세월에 어찌 늘 그럴 수가 있으랴! 말경에는 아내가 가져온 세간과 의복에 손을 대는 수밖에 없었다. 잡히고 파는 것도 나는 알은 체도 아니하였다. 그가 애를 쓰며 **통명스러운** 옆집 할멈에게 돈푼을 주고 시켰었다.

이런 고생을 하면서도 그는 나의 성공만 마음속으로 깊이깊이 믿고 빌었다. 어느 때에는 내가 무엇을 짓다가 마음에 맞지 아니하여 쓰던 것을 집어던지고 화를 낼 적에,

"왜 마음을 조급하게 잡수셔요! 저는 꼭 당신의 이름이 세상에 빛날 날이 있을 줄 믿어요. 우리가 이렇게 고생을 하는 것이 장래에 잘 될 근본이야요."

하고 그는 스스로 흥분되어 눈물을 흘리며 나를 위로한 적도 있었다.

내가 외국으로 돌아다닐 때에 소위 신풍조(新風潮)에 떠 까닭 없이 구식 여자가 싫어졌다. 그래서 나의 일찍이 장가든 것을 매우 후회하였다. 어떤 남학생과 어떤 여학생이 서로 연애를 주고받고 한다는 이야기를 들을 적마다 공연히 가슴이 뛰놀며 부럽기도 하고 비감스럽기도 하였었다.

그러나 낫살이 들어갈수록 그런 생각도 없어지고 집에 돌아와 아내를 겪어 보니 의외에 그에게 따뜻한 맛과 순결한 맛을 발견하였다. 그의 사랑이야말로 이기적 사랑이 아니고 헌신적 사랑이었다. 이런 줄을 점점 깨닫게 될 때에 내 마음이 얼마나 행복스러웠으랴! 밤이 깊도록 다듬이를 하다가 그만 옷 입은 채로 쓰러져 곤하게 자는 그의 파리한 얼굴을 들여다보며,

"아아, 나에게 위안을 주고 원조를 주는 천사여!"

하고 감격이 극하여 눈물을 흘린 일도 있었다.

내가 알다시피 내가 별로 천품은 없으나 어쨌든 무슨 저작가(著作家)로 몸을 세워 보았으면 하여 나날이 창작과 독서에 전심력을 바쳤다. 물론 아직 남에게 인정될 가치는 없는 것이다. 그 영향으로 자연 일상생활이 말유(末由)하게 되었다.

이런 곤란에 그는 근 이 년 견디어 왔건마는 나의 하는 일은 오히려 아무 보람이 없고 방 안에 놓였던 세간이 줄어가고 장롱에 찼던 옷이 거의 다 없어졌을 뿐이다.

그 결과 그다지 견딜성 있던 그도 요사이 와서는 때때로 쓸데없는 탄식을 하게 되었다. 손잡이를 잡고 마루 끝에 우두커니 서서 하염없이 먼 산만 바라보기도 하며 바느질을 하다 말고 실심(失心)한 사람 모양으로 멍멍히 앉았기도 하였다. 창경(窓鏡)으로 비치는 어스름한 햇빛에 나는 흔히 그의 눈물 머금은 근심 있는 눈을 발견하였다. 이럴 때에는 말할 수 없는 쓸쓸한 생각이 들며 일없이,

"마누라!"

하고 부르면 그는 몸을 흠칫하고 고개를 저리로 돌리어 치맛자락으로 눈물을 씻으며,

"네에?"

하고 울음에 떨리는 가는 대답을 한다. 나는 등에 찬물을 끼얹는 듯 몸이 **으쓱해지며** 처량한 생각이 싸늘하게 가슴에 흘렀었다. 그렇지 않아도 자비(自卑)하기 쉬운 마음이 더욱 심

해지며,

"내가 무자격한 탓이다."

하고 스스로 멸시를 하고 나니 더욱 견딜 수 없다.

"그럴 만도 하다."

는 동정심이 없지 아니하되 그래도 그만 불쾌한 생각이 일어나며,

"계집이란 할 수 없어."

혼자 이런 불평을 중얼거리었다.

환등(幻燈) 모양으로 하나씩 둘씩 이런 일이 가슴에 나타나니 무어라고 말할 용기조차 없어졌다. 나의 유일의 신앙자(信仰者)이고 위로자이던 저까지 인제는 나를 아니 믿게 되고 말았다. 그는 마음속으로,

"네가 육 년 동안 내 살을 깎고 저미었구나! 이 원수야!"

할 것이다. 이렇게 생각하매 그의 불 같던 사랑까지 엷어져 가는 것 같았다. 아니 흔적도 없이 사라지고 만 것 같았다. 나는 감상적(感傷的)으로 허둥허둥하며,

"낸들 마누라를 고생시키고 싶어 시켰겠소! 비단옷도 해주고 싶고 좋은 양산도 사주고 싶어요! 그러길래 왼종일 쉬지 않고 공부를 아니하우. 남 보기에는 편편히 노는 것 같아도 실상은 그렇지 안해! 본들 모른단 말이요."

나는 점점 강한 가면(假面)을 벗고 약한 진상(眞相)을 드러내며 이와 같은 가소로운 변명까지 하였다.

"왼 세상 사람이 다 나를 비소(誹笑)하고 모욕하여도 상관이 없지만 마누라까지 나를 아니 믿어 주면 어찌한단 말이요."

내 말에 스스로 자극이 되어 마침내,

"아아."

길이 탄식을 하고 그만 쓰러졌다. 이 순간에 고개를 숙이고 아마 하염없이 입술만 물어뜯고 있던 아내가 홀연,

"여보!"

울음 소리를 떨면서 무너지는 듯이 내 얼굴 위에 쓰러진다.

"용서……."

하고는 북받쳐 나오는 울음에 말이 막히고 불덩이 같은 두 뺨이 내 얼굴을 누르며 흑흑 느끼어 운다. 그의 두 눈으로부터 샘솟듯 하는 눈물이 제 뺨과 내 뺨 사이를 따뜻하게 젖어 퍼진다.

내 눈에서도 눈물이 흘러내린다. 뒤숭숭하던 생각이 다 이 뜨거운 눈물에 봄눈 슬듯 스러지고 말았다.

한참 있다가 우리는 눈물을 씻었다. 내 속이 얼마큼 시원한 듯하였다.

"용서하여 주셔요! 그렇게 생각하실 줄은 참 몰랐어요."

이런 말을 하는 아내는 눈물에 불어오른 눈꺼풀을 아픈 듯이 꿈적거린다.

"암만 구차하기로니 싫증이야 날까요! 나는 한 번 먹은 마음이 있는데……."

가만가만히 변명을 하는 아내의 눈물 흔적이 어룽어룽한 얼굴을 물끄러미 바라보며 겨우 심신이 가뜬하였다.

3

어제 일로 심신이 피곤하였던지 그 이튿날 늦게야 잠을 깨니 간밤에 오던 비는 어느 결에 그치었고 명랑한 햇발이 미닫이에 높았더라. 아내가 다시금 장문을 열고 잡힐 것을 찾을 즈음에 누가 중문을 열고 들어온다. 우리는 누군가 하고 귀를 기울일 적에 밖에서,
"아씨!"
하는 소리가 들렸다.
아내는 급히 방문을 열고 나갔다. 그는 처가에서 부리는 할멈이었다. 오늘이 장인 생신이라고 어서 오라는 말을 전한다.
"오늘이야! 참 옳지, 오늘이 이월 열엿샛날이지, 나는 깜빡 잊었어!"
"원 아씨는 딱도 하십니다. 어쩌면 아버님 생신을 잊으신단 말씀이요. 아무리 살림이 자미가 나시더래도……."
시큰둥한 할멈은 **선웃음**을 쳐가며 이런 소리를 한다. 가난한 살림에 골몰하느라고 자기 친부의 생신까지 잊었는가 하매 아내의 정지(情地)가 더욱 측은하였다.
"오늘이 본가 아버님 생신이라요. 어서 오시라는데……."
"어서 가구려……."
"당신도 가셔야지요. 우리 같이 가셔요."
하고 아내는 하염없이 얼굴을 붉힌다.
나는 처가에 가기가 매우 싫었다. 그러나 아니 가는 것도 내 도리가 아닐 듯하여 하는 수 없이 두루마기를 입었다.
아내는 머뭇머뭇하며 양미간을 보일 듯 말 듯 찡그리다가 곁눈으로 살짝 나를 엿보더니 돌아서서 급히 장문을 연다.
"흥, 입을 옷이 없어서 망설거리는구나."
나도 슬쩍 돌아서며 생각하였다.
우리는 서로 등지고 섰건만 그래도 아내가 거의 다 빈 장 안을 들여다보며 입을 만한 옷이 없어서 눈살을 찌푸린 양이 눈앞에 선연함을 어찌할 수가 없었다.
"자아, 가셔요."
무엇을 생각하는지 모르게 정신을 잃고 섰다가 아내의 부르는 소리를 듣고 나는 기계적으로 고개를 돌리었다. 아내는 당목 옷으로 갈아입고 내 마음을 알았던지 나를 위로하는 듯이 방그레 웃는다. 나는 더욱 쓸쓸하였다.
우리 집은 천변 배다리 곁에 있고 처가는 안국동에 있어 그 거리가 꽤 멀었다. 나는 천천히 가느라고 가고 아내는 속히 오느라고 오건마는 그는 늘 뒤떨어졌었다. 내가 한참 가다가 뒤를 돌아보면 그는 늘 멀리 떨어져 나를 따라오려고 애를 쓰며 주춤주춤 걸어온다. 길가

에 다니는 어느 여자를 보아도 거의 다 비단옷을 입고 고운 신을 신었는데 아내만 당목옷을 허술하게 차리고 **청목당혜**로 타박타박 걸어오는 양이 나에게 얼마나 애연(哀然)한 생각을 일으켰는지!

한참 만에 나는 넓고 높은 처가 대문에 다다랐다.

내가 안으로 들어갈 적에 낯선 사람들이 나를 흘끔흘끔 본다. 그들의 눈에,

"이 사람이 누구인가. 아마 이 집 하인인가 보다."

하는 경멸히 여기는 빛이 있는 것 같았다. 안 대청 가까이 들어오니 모두 내게 분분히 인사를 한다. 그 인사하는 소리가 내 귀에는 어째 비소하는 것 같기도 하고 모욕하는 것 같기도 하여 공연히 가슴이 두근거리고 얼굴이 후끈거리었다.

그 중에 제일 내게 친숙하게 인사하는 사람이 있다. 그는 아내보다 삼 년 맏이인 처형이었다. 내가 어려서 장가를 들었으므로 그때 그는 나를 못 견디게 시달렸다. 그때는 그가 싫기도 하고 밉기도 하더니 지금 와서는 그때 그러한 것이 도리어 우리를 무관하고 정답게 만들었다. 그는 인천 사는데 자기 남편이 **기미**(期米)를 하여 가지고 이번에 돈 십만 원이나 착실히 땄다 한다. 그는 자기의 잘 사는 것을 자랑하고자 함인지 비단을 내리감고 치감고 얼굴에 부유한 태(態)가 질질 흐른다. 그러나 분(粉)으로 숨기려고 애쓴 보람도 없이 눈 위에 퍼렇게 멍든 것이 내 눈에 띄었다.

"왜 마누라는 어쩌고 혼자 오셔요!"

그는 웃으며 이런 말을 하다가 중문 편을 바라보더니,

"그러면 그렇지! 동부인 아니하고 오실라구!"

혼자 주고 받고 한다.

나도 이 말을 듣고 슬쩍 돌아다보니 아내가 벌써 중문 안에 들어섰더라. 그 수척한 얼굴이 더욱 수척해 보이며 눈물 고인 듯한 눈이 하염없이 웃는다. 나는 유심히 그와 아내를 번갈아 보았다. 처음 보는 사람은 분간을 못하리만큼 그들의 얼굴은 혹사(酷似)하다. 그런데 얼굴빛은 어쩌면 저렇게 틀리는지! 하나는 이글이글 만발한 꽃 같고 하나는 시들시들 마른 낙엽 같다. 아내를 형이라 하고, 처형을 아우라 하였으면 아무라도 속을 것이다. 또 한 번 아내를 보며 말할 수 없는 쓸쓸한 생각이 다시금 가슴을 누른다. 딴 음식은 별로 먹지도 아니하고 못 먹는 술을 넉 잔이나 마시었다. 그래도 바늘방석에 앉은 것처럼 앉아 견딜 수가 없다. 집에 가려고 나는 몸을 일으켰다. 골치가 띵하며 내가 선 방바닥이 마치 폭풍에 도도하는 파도같이 높았다 낮았다 어질어질해서 곧 쓰러질 것 같다. 이 거동을 보고 장모가 황망히 일어서며,

"술이 저렇게 취해 가지고 어데로 갈라구. 여기서 한잠 자고 가게."

나는 손을 내저으며,

"아니에요. 집에 가겠어요."

취한 소리로 중얼거리었다.

"저를 어쩌나!"

장모는 걱정을 하시더니,

"할멈! 어서 인력거 한 채 불러 오게."

한다.

취중에도 인력거를 태우지 말고 그 인력거 삯을 나를 주었으면 책 한 권을 사 보련만 하는 생각이 있었다. 인력거를 타고 얼마 아니 가서 그만 잠이 들고 말았다.

한참 자다가 잠을 깨어보니 방 안에 벌써 남폿불이 켜 있는데 아내는 어느 결에 왔는지 외로이 앉아 바느질을 하고 화로에서는 무엇이 끓는 소리가 보글보글하였다. 아내가 나의 잠 깬 것을 보더니 급히 화로에 얹은 것을 만져 보며,

"인제 그만 일어나 진지를 잡수셔요."

하고 부리나케 일어나 아랫목에 파묻어 둔 밥그릇을 꺼내어 미리 차려 둔 상에 얹어서 내 앞에 갖다 놓고 일변 화로를 당기어 더운 반찬을 집어얹으며,

"자, 어서 일어나셔요."

한다. 나는 마지못하여 하는 듯이 부시시 일어났다. 머리가 오히려 아프며 목이 몹시 말라서 국과 물을 연해 들이켰다.

"물만 잡수셔서 어째요. 진지를 좀 잡수셔야지."

아내는 이런 근심을 하며 밥상머리에 앉아서 고기도 뜯어 주고 생선 뼈도 추려 주었다. 이것은 다 오늘 처가에서 가져온 것이다. 나는 맛나게 밥 한 그릇을 다 먹었다. 내 밥상이 나매 아내가 밥을 먹기 시작한다. 그러면 지금껏 내 잠 깨기를 기다리고 밥을 먹지 아니하였구나 하고 오늘 처가에서 본 일을 생각하였다. 어제 일이 있은 후로 우리 사이에 무슨 벽이 생긴 듯하던 것이 그 벽이 점점 엷어져 가는 듯하며 가엾고 사랑스러운 생각이 일어났었다. 그래서 우리는 정답게 이런 이야기 저런 이야기를 하게 되었다. 우리의 이야기는 오늘 장인 생신 잔치로부터 처형 눈 위에 멍든 것에 옮겨갔다.

처형의 남편이 이번 그 돈을 딴 뒤로는 주야 요리점과 기생집에 돌아다니더니 일전에 어떤 기생을 얻어가지고 미쳐 날뛰며 집에만 들면 집안 사람을 들볶고 걸핏하면 처형을 친다 한다. 이번에도 별로 대단치 않은 일에 처형에게 밥상으로 냅다 갈겨 바로 눈 위에 그렇게 멍이 들었다 한다.

"그것 보아, 돈 푼이나 있으면 다 그런 것이야."

"정말 그래요. 없으면 없는 대로 살아도 의좋게 지내는 것이 행복이야요."

아내는 충심(衷心)으로 공명(共鳴)해 주었다.

이 말을 들으매 내 마음은 말할 수 없이 만족해지며 무슨 승리자나 된 듯이 득의양양하였다. 그리고 마음속으로,

"옳다, 그렇다. 이렇게 지내는 것이 행복이다."

하였다.

4

이틀 뒤 해 어스름에 처형은 우리집에 놀러 왔었다. 마침 내가 정신없이 무엇을 생각하고 있을 즈음에 쓸쓸하게 닫혀 있는 중문이 찌긋둥 하며 비단옷 소리가 사르륵사르륵 들리더

니 아랫목은 내게 빼앗기고 웃목에서 바느질을 하고 있던 아내가 문을 열고 나간다.

"아이고. 형님 오셔요."

아내의 인사하는 소리가 들리더니 처형이 계집 하인에게 무엇을 들리고 들어온다. 나도 반갑게 인사를 하였다.

"그날 매우 욕을 보셨지요? 못 잡숫는 술을 무슨 짝에 그렇게 잡수셔요."

그는 이런 인사를 하다가 급작스럽게 계집 하인이 든 것을 빼앗더니 그 속에서 신문지로 싼 것을 끄집어내어 아내를 주며,

"내 신 사는데 네 신도 한 켤레 샀다. 그날 청목당혜를……."

말을 하려다가 나를 곁눈으로 흘끗 보고 그만 입을 닫친다.

"그것을 왜 또 사셨어요."

해쓱한 얼굴에 꽃물을 들이며 아내가 치사하는 것도 들은 체 만 체하고 처형은 또 이야기를 시작한다.

"올 적에 사랑 양반을 졸라서 돈 백 원을 얻었겠지. 그래서 오늘 종로에 나와서 옷감도 바꾸고 신도 사고……."

그는 자랑과 기쁨의 빛이 얼굴에 퍼지며 싼 보를 끌러,

"이런 것이야!"

하고 우리 앞에 펼쳐 놓는다.

자세히는 모르나 여하간 값 많고 품 좋은 비단일 듯하다. 무늬 없는 것, 무늬 있는 것, 회색, 옥색, 초록색, 분홍색이 갖가지로 윤이 흐르며 색색이 빛이 나서 나는 한참 황홀하였다. 무슨 칭찬을 해야 되겠다 싶어서,

"참 좋은 것인데요."

이런 말을 하다가 나는 또 쓸쓸한 생각이 일어난다. 저것을 보는 아내의 심중이 어떠할까? 하는 의문이 문득 일어남이라.

"모다 좋은 것만 골라 샀습니다그려."

아내는 인사를 차리느라고 이런 칭찬은 하나마 별로 부러워하는 기색이 없다.

나는 적이 의외의 감이 있었다.

처형은 자기 남편의 흉을 보기 시작하였다. 그 밉살스럽다는 둥 그 추근추근하다는 둥 말끝마다 자기 남편의 불미한 점을 들다가 문득 이야기를 끊고 일어선다.

"왜 벌써 가시려고 하셔요. 모처럼 오셨다가 반찬은 없어도 저녁이나 잡수셔요."

하고 아내가 만류를 하니,

"아니 곧 가야지. 오늘 저녁 차로 떠날 것이니까 가서 짐을 매어야지. 아직 차 시간이 멀었어? 아니 그래도 정거장에 일찍이 나가야지, 만일 기차를 놓치면 오죽 기다리실라구. 벌써 오늘 저녁 차로 간다고 편지까지 했는데……."

재삼 만류함도 돌아보지 아니하고 그는 훌훌히 나간다. 우리는 그를 보내고 방에 들어왔다.

나는 웃으며 아내에게,

"그까짓 것이 기다리는데 그다지 급급히 갈 것이 무엇이야."
아내는 하염없이 웃을 뿐이었다.
"그래도 옷감 바꿀 돈을 주었으니 기다리는 것이 애처롭기는 하겠지."
밉살스러우니 추근추근하니 하여도 물질의 만족만 얻으면 그것으로 위로하고 기뻐하는 그의 생활이 참 가련하다 하였다.
"참, 그런가 보아요."
아내도 웃으며 내 말을 받는다. 이때에 처형이 사준 신이 그의 눈에 띄었는지 (혹은 나를 꺼려, 보고 싶은 것을 참았는지 모르나) 그것을 집어들고 조심조심 펴보려다가 말고 머뭇머뭇한다. 그 속에 그를 해케 할 무슨 위험품이나 든 것같이.
"어서 펴보구려."
아내가 하도 머뭇머뭇하기로 보다 못하여 내가 재촉을 하였다.
아내는 이 말을 듣더니,
"작히 좋으랴."
하는 듯이 활발하게 싼 신문지를 헤친다.
"퍽 이쁜 걸요."
그는 근일에 드문 기쁜 소리를 치며 방바닥 위에 사뿐 내려놓고 버선을 당기며 곱게 신어본다.
"어쩌면 이렇게 맞어요!"
연해연방 감탄사를 부르짖는 그의 얼굴에 흔연한 희색이 넘쳐흐른다.
"……"
묵묵히 아내의 기뻐하는 양을 보고 있는 나는 또다시,
"여자란 할 수 없어!"
하는 생각이 들며,
"조심하였을 따름이다!"
하매 밤빛 같은 검은 그림자가 가슴을 어둡게 하였다. 그러면 아까 처형의 옷감을 볼 적에도 물론 마음속으로는 부러워하였을 것이다. 다만 표면에 드러내지 않았을 따름이다. 겨우,
"어서 펴보구려."
하는 한마디에 가슴에 숨겼던 생각을 속임 없이 나타내는구나 하였다.
내가 무엇을 생각하고 있는지 저는 모르고 새 신 신은 발을 조금 쳐들며,
"신 모양이 어때요?"
"매우 이뻐!"
겉으로는 좋은 듯이 대답을 하였으나 마음은 쓸쓸하였다. 내가 제게 신 한 켤레를 사 주지 못하여 남에게 얻은 것으로 만족하고 기뻐하는 도다.
웬일인지 이번에는 그만 불쾌한 생각이 일어나지 아니하였다. 처형이 동서(同壻)를 밉다거니 무엇이니 하면서도 기차를 놓치면 남편이 기다릴까 염려하여 급히 가던 것이 생각난다.

그것을 미루어 아내의 심사도 알 수가 있다. 부득이한 경우라 **하릴없이** 정신적 행복에만 만족하려고 애를 쓰지마는 기실(其實) 부족한 것이다. 다만 참을 따름이다. 그것은 내가 생각해야 된다. 이런 생각을 하니 전날 아내에게 그런 말을 한 것이 후회가 난다.

"어느 때라도 제 은공을 갚아 줄 날이 있겠지!"

나는 마음을 좀 너그럽게 먹고 이런 생각을 하며 아내를 보았다.

"나도 어서 출세를 하여 비단신 한 켤레쯤은 사주게 되었으면 좋으련만……."

아내가 이런 말을 듣기는 참 처음이다.

"네에?"

아내는 제 귀를 못 미더워하는 듯이 의아한 눈으로 나를 보더니 얼굴에 살짝 열기가 오르며,

"얼마 안 되어 그렇게 될 것이야요!"

라고 힘있게 말하였다.

"정말 그럴 것 같소?"

나는 약간 흥분하여 반문하였다.

"그러문요, 그렇고 말고요."

아직 아무도 인정해 주지 않은 무명작가인 나를 다만 저 하나가 깊이깊이 인정해 준다. 그러기에 그 강한 물질에 대한 본능적 요구도 참아가며 오늘날까지 몹시 눈살을 찌푸리지 아니하고 나를 도와 준 것이다.

"아아, 나에게 위안을 주고 원조를 주는 천사여!"

마음속으로 이렇게 부르짖으며 두 팔로 덥석 아내의 허리를 잡아 내 가슴에 바싹 안았다. 그 다음 순간에는 뜨거운 두 입술이……. 그의 눈에도 나의 눈에도 그렁그렁한 눈물이 물끓듯 넘쳐흐른다.

[단어 해석/单词解析]

1. 모번단 : 모본단(模本緞). 비단, 짜임이 곱고 윤이 나며 무늬가 아름답다 **闪缎**
2. 묵묵하다 : 말없이 잠잠하다 **默默无语, 不声不响**
3. 주리다 : 제대로 먹지 못하여 배를 곯다 **挨饿, 吃不饱**
4. 소소하다 : 대수롭지 아니하고 자질구레하다 **细小, 琐碎**
5. 시러베아들 : 실없는 사람을 낮잡아 이르는 말 **无赖**
6. 밥소라 : 밥, 떡국, 국수 따위를 담는 큰 놋그릇 **盛饭、汤等的大铜碗**
7. 비렁뱅이 : '거지'를 낮잡아 이르는 말 **乞丐, 叫花子**
8. 기름하다 : 조금 긴 듯하다 **细长**
9. 멍멍하다 : 정신이 빠진 것 같이 어리벙벙하다 **不知所措, 头昏脑涨**
10. 막벌이꾼 : 아무 일이든지 닥치는 대로 해서 돈을 버는 사람 **卖力气挣钱的人**

11. 몰풍스럽다 : 성격이나 태도가 정이 없고 냉랭하며 퉁명스러운 데가 있다. **冷漠, 生硬**
12. 그을음 : 어떤 물질이 불에 탈 때에 연기에 섞여 나오는 먼지 모양의 검은 가루 **烟灰**
13. 등피 : 등불이 꺼지지 않도록 바람을 막고 불빛을 밝게 하기 위하여 남포등에 씌우는 유리로 만든 물건 **灯罩**
14. 괘씸하다 : 남에게 예절이나 신의에 어긋난 짓을 당하여 분하고 밉살스럽다 **可恶, 可恨, 可气**
15. 반거들충이 : 무엇을 배우다가 중도에 그만두어 다 이루지 못한 사람 **半途而废的人**
16. 이울다 : 꽃이나 잎이 시들다 **凋谢**
17. 퉁명스럽다 : 못마땅하거나 시답지 아니하여 불쑥 하는 말이나 태도에 무뚝뚝한 기색이 있다 **气呼呼, 生硬**
18. 으쓱하다 : 갑자기 어깨를 한 번 들먹이는 모양 **耸肩**
19. 선웃음 : 우습지도 않은데 꾸며서 웃는 웃음 **假笑**
20. 청목당혜 : 예전에 기름에 결은 가죽신의 하나. 흰 바탕이나 붉은 바탕에 푸른 무늬를 놓은 신으로, 주로 여자나 아이들이 신었다 **从前女人或小孩穿的一种皮鞋, 通常是白底或红底, 上面有绿色的花纹**
21. 기미 : 현물 없이 쌀을 사고 파는 일. 실제 거래를 목적으로 하는 것이 아니고 쌀의 시세를 이용하여 약속으로만 거래하는 일종의 투기행위 **谷物期货交易**
22. 연해연방 : 끊임없이 잇따라 자꾸 **接连不断, 接二连三**
23. 하릴없이 : 달리 어떻게 할 도리가 없다 **别无他法**

[연습 문제/练习]

1. '나'와 아내 사이에서 벌어지는 갈등과 고뇌를 생각해 보십시오.
2. '나'의 정신적 세계관을 보여 준 부분을 찾아 보십시오.
3. '처형'의 등장은 무슨 의미를 가지고 있는지 말해 보십시오.

제 3 과 소설 : 「배따라기」

[작가 소개/作家介绍]

평양 대부호의 아들로 태어난 김동인(1900~1951년)은 1914년 일본으로 건너가 도쿄 메이지학원 중학부를 졸업하고 가와바타(川端)미술학교에 다녔다. 그는 1919년 주요한, 전영택과 함께 일본 도쿄에서 한국 최초의 순문예 동인지『창조』를 발간하고 처녀작「약한 자의 슬픔」을 발표한 후 근대적인 단편소설 확립에 힘썼다. 그러나 1919년 3월 출판법 위반 혐의로 4개월간 투옥 생활을 했음에도 불구하고「배따라기」(1921), 「감자」(1925), 「광염소나타」(1929), 「발가락이 닮았다」(1932), 「광화사(狂畵師)」(1935) 등 다수의 단편소설을 발표하면서 한국 문단에서 가장 주목받는 작가의 한 사람으로 부상하였다. 이 외에도 그는 중편소설과 장편 역사소설도 창작하여 다양한 영역에 걸쳐 많은 작품을 발표하였다. 중편소설로는「마음이 옅은 자여」가, 장편 역사소설로는『젊은 그들』, 「대수양」, 「운현궁의 봄」, 「을지문덕」등이 있다. 또한 최초의 본격적 작가론이라고 할 수 있는「춘원연구(春園研究)」가 있다.

김동인은 염상섭・현진건 등과 함께 한국 근대문학사에서 단편소설을 정립시킨 대표적 작가이다. 작품 경향은 자연주의부터 탐미주의, 낭만주의까지 **두루** 걸쳐 있으며 문학의 독자성과 미학성을 중점에 두고 계몽주의적 경향과 신경향파에 맞서 예술지상주의를 주장하며 순문예운동을 **제창하였다**.

[단어 해석/单词解析]

1. 두루 : 빠짐없이 골고루 ――地, 都
2. 제창하다 : 어떤 일을 처음 내놓아 주장하다 提倡

[작품 해제/作品解析]

「배따라기」는 1921년 『창조』에 발표된 소설이다. 작품의 표제인 '배따라기'는 평안도 민요의 하나로 이 이름은 '배떠나기'의 방언인 것으로 알려져 있다. 이 노래는 뱃사람들의 **고달픈** 생활을 내용으로 하고 있으며 그 곡조는 슬프고 애처롭다. 이는 소설의 주제 의식과 융합되어 인간에게 정해진 운명과 한을 보여 준다.

「배따라기」는 전형적 **액자**식 구성을 취한 작품이다. 액자 소설은 소설 창작에서 흔히 볼 수 있는 구성 방식으로 액자의 틀 속에 사진이 들어 있듯이 하나의 이야기 속에 또 다른 이야기 구조가 들어 있는 것을 말한다. 이 소설은 한국 단편소설사에서 액자소설 양식을 뚜렷하게 **정형**화하였다는 평가를 받고 있다. 이 소설에서 액자의 틀에 해당하는 겉 이야기는 **상념**에 잠겨 모란봉 기슭에 누워 있는 지식청년인 '나'와 '배따라기'를 부른 뱃사람과의 우연한 만남이며 속 이야기는 뱃사람이 말하는 자기의 유랑 생활에 얽힌 사연이다. 이 두 이야기는 동시에 존재하며 그 중에서 '배따라기'라는 노래는 과거와 현재 이야기를 이어주는 매개 역할을 한다.

[단어 해석/单词解析]

1. 고달프다 : 몸이나 처지가 몹시 고단하다 **疲惫, 累**
2. 액자 : 그림, 글씨, 사진 따위를 끼우는 틀 **镜框, 相框**
3. 정형 : 일정한 형식이나 틀 **定型**
4. 상념 : 마음속에 품고 있는 여러 가지 생각 **思绪**

[작품 원문/作品原文]

좋은 일기이다.

좋은 일기라도, 하늘에 구름 한 점 없는──우리 '사람'으로서는 감히 접근치 못할 위엄을 가지고, 높이서 우리 조그만 '사람'을 비웃는 듯이 내려다보는 그런 교만한 하늘은 아니고, 가장 우리 '사람'의 이해자인 듯이 낮추어 뭉글뭉글 엉기는 분홍빛 구름으로서 우리와 서로 손목을 잡자는 그런 하늘이다. 사랑의 하늘이다.

나는 잠시도 멎지 않고 푸른 물을 황해로 부어 내리는 대동강을 향한 모란봉(牡丹峰) 기슭, 새파랗게 돋아나는 풀 위에 뒹굴고 있었다.

이날은 삼월 **삼질**, 대동강에 첫 뱃놀이하는 날이다. 까맣게 내려다보이는 물위에는, 결결이 반짝이는 물결을 푸른 놀잇배들이 타고 넘으며, 거기서는 봄 향기에 취한 형형색색의 선율이 **우단**보다도 보드라운 봄공기를 흔들면서 내려온다. 그리고 거기서 기생들의 노래와 함께 날아오는 조선 아악(雅樂)은 느리게, 길게, 유창하게, 부드럽게, 그리고 또 애처롭게──모든 봄의 정다움과 끝까지 조화하지 않고는 안 두겠다는 듯이 대동강에 흐르는 시커먼 봄물, 청류벽에 돋아나는 푸르른 풀 **어음**, 심지어 사람의 가슴속에 봄에 뛰노는 불붙는 핏줄기까지라도, 습기 많은 봄공기를 다리 놓고 떨리지 않고는 두지 않는다.

봄이다. 봄이 왔다.

부드럽게 부는 조그만 바람이 시커먼 조선 솔을 꿰며, 또는 돋아나는 풀을 스치고 지나갈 때의 그 음악은 다른 데서는 듣지 못할 아름다운 음악이다.

아아, 사람을 취케 하는 푸르른 봄의 아름다움이여! 열다섯 살부터의 동경 생활에 마음껏 이런 봄을 보지 못하였던 나는, 늘 이것을 보는 사람보다 곱 이상의 감명을 여기서 받지 않을 수 없다.

평양성 내에는, 겨우 톡톡 터진 땅을 **헤치며** 파릇파릇 돋아나는 나무 새기와 돋아나려는 버들의 어음으로 봄이 온 줄 알 뿐, 아직 완전히 봄이 안 이르렀지만, 이 모란봉 일대와 대동강을 넘어 보이는 가나안 옥토를 연상시키는 장림(長林)에는 마음껏 봄의 정다움이 이르렀다.

그리고 또 꽤 자란 밀, 보리들로 새파랗게 장식한 장림의 그 푸른빛, 만족한 웃음을 띠고 그 벌에 서서 내다보는 농부의 모양은 보지 않아도 생각할 수가 있다.

구름은 자꾸 하늘을 날아다니는 모양이다. 그 밀 위에 비치었던 구름의 그림자는 그 구름과 함께 저편으로 몰려가며 거기는 세계를 아까 만들어 놓은 것 같은 새로운 녹빛이 퍼져 나간다. 바람이나 조금 부는 때는 그 잘 자란 밀들은 물결과 같이 누웠다 일어났다, 일록일청(一綠一靑)으로 춤을 춘다. 그리고 봄의 한가함을 찬송하는 솔개들은 높은 하늘에서 둥그라미를 그리면서 더욱더 아름다운 봄의 향기로운 정취를 더한다.

"다스한 봄정에 솟아나리다. 다스한 봄정에 솟아나리다."

나는 두어 번 소리나게 읊은 뒤에 담배를 붙여 물었다. 담뱃내는 무럭무럭 하늘로 올라간다.

하늘에도 봄이 왔다.

하늘은 낮았다. 모란봉 꼭대기에 올라가면 넉넉히 만질 수가 있으리만큼 하늘은 낮다. 그리고 그 낮은 하늘보다는 오히려 더 높이 있는 듯한 분홍빛 구름은 뭉글뭉글 엉기면서 이리저리 날아다닌다.

나는 이러한 아름다운 봄 경치에 이렇게 마음껏 봄의 속삭임을 들을 때는 언제든 유토피아를 아니 생각할 수 없다. 우리가 시시각각으로 애를 쓰며 수고하는 것은 그 목적은 무엇인가? 역시 유토피아 건설에 있지 않을까? 유토피아를 생각할 때는 언제든 그 '위대한 인격의 소유자'며 '사람의 위대함을 끝까지 즐긴' 진나라 시황(秦始皇)을 생각지 않을 수 없다.

우리가 어찌하면 죽지를 아니할까 하여, 동남동녀 삼백을 배를 태워 불사약을 얻으러 떠나보내며, 예술의 사치를 다하여 아방궁(阿房宮)을 지으며, 매일 신하 몇 천 명과 잔치로써 즐기며, 이리하여 여기 한 유토피아를 세우려던 시황은, 몇 만의 역사가가 어떻다고 욕을 하든, 그는 참말로 참말의 향락자며 역사 이후의 제일 큰 위인이라고 할 수가 있다. 그만한 순전한 용기 있는 사람이 있고야 우리 인류의 역사는 끝이 날지라도 한 사람을 가졌었다고 할 수 있다.

"큰 사람이었었다."

하면서 나는 머리를 들었다.

이때에 기자묘 근처에서 무슨 슬픈 음률이 떨리면서 봄 공기를 진동시키며 날아오는 것이 들렸다.

나는 무심코 귀를 기울였다.

「영유 배따라기」다. 그것도 웬만한 광대나 기생은 발꿈치에도 미치지 못하리만큼, 그만큼 그「배따라기」의 주인은 잘 부르는 사람이었다.

비나이다, 비나이다
산천후토 일월성신 하나님전 비나이다
실낱 같은 우리 목숨 살려 달라 비나이다
에—야, 어그여지야

여기까지 이르렀을 때에 저편 아래 물에서 장고(長鼓) 소리와 함께 기생의 노래가 울리어오며「배따라기」는 그만 안 들리게 되었다.

나는 이년 전 한여름을 영유서 지내본 일이 있다.「배따라기」의 본고장인 영유를 몇 달 있어 본 사람은 그 배따라기에 대하여 언제든 한 속절없는 애처로움을 깨달을 터이다.

영유, 이름은 모르지만 ×산에 올라가서 내다보면 앞은 망망한 황해이니, 거기 저녁때의 경치는 한번 본 사람은 영구히 잊을 수가 없으리라. 불덩이 같은 커다란 시뻘건 해가 남실남실 넘치는 바다에 도로 빠질 듯 도로 솟아오를 듯 춤을 추며, 거기서 때때로 보이지 않는 배에서「배따라기」만 슬프게 날아오는 것을 들을 때엔 눈물 많은 나는 때때로 눈물을 흘렸다. 이로 보아서 어떤 원의 아내가 자기의 모든 영화를 낡은 신같이 내어 던지고 뱃사람과 정처없는 물길을 떠났다 함도 믿지 못할 말이랄 수가 없다.

영유서 돌아온 뒤에도 그「배따라기」는 내 마음에 깊이 새기어져 잊으려야 잊을 수가 없었고, 언제 한번 다시 영유를 가서 그 노래를 한번 더 들어보고 그 경치를 다시 한번 보고 싶은 생각이 늘 떠나지를 않았다.

장고 소리와 기생의 노래는 멎고「배따라기」만 구슬프게 날아온다. 결결이 부는 바람으로 말미암아 때때로는 들을 수가 없으되, 나의 기억과 곡조를 부합하여 들은 배따라기는 이 대목이다.

강변에 나왔다가
나를 보더니만
혼비백산하여
꿈인지 생시인지
생신지 꿈인지
와르륵 달려들어
섬섬옥수로 부여잡고
호천망극 하는 말이
"하늘로서 떨어지며
땅으로서 솟아났다
바람결에 묻어 오고
구름길에 쌔여왔나"
이리 서로 붙들고 울음 울 제
인리 제인이며
일가 친척이 모두 모여……

　여기까지 들은 나는 마침내 참지 못하고 벌떡 일어서서 소나무 가지에 걸었던 모자를 내려 쓰고 그곳을 찾으려 모란봉 꼭대기에 올라섰다. 꼭대기는 좀더 노랫소리가 잘 들린다. 그는 「배따라기」의 맨 마지막, 여기를 부른다.

밥을 빌어서
죽을 쑬지라도
제발 덕분에
뱃놈 노릇은 하지 마라
에-야, 어그여지야.

　그의 소리로써 방향을 찾으려던 나는 그만 그 자리에 섰다.
　"어딘가? 기자묘, 혹은 을밀대(乙密臺)?"
　그러나 나는 오래 서 있을 수가 없었다. 어떻든 찾아보자 하고 현무문으로 가서 문밖에 썩 나섰다. 기자묘의 깊은 솔밭은 눈앞에 쫙 퍼진다.
　"어딘가?"
　나는 또 물어 보았다.
　이때에 그는 또다시 「배따라기」를 첫번부터 부른다. 그 소리는 왼편에서 온다.
　왼편이구나 하면서, 소리나는 곳을 더듬어서 소나무 틈으로 한참 돌다가 겨우 기자묘치고는 그중 하늘이 넓고 밝은 곳에, 혼자서 뒹굴고 있는 그를 찾아내었다. 나의 생각한 바와 같은 얼굴이다. 얼굴, 코, 입, 눈, 몸집이 모두 네모나고, 그의 이마의 굵은 주름살과 시커

먼 눈썹은 고생 많이 함과 순진한 성격을 나타낸다.
 그는 어떤 신사가 자기를 들여다보는 것을 보고 노래를 그치고 일어나 앉는다.
 "왜? 그냥 하지요."
 하면서 나는 그의 곁에 가 앉았다.
 "머……."
 할 뿐 그는 눈을 들어서 터진 하늘을 쳐다본다.
 좋은 눈이었다. 바다의 넓고 큼이 유감없이 그의 눈에 나타나 있다. 그는 뱃사람이라 나는 짐작하였다.
 "잘하는구례."
 "잘해요?"
 그는 나를 잠깐 보고 사람 좋은 웃음을 띤다.
 "고향이 영유요?"
 "예, 머, 영유서 나기는 했디만 한 이십 년 영유를 가보디두 않았시요."
 "왜, 이십 년씩 고향엔 안 가요?"
 "사람의 일이라니 마음대로 됩데까?"
 그는 왜 그러는지 한숨을 짓는다.
 "거저, 운명이 제일 힘셉디다."
 운명의 힘이 제일 세다는 그의 소리에는 **삭이지** 못할 원한과 뉘우침이 섞여 있다.
 "그래요?"
 나는 다만 그를 쳐다볼 뿐이다.
 한참 잠잠하니 있다가 나는 다시 말하였다.
 "자, 노형의 경험담이나 한번 들어봅시다. 감출 일이 아니면 한번 이야기해 보소."
 "뭐 감출 일은……"
 "그럼 어디 한번 들어 봅시다 그려."
 그는 다시 하늘을 쳐다보았다. 그러나 좀 있다가,
 "하디요."
 하면서 내가 담배를 붙이는 것을 보고 자기도 담배를 붙여 물고 이야기를 꺼낸다.
 "닞히디두 않는 십구 년 전 팔월 열하룻날 일인데요."
 하면서 그가 이야기한 바는 대략 이와 같은 것이다.
 그가 살던 마을은 영유 고을서 한 이십리 떠나 있는 바다를 향한 조그만 동리이다. 그의 살던 그 조그만 마을(서른 집쯤 되는)에서 그는 꽤 유명한 사람이었다.
 그의 부모는 모두 열댓에 났을 때 돌아갔고, 남은 친척이라고는 곁집에 딴살림하는 그의 아우 부처와 자기 부처뿐이었다. 그들 형제가 그 마을에서 제일 부자이고 또 제일 고기잡이를 잘하였고, 그중 글이 있었고, 「배따라기」도 그 마을에서 빼나게 그 형제가 잘 불렀다. 말하자면 그 형제가 그 동리의 대표적 사람이었다.
 팔월 보름은 추석 명절이다. 팔월 열하룻날 그는 명절에 쓸 장도 볼 겸 그의 아내가 늘

부러워하는 거울도 하나 사올 겸 장으로 향하였다.
"당손네 집에 있는 것보다 큰 것이오, 닞디 말구요."
그의 아내는 길까지 따라나오면서 잊지 않도록 부탁하였다.
"안 닞어."
하면서 그는 떠오르는 새빨간 햇빛을 앞으로 받으면서 자기 마을을 나섰다.
그는 아내를 (이렇게 말하기는 우습지만) 고와했다. 그의 아내는 촌에는 드물도록 **연연하고도** 예쁘게 생겼다. (그는 나에게 이렇게 말하였다.)
"성내(평양) 덴줏골(갈보촌)을 가두 그만한 거 쉽디 않갔시오."
그러니까 촌에서는, 그리고 그 당시에는 남에게 우습게 보이도록 그 내외의 사이는 좋았다. 늙은이들은 계집에게 **혹하지** 말라고 흔히 그에게 권고하였다.

부처의 사이는 좋았지만 – 아니, 오히려 좋으므로 그는 아내에게 시기를 많이 하였다. 그리고 그의 아내는 시기를 받을 일을 많이 하였다. 품행이 나쁘다는 것이 아니라, 그의 아내는 대단히 천진스럽고 쾌활한 성질로서 아무에게나 말 잘하고 애교를 잘 부렸다.

그 동리에서는 무슨 명절이나 되면, 집이 그중 깨끗함을 평계삼아 젊은이들은 모두 그의 집에 모이곤 하였다. 그 젊은이들은 모두 그의 아내에게 '아즈머니'라 부르고, 그의 아내는 '아즈바니, 아즈바니' 하며 그들과 지껄이고 즐기며, 그 웃기 잘하는 입에는 늘 웃음을 흘리고 있었다. 그럴 때마다 그는 한편 구석에서 눈만 힐금거리며 있다가 젊은이들이 돌아간 뒤에는 **불문곡직하고** 아내에게 덤벼들어 발길로 차고 때리며, 이전에 사다주었던 것을 모두 걷어올린다. 싸움을 할 때에는 언제든 곁집에 있는 아우 부처가 말리러 오며, 그렇게 되면 언제든 그는 아우 부처까지 때려 주었다.

그가 아우에게 그렇게 구는 데는 이유가 있었다. 그의 아우는 촌사람에게는 **다시없도록 늠름한** 위엄이 있었고, 맨날 바닷바람을 쐬었지만 얼굴이 희었다. 이것 뿐으로도 시기가 된다 하면 되지만, 특별히 아내가 그의 아우에게 친절히 하는 데는 그는 속이 끓어 못 견디었다.

그가 영유를 떠나기 반년 전쯤——다시 말하자면 그가 거울을 사러 장에 갈 때부터 반년 전쯤 그의 생일날이었다. 그의 집에서는 음식을 차려서 잘 먹었는데, 그에게는 괴상한 버릇이 있었으니, 맛있는 음식은 남겨두었다가 좀 있다 먹곤 하는 것이 습관이었다. 그의 아내도 이 버릇은 잘 알 터인데 그의 아우가 점심때쯤 오니까 아까 그가 아껴서 남겨두었던 그 음식을 아우에게 주려 하였다. 그는 눈을 부릅뜨고 '못 주리라'고 암호하였지만, 아내는 그것을 보았는지 못 보았는지 그의 아우에게 주어 버렸다. 그는 마음속이 자못 편치 못하였다. 트집만 있으면 이년을…… 그는 마음 먹었다.

그의 아내는 시아우에게 상을 준 뒤에 물러오다가 그만 그의 발을 조금 밟았다.
"이년!"
그는 힘껏 발을 들어서 아내를 **냅다 찼다**. 그의 아내는 상 위에 거꾸러졌다가 일어난다.
"이년! 사나이 발을 짓밟는 년이 어디 있어!"
"거 좀 밟아서 발이 부러뎃쉐까?"

아내는 낯이 새빨개져서 울음 섞인 소리로 고함친다.

"이년! 말대답이……"

그는 일어서서 아내의 머리채를 휘어잡았다.

"형님! 왜 이러십니까?"

아우가 일어서면서 그를 붙잡았다.

"가만 있거라. 이놈의 자식!"

하며 그는 아우를 밀친 뒤에 아내를 되는대로 내리찧었다.

"죽일 년, 이년! 나가거라!"

"죽여라, 죽여라! 난 죽어도 이 집에선 못나가!"

"못 나가?"

"못 나가디 않구, 뉘 집이게……"

이때다. 그의 마음에는 그 '못 나가겠다'는 아내의 마음이 푹 들이박혔다. 그 이상 때리기가 싫었다. 우두커니 눈만 흘기고 있던 그는,

"망할 년, 그럼 내가 나갈라."

하고 그만 문 밖으로 뛰어나와서,

"형님 어디 갑니까?"

하는 아우의 말에는 대답도 안 하고 곁동네 탁주집으로 뒤도 안 돌아보고 가서, 거기 있는 술 파는 계집과 술상 앞에 마주앉았다.

그날 저녁 얼근히 취한 그는 아내를 위하여 떡을 한 돈어치 사가지고 집으로 돌아왔다.

이리하여 또 서너 달은 평화가 이르렀다. 그러나 이 평화가 언제까지든 계속될 수가 없었다. 그의 아우로 말미암아 또 평화는 **찌개져** 나갔다.

오월 초승부터 영유 고을 출입이 잦던 그의 아우는 오월 그믐께부터는 고을서 며칠씩 묵어 오는 일이 많았다. 함께, 고을에 첩을 얻어 두었다는 소문이 퍼졌다. 이 소문이 있은 뒤는 아내는 아우가 고을 들어가는 것을 벌레보다도 더 싫어하고, 며칠 묵어 나오는 때면 곧 아우의 집으로 가서 그와 담판을 하며, 심지어 동서되는 아우의 처에게까지 못 가게 하지 않는다고 싸우는 일이 있었다. 칠월 초승께 그의 아우는 고을에 들어가서 열흘쯤 묵어 온 일이 있었다. 이때도 전과 같이 그의 아내는 그의 아우며 제수와 싸우다 못하여, 마침내 그에게까지 와서 아우가 그런 못된 데를 다니는 것을 그냥 둔다고 해보자 한다. 그 꼴을 곱게 보지 않았던 그는 첫마디로 고함을 쳤다.

"네게 상관이 무에가? 듣기 싫다."

"못난둥이. 아우가 그런 델 댕기는 걸 말리지두 못하구!"

분김에 이렇게 그의 아내는 고함쳤다.

"이년, 무얼?"

그는 벌떡 일어섰다.

"못난둥이!"

그 말이 채 끝나기 전에 그의 아내는 악 소리와 함께 그 자리에 거꾸러졌다.

"이년! 사나이에게 그따웃 말버릇 어디서 배완!"
"에미네 때리는 건 어디서 배왔노! 못난둥이!"
그의 아내는 울음소리로 부르짖었다.
"샹년, 그냥? 나갈! 우리집에 있디 말구 나갈!"
그는 내리찧으면서 부르짖었다. 그리고 아내를 문을 열고 밀쳤다.
"나가지 않으리!"
하고 그의 아내는 울면서 뛰어나갔다.
"망할 년!"
토하는 듯이 중얼거리고 그는 그 자리에 주저앉았다.
그의 아내는 해가 지고 어두워져도 돌아오지 않았다. 일단 내어쫓기는 하였지만 그는 아내의 돌아옴을 기다리고 있었다. 어두워져서도 그는 불도 안 켜고 성이 나서 우들우들 떨면서 아내가 돌아오기를 기다렸다. 그러나 그의 아내의 참 기쁜 듯이 웃는 소리가 그의 아우의 집에서 밤새도록 울리었다. 그는 움쩍도 안 하고 고 자리에 앉아서 밤을 새운 뒤에 새벽 **동터** 올 때 아내와 아우를 죽이려고 부엌에 가서 식칼을 가지고 들어와서 문을 벌컥 열었다.

그의 아내로서 만약 근심스러운 얼굴을 하고 그 문밖에 우두커니 서서 문을 들여다보고 있지 않았다면 그는 아내와 아우를 죽이고야 말았으리라.

그는 아내를 보는 순간 마음에 가득 차는 사랑을 깨달으면서 칼을 내던지고 뛰어나가서 아내의 머리채를 휘어잡고, 이년 하면서 들어와서 뺨을 물어뜯으면서 함께 이리저리 자빠져서 뒹굴었다.

그런 이야기를 하려면 끝이 없으되 다만 '그' '그의 아내' '그의 아우' 세 사람의 삼각 관계는 대략 이와 같았다.

각설(却說).

거울은 마침 장에 마음에 맞는 것이 있었다. 지금 것과 대보면, 어떤 때는 코도 크게 보이고 입이 작게도 보이는 것이지만, 그 당시에는 그리고 그런 촌에서는 둘도 없는 귀물이었다. 거울을 사가지고 장을 본 뒤에 그는 이 거울을 아내에게 주면 그 기뻐할 모양을 생각하며 새빨간 저녁 햇빛을 받는 넘치는 듯한 바다를 안고 자기 집으로, 늘 들르오던 탁줏집에도 안 들르서 돌아왔다.

그러나 그가 그의 집 방 안에 들어설 때에는 뜻도 안하였던 광경이 그의 눈에 벌리어 있었다.

방 가운데는 떡상이 있고, 그의 아우는 수건이 벗어져서 목뒤로 늘어지고, 저고리 고름이 모두 풀어져가지고 한편 모퉁이에 서 있고, 아내도 머리채가 모두 뒤로 늘어지고, 치마가 배꼽 아래 늘어지도록 되어 있으며, 그의 아내와 아우는 그를 보고 어찌할 줄을 모르는 듯이 움쩍도 안 하고 서 있었다.

세 사람은 한참 동안 어이가 없어서 서 있었다. 그러나 좀 있다가 마침내 그의 아우가 겨우 말했다.

"그놈의 쥐 어디 갔니?"

"흥! 쥐? 훌륭한 쥐 잡댔구나!"
그는 말을 끝내지도 않고 짐을 벗어던지고 뛰어가서 아우의 멱살을 **그러잡았다**.
"형님 정말 쥐가……"
"쥐? 이놈, 형수와 그런 쥐 잡는 놈이 어디 있니?"
그는 아우의 따귀를 몇 대 때린 뒤에 등을 밀어서 문밖에 내어던졌다. 그런 뒤에 이제 자기에게 이를 매를 생각하고 우들우들 떨면서 아랫목에 서 있는 아내에게 달려들었다.
"이년! 시아우와 그런 쥐 잡는 년이 어디 있어?"
그는 아내를 거꾸러뜨리고 함부로 내리쫓었다.
"정말 쥐가……, 아이 죽갔다!"
"이년! 너두 쥐? 죽어라!"
그의 팔다리는 함부로 아내의 몸 위에 오르내렸다.
"아이, 죽갔다. 정말 아까 적은이(시아우)가 왔기에 떡 먹으라구 내놓았더니……"
"듣기 싫다! 시아우 붙은 년이 무슨 잔소릴……"
"아이, 아이, 정말이야요. 쥐가 한 마리 나……"
"그냥 쥐?"
"쥐 잡을래다가……"
"샹년! 죽어라! 물이래두 빠데 죽얼!"
그는 실컷 때린 뒤에, 아내도 아우처럼 등을 밀어 내어쏘았다. 그 뒤에 그의 등에로,
"고기 배때기에 장사해라!"
하고 토하였다.
분풀이는 실컷 하였지만, 그래도 마음속이 자못 편치 못하였다. 그는 아랫목으로 가서, **바람벽**을 의지하고 실신한 사람같이 우두커니 서서 떡상만 들여다보고 있었다.
한 시간…… 두 시간……
서편으로 바다를 향한 마을이라 다른 곳보다는 늦게 어둡지만, 그래도 술시(戌時)쯤 되어서는 깜깜하니 어두웠다. 그는 불을 켜려고 바람벽에서 떠나 성냥을 찾으러 돌아갔다.
성냥은 늘 있던 자리에 있지 않았다. 그래서 여기저기 뒤적이노라니까 어떤 낡은 옷뭉치를 들칠 때에 문득 쥐소리가 나면서 무엇이 후닥닥 뛰어나온다. 그리하여 저편으로 기어서 도망한다.
"역시 쥐댔구나!"
그는 조그만 소리로 부르짖었다. 그리고 그만 그 자리에 맥없이 털썩 주저앉았다.
아까 그가 보지 못한 때의 광경이 활동사진과 같이 그의 머리에 지나갔다.
아우가 집에를 온다. 아우에게 친절한 아내는 떡을 먹으라고 아우에게 떡상을 내놓는다. 그때에 어디선가 쥐가 한 마리 뛰어나온다. 둘(아우와 아내)이서는 쥐를 잡느라고 돌아간다. 한참 성화시키던 쥐는 어느 구석에 숨어버린다. 그들은 쥐를 찾느라고 **두룩거린다**. 그럴 때에 그가 들어선 것이다.
"샹년, 좀 있으믄 안 들어오리……"

그는 억지로 마음먹고 그 자리에 드러누웠다.

그러나 아내는 밤이 가고 날이 밝기는커녕 해가 중천에 올라도 돌아오지를 않았다. 그는 차차 걱정이 나서 찾아보러 나섰다.

아우의 집에도 없었다. 동네를 모두 찾아보아도 본 사람도 없다 한다.

그리하여, 낮쯤 한 삼사리 내려가서 바닷가에서 겨우 아내를 찾기는 찾았지만, 그 아내는 이전 같은 생기로 찬 산 아내가 아니오, 몸은 물에 불어서 곱이나 크게 되고, 이전에 늘 웃음을 흘리던 예쁜 입에는 거품을 잔뜩 물은 죽은 아내였다.

그는 아내를 업고 집으로 돌아오기까지 정신이 없었다.

이튿날 간단하게 장사를 하였다. 뒤에 따라오는 아우의 얼굴에는,

"형님, 이게 웬일이오니까?"

하는 듯한 원망이 있었다.

장사를 지낸 이튿날부터 아우는 그 조그만 마을에서 없어졌다. 하루 이틀은 **심상히** 지냈지만, 닷새 엿새가 지나도 아우는 돌아오지 않았다. 그래서 알아보니까, 꼭 그의 아우같이 생긴 사람이 오륙일 전에 **멧산재보따리**를 하여 진 뒤에 새뻘건 저녁 해를 등으로 받고 더벅더벅 동쪽으로 가더라 한다. 그리하여 열흘이 지나고 스무날이 지났지만 한 번 떠난 그의 아우는 돌아올 길이 없고, 혼자 남은 아우의 아내는 만날 한숨으로 세월을 보내게 되었다.

그도 이것을 잠자코 보고 있을 수가 없었다. 그 불행의 모든 죄는 그에게 있었다.

그도 마침내 뱃사람이 되어, 적으나마 아내를 삼킨 바다와 늘 접근하며, 가는 곳마다 아우의 소식을 알아보려고 어떤 배를 얻어타고 물길을 나섰다.

그는 가는 곳마다 아우의 이름과 모습을 말하여 물었으나 아우의 소식은 알 수가 없었다.

이리하여 꿈결같이 십년을 지나서 구년 전 가을, **탁탁히** 낀 안개를 꿰며 연안(延安) 바다를 지나가던 그의 배는 몹시 부는 바람으로 말미암아 파선을 하여 벗 몇 사람은 죽고 그는 정신을 잃고 물 위에 떠돌고 있었다.

그가 겨우 정신을 차린 때는 밤이었다. 그리고 어느덧 그는 뭍 위에 올라와 있었고, 그를 말리느라고 새빨갛게 피워놓은 불빛으로 자기를 간호하는 아우를 보았다.

그는 이상하게 놀라지도 않고, 천연하게 물었다.

"너! 어덯개(어떻게) 여기 완!"

아우는 잠자코 한참 있다가 겨우 대답하였다.

"형님, 거저 다 운명이외다."

따뜻한 불기운에 깜빡 잠이 들려다가 그는 화닥닥 깨면서 또 말했다.

"십 년 동안에 되게 파리했구나."

"형님, 나두 변했거니와 형님두 몹시 늙으셨쉐다."

이 말을 꿈결같이 들으면서 그는 또 혼혼히 잠이 들었다. 그리하여 두어 시간, 꿀보다도 단 잠을 잔 뒤에 깨어보니 아까같이 새빨간 불은 피워 있지만 아우는 어디로 갔는지 없어졌다. 곁의 사람에게 물어보니까, 아까 아우는 형의 얼굴을 물끄러미 한참 들여다보고 있다가

새빨간 불빛을 등으로 받으면서 더벅더벅 아무 말 없이 어두움 가운데로 **스러졌다** 한다.

　이튿날 아무리 알아보아야 그의 아우는 종적이 없어지고 알 수 없으므로, 그는 할 수 없이 다른 배를 얻어타고 또 물길을 나섰다. 그리하여 그의 배가 해주에 이르렀을 때 그는 해주장에 들어가서 무엇을 사려다가 저편 가게에 언뜻 그의 아우 같은 사람이 있으므로 뛰어가서 보니 그는 벌써 없어졌다. 배가 해주에는 오래 머물지 않으므로 그는 마음은 해주에 남겨두고 또다시 바닷길을 떠났다.

　그 뒤에 삼년을 이리저리 돌아다녔어도 아우는 다시 볼 수가 없었다.

　그리하여 삼년을 지내서 지금부터 육년 전에, 그의 탄 배가 강화도를 지날 때에 바다로 향한 가파른 뫼켠에서 바다를 향하여 날아오는 '배따라기'를 들었다. 그것도 어떤 구절과 곡조는 그의 아우 특식으로 변경된 그의 아우가 아니면 부를 사람이 없는 그 배따라기였다.

　배가 강화도에 머물지 않아서 그저 지나갔으나 인천서 열흘쯤 머물게 되었으므로, 그는 곧 내려서 강화도로 건너가 보았다. 거기서 이리저리 찾아다니다가 어떤 조그만 객줏집에서 물어보니, 이름도 그의 아우요, 생긴 모습도 그의 아우인 사람이 묵어 있기는 하였으나, 사나흘 전에 도로 인천으로 갔다 한다. 그는 곧 돌아서서 인천으로 건너와서 찾아보았지만 그 조그만 인천서도 그의 아우를 찾을 바가 없었다.

　그 뒤에 눈 오고 비 오며 육 년이 지났지만, 그는 다시 아우를 만나보지 못하고 아우의 생사까지도 알 수 없었다.

　말을 끝낸 그의 눈에는 저녁 해에 반사하여 몇 방울의 눈물이 번뜩인다.
　나는 한참 있다가 겨우 물었다.
　"노형 제수는?"
　"모르디요. 이십 년을 영유는 안 가봤으니깐요."
　"노형은 이제 어디루 갈 테요?"
　"것두 모르디요. 정처가 있나요? 바람 부는 대루 몰려 댕기디요."
　그는 다시 한번 나를 위하여「배따라기」를 불렀다. 아아! 그 속에 잠겨 있는 삭이지 못할 뉘우침, 바다에 대한 애처로운 그리움.
　노래를 끝낸 다음에 그는 일어서서 시뻘건 저녁해를 잔뜩 등으로 받고, 을밀대로 향하여 더벅더벅 걸어갔다. 나는 그를 말릴 힘이 없어서 눈이 멀거니 그의 등만 바라보고 앉아 있었다.

　그날 밤, 집에 돌아와서도 그 '배따라기'와 그의 숙명적 경험담이 귀에 쟁쟁히 울리어서 잠을 못 이루고 이튿날 아침 깨어서 조반도 안 먹고 기자묘로 뛰어가서 또다시 그를 찾아보았다. 그가 어제 깔고 앉았던 풀은 모두 한편으로 누워서 그가 다녀감을 기념하되 그는 그 근처에 보이지 않았다. 그러나, 그러나「배따라기」는 어디선가 쟁쟁히 울리어서 모든 소나무들을 떨리지 않고는 안 두겠다는 듯이 날아온다.
　"모란봉이다. 모란봉에 있다."
　하고, 나는 한숨에 모란봉으로 뛰어갔다. 모란봉에는 사람이 하나도 없다. 부벽루(浮碧

樓)에도 없다.

"을밀대다!"

하고 나는 다시 을밀대로 갔다. 을밀대에서 부벽루를 연한, 지옥까지 연한 듯한 골짜기에 물 한 방울을 안 새리라 빽빽이 난 소나무의 그 모든 잎잎은 떨리는「배따라기」를 부르고 있지만 그는 여기도 있지 않다. 기자묘의 하늘을 향하여 퍼져 나간 그 모든 소나무의 천만의 잎잎도, 그 아래쪽 퍼진 천만의 풀들도 모두 그「배따라기」를 슬프게 부르고 있지만, 그는 이 조그만 모란봉 일대에선 찾을 수가 없었다.

강가에 나가서 알아보니, 그의 배는 오늘 새벽에 떠났다 한다.

그 뒤에 여름과 가을이 가고 일년이 지나서 다시 봄이 이르렀으되, 잠깐 평양을 다녀간 그는 그 숙명적 경험담과 슬픈「배따라기」를 두었을 뿐, 다시 조그만 모란봉에 나타나지 않는다.

모란봉과 기자묘에 다시 봄이 이르러서, 작년에 그가 깔고 앉아서 부러졌던 풀들도 다시 곧게 대가 나서 자줏빛 꽃이 피려 하지만, 끝없는 뉘우침을 다만 한날「배따라기」로 하소연하는 그는 이 조그만 모란봉과 기자묘에서 다시 볼 수가 없었다. 다만 그가 남기고 간「배따라기」만 추억하는 듯이, 기념하는 듯이 모든 잎잎이 속삭이고 있을 따름이다.

[단어 해석/单词解析]

1. 삼질 : 삼짇날 **阴历三月初三**
2. 우단 : 벨벳. 거죽에 곱고 짧은 털이 촘촘히 돋게 짠 비단 **羽缎, 天鹅绒**
3. 어음 : '움'의 사투리. 풀이나 나무에 새로 돋아 나오는 싹 **芽**
4. 헤치다 : 속에 든 물건을 드러나게 하려고 덮인 것을 파거나 깨뜨리거나 젖히다 **扒开, 豁开**
5. 삭이다 : '삭다'의 사동사. 긴장이나 화가 풀려 마음이 가라앉다 **消除**
6. 연연하다 : 빛이 엷고 산뜻하며 곱다 **楚楚动人**
7. 혹하다 : …에/에게 홀딱 반하거나 빠져서 정신을 못 차리다 **吸引, 诱惑**
8. 불문곡직하다 : 옳고 그름을 따지지 아니하다 **不分青红皂白**
9. 다시없다 : 그보다 더 나은 것이 없다 **无与伦比**
10. 늠름하다 : 생김새나 태도가 의젓하고 당당하다 **相貌堂堂, 威风凛凛**
11. 냅다 차다 : 앞이나 밖으로 향하여 차다 **向前或向外踢**
12. 쩌개다 : 크고 단단한 물체를 연장으로 베거나 찍어서 두 쪽으로 벌리어 갈라지게 하다 **切开, 割开**
13. 동트다 : 동쪽 하늘이 훤하게 밝아 오다 **天放亮**
14. 그러잡다 : 자신이 있는 쪽으로 당겨 붙잡다 **拉, 扯**
15. 바람벽 : 방이나 칸살의 옆을 둘러막은 둘레의 벽 **墙, 墙壁**

16. 두룩거리다 : '뒤룩거리다', 크고 둥그런 눈알이 힘 있게 자꾸 움직이다 (**眼睛**) 滴
    溜滴溜地转
17. 심상(尋常)하다 : 대수롭지 않고 예사롭다 **寻常，一般**
18. 멧산재보따리 : '괴나리봇짐'의 평안북도 사투리. 걸어서 먼 길을 떠날 때에 보자기
    에 싸서 어깨에 메는 작은 짐 **出远门时背的包袱**
19. 탁탁하다 : 피륙 따위의 바탕이 촘촘하고 두껍다 **厚实，致密**
20. 스러지다 : 형체나 현상 따위가 차차 희미해지면서 없어지다 **消失**

[연습 문제/练习]

1. '배따라기'가 차지하는 역할을 어떻게 봐야 하는지 생각해 보십시오.
2. '진시황'의 등장이 갖는 의미를 말해 보십시오.
3. 이 작품에 나타난 유미주의적 특징을 지적하고 토론해 보십시오.

제 4 과 소설 : 「벙어리 삼룡이」

[작가 소개/作家介绍]

　　나도향(羅稻香, 1902~1926년)은 서울의 어느 의사집에서 태어났다. 본명은 경손이다. 배재학당을 졸업한 후 경성의전에 입학하였으나 그의 뜻은 문학 창작에 있었다. 『백조』 동인으로 참가하면서 본격적인 문학 활동을 시작하였다. 1922년 『백조』 동인지에 「젊은이의 시절」과 「별을 안거든 울지나 말걸」을 발표하였다. 같은 해 「동아일보」에 장편소설 「환희」를 연재하여 '천재작가'라는 칭호를 얻었다. 1923년 「17원 50전」, 「은화, 백동화」, 「행랑자식」 등 많은 작품을 발표하는데 이때 건강이 악화되었다. 1925년에 『시대일보』에 두번째 장편 「어머니」를 연재하고 「벙어리 삼룡이」, 「물레방아」, 「뽕」 등과 같은 객관적이고 **완숙된** 작품을 발표하여 최고의 전성기에 이르렀다. 하지만 **극심한** 가난과 폐병에 시달려 1926년 8월 스물여섯의 나이로 요절하였다.

[단어 해석/单词解析]

1. 완숙되다 : 재주나 기술 따위가 아주 능숙하다 **成熟, 娴熟**
2. 극심하다 : 매우 심하다 **极其**

[작품 해제/作品解析]

　　1925년에 발표된 「벙어리 삼룡이」는 나도향의 대표작이다. 작품의 주인공 삼룡이는 벙어리로 인간적인 대접조차 받지 못하는 하인이다. 그는 스스로 자신의 신분적 **굴레**를 인정해 주인에게 철저히 복종하고 **박해**마저도 당연한 것으로 받아들인다. 하지만 삼룡이는 주인의 아들이 새색시를 구박하는 것을 보면서 그런 행동을 취하는 주인의 아들을 이해하지 못하게 되고, 주인 아씨를 향한 연민의 정을 날로 키워 간다. 이때부터 그는 불구자로 억제했던 정욕을 드러내고 여성에 대한 욕망이 발현되며, 그것은 또한 그로 하여금 그를 둘러싼 사회를 향해 도전을 하게 한다. 그리하여 그는 주인집에 불을 질러 세상에 대한 분노를 표출한다. 작품에서 불 속의 새아씨를 구하고 자신이 죽어가는 장면은 현실적으로나 작품상으로 문제의 낭만적인 해결을 위해 설치한 장면으로 볼 수 있다. 삼룡이는 새아씨와 도망을 갈 정도로 서로 사랑한 것도 아니기 때문에 불을 질러 자신이 가질 수 없는 사랑을 불길 속에서 태워버릴 수밖에 없다.

[단어 해석/单词解析]

1. 굴레 : 말이나 소 따위를 부리기 위하여 머리와 목에서 고삐에 걸쳐 얽어매는 줄 **笼头, 羁绊**
2. 박해 : 못살게 굴어서 해롭게 함 **迫害, 摧残**

[작품 원문/作品原文]

1

　내가 열 살이 될락 말락 할 때이니까 지금으로부터 십사오 년 전 일이다.
　지금은 그곳을 청엽정(靑葉町)이라 부르지마는 그때는 연화봉(蓮花峯)이라고 이름하였다. 즉 남대문(南大門)에서 바로 내려다보면은 오정포(午正砲)가 놓여 있는 산등성이가 있으니 그 산등성이 이쪽이 연화봉이요, 그 새에 있는 동리가 역시 연화봉이다.
　지금은 그곳에 빈민굴이라고 할 수밖에 없이 지저분한 촌락이 생기고 노동자들밖에 살지 않는 곳이 되어버렸으나 그때에는 자기네 딴은 행세한다는 사람들이 있었다.
　집이라고는 십여 호밖에 있지 않았고 그곳에 사는 사람들은 대개 과목밭을 하고 또는 채소를 심거나 그렇지 아니하면 콩나물을 길러서 생활을 하여 갔었다.
　여기는 그 중 큰 과목밭을 갖고 그중 여유 있는 생활을 하여가는 사람이 하나 있었는데 그의 이름은 잊어버렸으나 동네사람들이 부르기를 오생원(吳生員)이라고 불렀다.
　얼굴이 동탕하고 목소리가 마치 여름에 버드나무에 앉아서 길게 목 늘여 우는 매미 소리같이 저르렁저르렁하였다.
　그는 몹시 부지런한 중년 늙은이로 아침이면 새벽 일찍이 일어나서 앞뒤로 뒷짐을 지고 돌아다니며 집안일을 보살피는데 그 동네에서는 그가 마치 시계와 같아서 그가 일어나는 때가 동네 사람이 일어나는 때였다. 만일 그가 아침에 돌아다니며 잔소리를 하지 않으면 동네 사람들이 이상히 여겨 그의 집으로 가보면 그는 반드시 몸이 불편하여 누워 있었다. 그러나 그와 같은 때는 일 년 삼백육십 일에 한번 있기가 어려운 일이요, **이태**나 삼 년에 한 번 있거나 말거나 하였다.

그가 이곳으로 이사를 온 지는 얼마 되지 아니하나 그가 언제든지 감투를 쓰고 다니므로 동리 사람들은 양반이라고 불렀고 또 그 사람도 동리 사람에게 그리 인심을 잃지 않으려고 섣달이면 **북어쾌**, 김톳씩 동리 사람에게 나눠주며 농사때에 쓰는 **연장**도 넉넉히 장만한 후 아무 때나 동리 사람들이 쓰게 하므로 그 동리에서는 가장 인심 후하고 존경을 받는 집인 동시에 세력 있는 집이다.

그 집에는 삼룡(三龍)이라는 벙어리 하인 하나가 있으니 키가 본시 크지 못하여 **땅딸보**로 되었고 고개가 빼지 못하여 몸뚱이에 대갱이를 갖다가 붙인 것 같다. 거기다가 얼굴이 몹시 얽고 입이 몹시 크다. 머리는 전에 새꼬랑지 같은 것을 주인의 명령으로 깎기는 깎았으나 불밤송이 모양으로 언제든지 푸 하고 일어섰다. 그래 걸어다니는 것을 보면 마치 옴두꺼비가 서서 다니는 것같이 숨차 보이고 더디어 보인다. 동리 사람들이 부르기를 삼룡이라고 부르는 법이 없고 언제든지 '벙어리' '벙어리'라고 하든지 그렇지 않으면 '앵모' '앵모'한다. 그렇지만 삼룡이는 그 소리를 알지 못한다.

그도 이 집 주인이 이리로 이사를 올 때에 데리고 왔으니 진실하고 충성스러우며 부지런하고 세차다. 눈치로만 지내가는 벙어리지마는 듣는 사람보다 슬기로울 적이 있고 평생 조심성이 있어서 결코 실수한 적이 없다.

아침에 일어나면 마당을 쓸고, 소와 돼지의 여물을 먹이며, 여름이면 밭에 풀을 뽑고 나무를 실어들이고 장작을 패며, 겨울이면 눈을 쓸고 장 심부름이며 진일 마른일 할 것 없이 못하는 일이 없다.

그럴수록 이 집 주인은 벙어리를 위해주며 사랑한다. 혹시 몸이 불편한 기색이 있으면 쉬게 해주고, 먹고 싶어하는 듯한 것은 먹이고, 입을 때 입히고 잘 때 재운다.

그런데 이 집에는 삼대독자로 내려오는 그 집 아들이 있다. 나이는 열일곱 살이나 아직 열네 살도 되어 보이지 않고 너무 귀엽게 기르기 때문에 누구에게든지 버릇이 없고 어리광을 부리면 사람에게나 짐승에게 잔인 포악한 짓을 많이 한다.

동리 사람들은 그를

"**호래자식**!"

"아비 속상하게 할 자식!"

"저런 자식은 없는 것만 못해."

하고 욕들을 한다. 그래서 그의 어머니는 아들이 잘못할 때마다 그의 영감을 보고,

"그 자식을 좀 때려주구려. 왜 그런 것을 보고 가만두?"

하고 자기가 대신 때려주려고 나서면,

"아뇨. 아직 철이 없어 그렇지. 저도 지각이 나면 그렇지 않을 것이 아뇨."

하고 너그럽게 타이른다. 그러면 마누라는 왜가리처럼 소리를 지르며,

"철이 없긴 지금 나이가 몇이요. 낼 모래면 스무 살이 되는데, 또 며칠 아니면 장가를 들

어서 자식까지 날 것이 그래가지고 무엇을 한단 말이요."

하고 들이대며,

"자식은 꼭 아버지가 버려놓았습니다. 자식 귀여운 것만 알았지 버릇 가르칠 줄은 모르니까……."

이렇게 싸움이 시작만 하려 하면 영감은 아무 말도 하지 않고 바깥으로 나가 버린다.

그 아들은 더구나 이 벙어리를 사람으로 알지도 않는다. 말못하는 벙어리라고 오고가며 주먹으로 허구리를 지르기도 하고 발길로 엉덩이도 찬다.

그러면 그 벙어리는 어린것이 철없이 그러는 것이 도리어 귀엽기도 하고 또는 그 힘없는 팔과 힘없는 다리로 자기의 무쇠 같은 몸을 건드리는 것이 우습기도 하고 **앙증하기**도 하여 돌아서서 방그레 웃으면서 툭툭 털고 다른 곳으로 몸을 피해버린다.

어떤 때는 낮잠 자는 벙어리 입에다가 똥을 먹인 때도 있었다. 또 어떤 때는 자는 벙어리 두 팔 두 다리를 살며시 동여매고 손가락과 발가락 사이에 화승불을 붙여놓아 질겁을 하고 일어나다가 발버둥질을 하고 죽으려는 사람처럼 괴로워하는 것을 보고 기뻐하였다.

이러할 때마다 벙어리의 가슴에는 비분한 마음이 꽉 들어찼다. 그러나 그는 주인의 아들을 원망하는 것보다도 자기가 병신인 것을 원망하였으며 주인의 아들을 저주한다는 것보다도 이 세상을 저주하였다.

그러나 그는 결코 눈물을 흘리지 않았다. 그에게는 눈물이 없었다. 그의 눈물은 나오려 할 때 아주 말라붙어버린 샘물과 같이 나오려 하나 나오지를 아니하였다. 그는 주인의 집을 버릴 줄 모르는 개 모양으로 자기가 있어야 할 곳은 여기밖에 없고 자기가 믿을 것도 여기 있는 사람들밖에 없을 줄 알았다. 여기서 살다가 여기서 죽는 것이 자기의 운명인 줄밖에 알지 못하였다. 자기의 주인 아들이 때리고 지르고 꼬집어 뜯고 모든 방법으로 학대할지라도 그것이 자기에게 으레 있는 줄밖에 알지 못하였다. 아픈 것도 그 아픈 것이 으레 자기에게 돌아올 것이요, 쓰린 것도 자기가 받지 않아서는 안 될 것으로 알았다. 그는 이 마땅히 자기가 받아야 할 것을 어떻게 해야 면할까 하는 생각을 한 번도 하여본 일이 없었다.

그가 이 집에서 떠나가려 하거나 또는 그의 생활 환경에서 벗어나려는 생각은 한 번도 해보지 못하였다 할지라도 그는 언제든지 그 주인 아들이 자기를 학대하고 또는 자기를 못살게 굴 때 그는 자기의 주먹과 또는 자기의 힘을 생각하여 보았다.

주인 아들이 자기를 때릴 때 그는 주인 아들 하나쯤은 넉넉히 제지할 힘이 있는 것을 알았다.

어떠한 때는 아픔과 쓰림이 자기의 몸으로 스미어들 때면 그의 주먹을 떨리면서 어린 주인의 몸을 치려 하다가는 그는 그것을 무서운 고통과 함께 꽉 참았다.

그는 속으로,

"아니다. 그는 나의 주인의 아들이다. 그는 나의 어린 주인이다."

하고 꾹 참았다.

그리고는 그것을 얼핏 잊어버리었다. 그러다가도 동네 아이들과 혹시 장난을 하다가 주인 아들이 울고 들어올 때에는 그는 황소같이 날뛰면서 주인을 위하여 싸웠다. 그래서 동리에서도 어린애들이나 장난꾼들이 벙어리를 무서워하여 감히 **덤비지를** 못하였다. 그리고 주인 아들도 위급한 경우에는 언제든지 벙어리를 찾았다. 벙어리는 얻어맞으면서도 기어드는 충견 모양으로 주인의 아들을 위하여 싫어하지 않고 힘을 다하였다.

2

벙어리가 스물세 살이 될 때까지 그는 물론 이성과 접촉할 기회가 없었다. 동리의 처녀들이 저를 '벙어리' '벙어리'하며 괴상한 손짓과 몸짓으로 놀려먹음을 받을 적에 분하고 **골나는** 중에도 느긋한 즐거움을 느끼어본 일은 있었으나 그가 결코 사랑으로써 어떠한 여자를 대해본 일은 없었다.

그러나 정욕을 가진 사람인 벙어리도 그의 피가 차디찰 리는 없었다. 혹 그의 피는 더욱 뜨거웠을는지도 알 수 없었다. 뜨겁다 뜨겁다 못하여 엉기어버린 엿과 같을지도 알 수 없었다. 만일 그에게 별을 주거나 다시 뜨거운 열을 준다면 그의 피는 다시 녹을는지도 알 수 없었다.

그가 깜박깜박하는 기름등잔 아래에서 밤이 깊도록 **짚세기**를 삼을 때면 남모르는 한숨을 아니 쉬는 것도 아니지마는 그는 그것을 곧 억제할 수 있을 만치 정욕에 대하여 벌써부터 단념을 하고 있었다.

마치 언제 폭발이 될는지 알지 못하는 휴화산 모양으로 그의 가슴속에는 충분한 정열을 깊이 감추어 놓았으나 그것이 아직 폭발될 시기가 이르지 못한 것이었다. 비록 폭발이 되려고 무섭게 격동함을 벙어리 자신도 느끼지 않는 바는 아니지마는 그는 그것을 폭발시킬 조건을 얻기 어려웠으며, 또는 자기가 여태까지 능동적으로 그것을 나타낼 수가 없을 만치 외계의 압축을 받았으며 그것으로 인한 이지(理智)가 너무 그에게 자제력을 강대하게 하여주는 동시에 또한 너무 그것을 단념만 하게 하여주었다.

속으로 나는 '벙어리'다, 자기가 생각할 때 그는 몹시 원통함을 느끼는 동시에 나는 말하는 사람들과 똑같은 자유와 똑같은 권리가 없는 줄 알았다. 그는 이와 같은 생각에서 언제든지 단념하지 않으려야 단념하지 않을 수 없는 그 단념이 쌓이고 쌓이어 지금에는 다만 한 개의 기계와 같이 이 집에 노예가 되어 있으면서도 그것을 자기의 천직으로 알고 있을 뿐이요, 다시는 자기가 살아갈 세상이 없는 것같이 밖에 알지 못하게 된 것이다.

3

그 해 가을이다. 주인의 아들이 장가를 들었다. 색시는 신랑보다 두 살 위인 열아홉 살이다. 주인이 본시 자기가 언제든지 문벌이 얕은 것을 한탄하여 신부를 구할 때에 첫째 조건이 문벌이 높아야 할 것이었다. 그러나 문벌 있는 집에서는 그리 쉽게 색시를 내놓을 리가 없었다. 그러므로 하는 수없이 그 어떠한 영락한 양반의 딸을 돈을 주고 사오다시피 하였으니 무남독녀 딸을 둔 남촌 어떤 과부를 꿀을 발라서 약혼을 하고 혹시나 무슨 딴소리가 있을까 하여 부랴부랴 성례식을 시켜 버렸다.

혼인할 때의 비용도 그때 돈으로 삼만 냥을 썼다. 그리고 아들의 처갓집에 며느리 뒤보아주는 바느질삯, 빨랫삯이라는 명목으로 한 달에 이천오백 냥씩을 대어주었다.

신부는 자기 아버지가 돌아가기 전까지 상당히 견디기도 하고 또는 금지옥엽같이 기른 터이라, 구식 가정에서 배울 것 익힐 것은 못한 것이 없고 또는 본래 인물이라든지 행동거지에 조금도 구김이 있지 아니하다.

신부가 오자 신랑의 **흠절**이 생기기 시작하였다.

"신부에게다 대면 두루미와 까마귀지."

"아직도 **철딱서니**가 없어."

"색시에게 쥐여 지내겠어."

"신랑에겐 과하지."

동리집 말 좋아하는 여편네들이 모여 앉으면 이렇게 비평들을 한다. 어떠한 남의 걱정 잘하는 마누라님은 간혹 신랑을 보고는 그대로 세워놓고,

"글쎄, 인제는 어른이 되었으니 셈이 좀 나요. 저리구 어떻게 색시를 거느려가누. 색시 방에 들어가기가 부끄럽지 않담."

하고 들이대다시피 하는 일이 있다.

이럴 적마다 신랑의 마음은 그 말하는 이들이 미웠다. 일부러 자기를 부끄럽게 하려고 하는 것 같아서 그 후에 그를 만나면 말도 안하고 인사도 하지 아니한다.

또 그의 고모 되는 이가 와서 자기 조카를 보고

"인제는 어른이야. 너도 그만하면 지각이 날 때가 되지 않았니. 네 처가 부끄럽지 아니하냐."

하고 타이를 적마다 그의 마음은 그 말하는 사람이 부끄럽다는 것보다도 자기를 이렇게 하게 한 자기 아내가 더욱 밉살머리스러웠다.

"여편네가 다 무엇이냐? 저 빌어먹을 년이 들어오더니 나를 이렇게 못살게들 굴지."

혼인한 지 며칠이 못 되어 그는 색시방에 들어가지를 않았다. 집안에서는 야단이 났다. 마치 돼지나 말 새끼를 혼례 시키려는 것같이 신랑을 색시방으로 집어넣으려 하나 **막무가내**였다. 그럴 때마다 신랑은 손에 닥치는 대로 집어 때려서 자기의 외사촌 누이의 이마를 뚫어서 피까지 나게 한 일이 있었다. 집안 식구들은 하는 수가 없어 맨 나중으로 아버지에게 밀었다. 그러나 그것도 소용이 없을뿐더러 풍파를 더 일으키게 하였다. 아버지께 꾸중을 듣고 들어와서는 다짜고짜로 신부의 머리채를 쥐어잡아 마루 한복판에 **태질을 쳤다**. 그리고는

"이년, 네 집으로 가거라. 보기 싫다. 내 눈앞에서 보이지도 마라."

하였다. 밥상을 가져오면 그 밥상이 마당 한복판에서 재주를 넘고 옷을 가져오면 그 옷이 쓰레기통으로 나간다.

이리하여 색시는 시집오던 날부터 팔자 한탄을 하고서 날마다 밤마다 우는 사람이 되었다.

울면은 요사스럽다고 때린다. 또 말이 없으면 **빙충맞다**고 친다. 이리하여 그 집에는 평화스러운 날이 하루도 없었다.

이것을 날마다 보는 사람 가운데 알 수 없는 의혹을 품게 된 사람이 하나 있으니 그는 곧 벙어리 삼룡이었다.

그렇게 예쁘고 그렇게 유순하고 그렇게 얌전한, 벙어리의 눈으로 보아서는 감히 손도 대지 못할 만치 선녀 같은 색시를 때리는 것은 자기의 생각으로는 도저히 풀 수 없는 의심이다.

보기에도 황홀하고 건드리기도 황홀할 만치 숭고한 여자를 그렇게 학대한다는 것은 너무나 세상에 있지 못할 일이다. 자기는 주인 새서방에게 개나 돼지같이 얻어맞는 것이 마땅한 이상으로 마땅하지마는 선녀와 짐승의 차가 있는 색시와 자기가 똑같이 얻어맞는다는 것은 너무 무서운 일이다. 어린 주인이 천벌이나 받지 않을까 두렵기까지 하였다.

어떠한 달밤, 사면은 고요적막하고 별들은 드문드문 눈들만 깜박이며 반달이 공중에 뚜렷이 달려 있어 수은으로 세상을 깨끗하게 닦아낸 듯이 청명한데 삼룡이는 검둥개 등을 쓰다듬으며 바깥 마당 멍석 위에 비슷이 드러누워 있어 하늘을 쳐다보며 생각하여 보았다.

주인색시를 생각하면 공중에 있는 달보다도 더 곱고 별들보다도 더 깨끗하였다. 주인색시를 생각하면 달이 보이고 별이 보이었다. **삼라만상**을 씻어내는 은빛보다도 더 흰 달이나 별의 광채보다도 그의 마음이 아름답고 부드러운 듯하였다. 마치 달이나 별이 땅에 떨어져 주인 새아씨가 된 것도 같고 주인 새아씨가 하늘에 올라가면 달이 되고 별이 될 것 같았다.

더구나 자기를 어린 주인이 때리고 꼬집을 때 감히 입 벌려 말은 하지 못하나 측은하고 불쌍히 여기는 정이 그의 두 눈에 나타나는 것을 다시 생각할 때 그는 부들부들한 개 등을 어루만지면서 감격을 느끼었다. 개는 꼬리를 치며 자기를 귀여워하는 줄 알고 벙어리의 손을 핥았다.

삼룡이의 마음은 주인아씨를 동정하는 마음으로 가득 찼다. 또는 그를 위하여서는 자기의 목숨이라도 아끼지 않겠다는 의분에 넘치었다. 그것이 마치 살구를 보면 입 속에 침이 도는 것같이 본능적으로 느끼어지는 감정이었다.

4

새댁이 온 뒤에 다른 사람들은 자유로운 안 출입을 금하였으나 벙어리는 마치 개가 맘대로 안에 출입할 수 있는 것같이 아무 의심없이 출입할 수가 있었다.

하루는 어린 주인이 먹지 않던 술이 잔뜩 취하여 무지한 놈에게 맞아서 길에 자빠진 것을 업어다가 안으로 들여다 누인 일이 있었다. 그때에 아무도 안에 있지 않고 다만 새색시 혼자 방에서 바느질을 하고 있다가 이 꼴을 보고 벙어리의 충성된 마음이 고마워서 그 후에 쓰던 비단 헝겊조각으로 **부시쌈지** 하나를 하여준 일이 있었다.

이것이 새서방님의 눈에 띄었다. 그래서 색시는 어떤 날 밤 자던 몸으로 마당 복판에 머리를 푼 채 내동댕이가 쳐졌다. 그리고 온몸에 피가 맺히도록 얻어맞았다.

이것을 본 벙어리는 또다시 의분의 마음이 뻗쳐 올라왔다. 그래서 미친 사자와 같이 뛰어들어가 새서방님을 내던지고 새색시를 둘러메었다. 그러고는 나는 수리와 같이 바깥사랑

주인영감 있는 곳으로 뛰어가 그 앞에 내려놓고 손짓과 몸짓을 열 번 스무 번 거푸 하며 하소연하였다.

그 이튿날 아침에 그의 주인 새서방님에게 물푸레로 얼굴을 몹시 얻어맞아서 한쪽 뺨이 눈을 얼러서 피가 나고 주먹같이 부었다. 그 때릴 적에 새서방의 입에서 나오는 말은

"이 흉측한 벙어리 같으니, 내 여편네를 건드려!"

하고 부시쌈지를 빼앗아 **갈가리** 찢어서 뒷간에 던졌다.

"그러고 이놈아! 인제는 주인도 몰라보고 막 친다! 이런 것은 죽여야 해."

하고 채찍으로 그의 뒷덜미를 갈겨서 그 자리에 쓰러지게 하였다.

벙어리는 다만 두 손으로 빌 뿐이었다. 말도 못하고 고개를 몇백 번 코가 땅에 닿도록 그저 용서해 달라고 빌기만 하였다. 그러나 그의 가슴에는 비로소 숨겨 있던 정의감이 머리를 들기 시작하였다. 그는 그 아픈 것을 참아가면서도 북받치는 분노(심술)를 억제하였다.

그때부터 벙어리는 안방에 들어가지를 못하였다. 이 들어가지 못하는 것이 더욱 벙어리로 하여금 궁금증이 나게 하였다. 그 궁금증이라는 것이 묘하게 빛이 변하여 주인아씨를 뵙고 싶은 감정으로 변하였다. 뵙지 못하므로 가슴이 타 올랐다. 몹시 애상(哀傷)의 정서가 그의 가슴을 저리게 하였다. 한 번이라도 아씨를 뵈올 수가 있으면 하는 마음이 나더니 그의 마음의 넋은 느끼기 시작하였다. 센티멘털한 가운데에서 느끼는 그 무슨 정서는 그에게 생명 같은 희열을 주었다. 그것과 자기의 목숨이라도 바꿀 수 있을 것 같았다. 어떤 때는 그대로 대강이로 담을 뚫고 들어가고 싶도록 주인아씨를 뵙고 싶은 것을 꾹 참을 때도 있었다.

그 후로부터는 밥을 잘 먹을 수가 없었다. 일도 손에 잡히지 않았다. 틈만 있으면 안으로만 들어가고 싶었다.

주인이 전보다 많이 밥과 음식을 주고 더 편하게 하여주었으나 그것이 싫었다. 그는 밤에 잠을 자지 않고 집 가장자리를 돌아다녔다.

5

하루는 주인 새서방님이 술에 취하여 들어오더니 집안이 수선수선하여지며 계집하인이 약을 사러 갔다 들어오는 것을 보고 그 계집하인을 붙잡았다. 그리고 무엇이냐고 물었다.

계집하인은 한 주먹을 뒤통수에 대고 얼굴을 젊다고 하는 뜻으로 쓰다듬으며 둘째손가락을 내밀었다. 그것은 그 집 주인은 엄지손가락이요, 둘째손가락은 새서방님이라는 뜻이요, 주먹을 뒤통수에 대는 것은 여편네라는 뜻이요, 얼굴을 문지르는 것은 예쁘다는 뜻으로 벙어리에게 쓰는 암호다.

그런 뒤에 다시 혀를 내밀고 눈을 뒤집어쓰는 형상을 하고 두 팔을 쫙 벌리고 뒤로 자빠지는 꼴을 보이니 그것은 사람이 죽게 되었거나 앓을 적에 하는 말 대신의 손짓이다.

벙어리는 눈을 크게 뜨고 계집하인에게 한 발자국 가까이 들어서며 놀래는 듯이 멀거니 한참이나 있었다.

그의 가슴은 무섭게 격동하였다. 자기의 그리운 주인아씨가 죽었다는 말이나 아닌가. 그

는 두 주먹을 마주치며 한숨을 쉬었다.

그리고는 자기 방에 들어가 무엇을 생각하는 것처럼 두어 시간이나 두 눈만 껌벅껌벅하고 앉았었다.

그는 밤이 깊어갈수록 궁금증 나는 사람처럼 일어섰다 앉았다 하더니 두 시나 되어서 바깥으로 나가서 뒤로 돌아갔다.

그는 도둑놈처럼 조심스럽게 바로 건넌방 뒤 미닫이 앞 담에 서서 주저주저하더니 담을 넘었다. 가까이 창 앞에 가 서서 문틈으로 안을 살피다가 그는 진저리를 치며 물러섰다.

어두운 밤에 그의 손과 발이 마치 그 뒤에 서 있는 감나무 잎같이 떨리더니 그대로 문을 박차고 뛰어 들어갔을 때 그의 팔에는 주인아씨가 한 손에 길다란 면주수건을 들고서 한 팔로 벙어리의 가슴을 밀치며 **뻗대었다**. 벙어리는 다만 눈이 똥그래져서 '에헤!' 소리만 지르고 그 수건을 뺏으려 애쓸 뿐이다.

집안이 야단났다.

"집안이 망했군!"

"어디 사내가 없어서 벙어리를!"

"어떻든 알 수 없는 일이야!"

하는 소리가 이 구석 저 구석에서 수군댄다.

6

그 이튿날 아침에 벙어리는 온몸이 짓이긴 것이 되어 마당에 거꾸러져 입에서 피를 토하며 신음하고 있었다. 그 곁에서는 새서방이 쇠줄 몽둥이를 들고서 문초를 한다.

"이놈!"

하고는 음란한 흉내는 모조리 하여가며 건넌방을 가리킨다. 그러나 벙어리는 손을 내저을 뿐이다. 또 몽둥이에는 살점이 묻어나왔다. 그리고 피가 흘렀다.

벙어리는 타들어가는 목으로 소리도 못 내며 고개만 내젓는다. 그는 피를 토하고 거꾸러지며 이마를 땅에 비비며 고개를 내흔든다. 땅에는 피가 스며든다. 새서방은 채찍 끝에 납뭉치를 달아서 가슴을 훔쳐 갈겼다가 힘껏 잡아 뽑았다. 벙어리는 그대로 거꾸러지며 말이 없었다.

새서방은 그래도 시원치 못하였다. 그는 어제 벙어리가 새로 갈아놓은 낫을 들고 달려왔다. 그는 그 시퍼렇게 드는 날을 번쩍 들었다. 그래서 벙어리를 찌르려 할 제 벙어리는 한 팔로 그것을 받았고 집안사람은 달려들었다. 벙어리는 낫을 뿌리쳐 저리로 던지고 그대로 까무러졌다.

주인은 집안이 망하였다고 사랑에 누워서 모든 일을 들은 체 만 체 문을 닫고 나오지를 아니하며 집안에서는 색시를 쫓는다고 야단이다.

그날 저녁때 벙어리는 다시 끌려 나왔다. 그때에는 주인 새서방이 그의 입던 옷과 신짝을 주며 눈을 부릅뜨고 손을 멀리 가리키며

"가! 인제는 우리 집에 있지 못한다."

하였다. 이 소리를 들은 벙어리는 기가 막혔다. 그에게는 이 집 외에 다른 집이 없다. 이 집 외에는 살 곳이 없었다. 자기는 언제든지 이 집에서 살고 이 집에서 죽을 줄밖에 몰랐다. 그는 새서방님의 다리를 껴안고 애걸하였다. 말도 못하는 것을 몸짓과 표정으로 간곡한 뜻을 표하였다. 그러나 새서방님은 발길로 지르고 사람을 불렀다.

"이놈을 좀 내쫓아라."

벙어리는 죽은 개 모양으로 끌려 나갔다. 그리고 **대갈빼기**를 개천 구석에 들이박히면서 나가곤드라졌다가 일어서서 다시 들어오려 할 때에는 벌써 문이 닫혀 있었다. 그는 문을 두드렸다. 그의 마음으로는 주인영감을 찾았으나 부를 수가 없었다.

그가 날마다 열고 날마다 닫던 문이 자기가 지금은 열려 하나 자기를 내어쫓고 열리지를 않는다. 자기가 건사하고 자기가 거두던 모든 것이 오늘에는 자기의 말을 듣지 않는다. 어려서부터 지금까지 모든 정성과 힘과 뜻을 다하여 충성스럽게 일한 값이 오늘에는 이것이다.

그는 비로소 믿고 바라던 모든 것이 자기의 원수가 된 것을 알았다. 그는 그 모든 것을 없애버리고 자기도 또한 없어지는 것이 나은 것을 알았다.

7

그날 저녁 밤은 깊었는데 멀리서 닭이 우는 소리와 함께 개 짖는 소리만 들린다.

난데없는 화염이 벙어리 있던 오생원 집을 에워쌌다. 그 불은 미리 놓으려고 준비하여 놓았는지 집 가장자리로 쪽 돌아가며 흩어놓은 풀에 모조리 돌라붙어 공중에서 내려다 보면 은 집의 윤곽이 선명하게 보일 듯이 타오른다.

불은 마치 피 묻은 살을 맛있게 잘라 먹는 요마(妖魔)의 혓바닥처럼 날름날름 집 한 채를 삽시간에 먹어버리었다.

이와 같은 화염 중으로 뛰어 들어가는 사람이 하나 있으니 그는 다른 사람이 아니라 낮에 이 집을 쫓겨난 삼룡이다.

그는 먼저 사랑에 가서 문을 깨뜨리고 주인을 업어다가 밭 가운데 놓고 다시 들어가려 할 제 그의 얼굴과 등과 다리가 불에 데어 쭈그러져드는 것을 알지 못하였다.

그는 건넌방으로 뛰어들었다. 그러나 색시는 없었다. 다시 안방으로 뛰어들었다. 그러나 또 없고 새서방이 그의 팔에 매달리며 구원하기를 애원하였다. 그러나 그는 그것을 뿌리쳤다. 다시 서까래가 불이 시뻘겋게 타면서 그의 머리에 떨어졌다. 그의 머리는 홀랑 벗어졌다. 그러나 그는 그것을 몰랐다. 부엌으로 가보았다. 거기서 나오다가 문설주가 떨어지며 왼팔이 부러졌다. 그러나 그것도 몰랐다. 그는 다시 광으로 가보았다. 거기도 없었다. 그는 다시 건넌방으로 들어갔다. 그때야 그는 새아씨가 타 죽으려고 이불을 쓰고 누워 있는 것을 보았다. 그는 새아씨를 안았다. 그리고는 길을 찾았다. 그러나 나갈 곳이 없었다. 그는 하는 수 없이 지붕으로 올라갔다. 그는 비로소 자기의 몸이 자유롭지 못한 것을 알았다. 그러나 그는 자기가 여태까지 맛보지 못한 즐거운 쾌감을 가슴에 느끼는 것을 알았다. 새아씨를 자기 가슴에 안았을 때 그는 이제 처음으로 살아난 듯하였다. 그는 자기의 목숨이 다한 줄 알았을 때 그 새아씨를 자기 가슴에 힘껏 껴안았다가 다시 그를 데리고 불 가운데를 헤치고 바깥으로 나온 뒤 새아씨를 내려놓을 때에 그는 벌써 목숨이 끊어진 뒤였다. 집은 모조리 타고 벙어리는 새아씨 무릎에 누워 있었다. 그의 울분은 그 불과 함께 사라졌을는지! 평화롭고 행복한 웃음은 그의 입 가장자리에 엷게 나타났을 뿐이다.

[단어 해석/单词解析]

1. 이태 : 두 해 **两年**
2. 북어쾌 : 북어 스무 마리를 한 줄에 꿰어 놓은 것 **干明太鱼串**
3. 톳 : 김을 묶어 세는 단위. 한 톳은 김 100장을 이른다 **数量单位，指100张紫菜**
4. 연장 : 어떠한 일을 하는 데에 사용하는 도구 **工具**
5. 땅딸보 : 키가 매우 작은 사람, 또는 키가 작고 옆으로 딱 바라진 사람을 놀림조로 이르는 말 **矮胖子**
6. 호래자식 : 배운 데 없이 막되게 자라 교양이나 버릇이 없는 사람을 낮잡아 이르는 말 **没有教养的人**
7. 앙증하다 : 제격에 어울리지 아니하게 작다 **小巧**
8. 덤비다 : 마구 대들거나 달려들다 **猛扑**
9. 골나다 : 비위에 거슬리거나 마음이 언짢아서 성이 나다 **生气**
10. 짚세기 : 짚신 **草鞋**
11. 흠절 : 부족하거나 잘못된 점 **欠缺，美中不足**
12. 철딱서니 : '철'을 속되게 이르는 말 **理儿，事理，道理**
13. 막무가내 : 도무지 융통성이 없고 고집이 세어 어찌할 수 없음 **无可奈何，没有办法**
14. 태질을 치다 : 세게 메어치거나 내던지다 **摔**
15. 빙충맞다 : 똘똘하지 못하고 어리석으며 수줍음을 타는 데가 있다 **呆头呆脑，傻乎乎**
16. 삼라만상 : 우주에 있는 온갖 사물과 현상 **包罗万象，世间万物**
17. 부시쌈지 : 부시, 부싯깃, 부싯돌 따위를 넣어서 주머니 속에 넣어 가지고 다니는 작은 쌈지 **火镰荷包**
18. 갈가리 : '가리가리'의 준말. 여러 가닥으로 갈라지거나 찢어진 모양 **一缕一缕**
19. 뻗대다 : 넘어지거나 미끄러지지 아니하려고 손이나 발을 받치어 대다 **伸，撑**
20. 대갈빼기 : '머리'를 속되게 이르는 말 **"头"的俚语**

[연습 문제/**练习**]

1. 이 소설에서 '불'의 의미를 생각해 보십시오.
2. 마지막에 삼룡이가 아씨를 구출하고 자신은 죽는 장면이 무엇을 의미하는지 생각해 보십시오.
3. 작품에서 '낭만성'을 보여 준 부분을 찾아 보십시오.

제 5 과 소설 : 「탈출기」

[작가 소개/作家介绍]

　　최서해(崔曙海, 1901~1932년)의 본명은 학송(鶴松)이다. 함경북도의 불우한 가정에서 태어나 어려서부터 나무장수・물장수・두부장수・**품팔이** 등 갖은 고생을 해가며 힘든 하층민의 생활을 보냈다. 그는 이러한 체험들을 바탕으로 소설 창작에 **임하여** 매우 강렬한 작가 의식을 내보이고 있다. 1924년 그는 『조선문단』지에 단편소설「고국」을 발표하면서 문단에 등단하였다. 이듬해에는「탈출기」, 「기아와 살육」등 여러 소설을 발표함으로써 식민지 현실의 부조리를 여실히 보여 주었고 신경향파 문학의 기수로 이름을 굳혔다. 하지만 그가 카프 **발족**에 가담하지 않은 이유는 그의 문학은 결코 의식적인 것에 있지 않고 자신의 직접적인 체험에서 나온 것이기 때문이다. 그래서 그는 이른바 '자연발생적 프로문학기'의 대표적 작가로 일컬어진다. 그의 소설들은 식민지 세대가 직면한 하층민의 체험을 왜곡되지 않은 진실의 형태로 표출되었다는 점에서 큰 의미가 있다. 작품으로는 전기 외에「십삼원」, 「금붕어」, 「박돌의 죽음」, 「살려는 사람들」, 「홍염」등이 있다.

[단어 해석/单词解析]

1. 품팔이 : 품삯을 받고 남의 일을 해 주는 일. 또는 그 사람 **打零工**
2. 임하다 : 어떤 사태나 일에 직면하다 **面对, 濒临**
3. 발족 : 어떤 조직체가 새로 만들어져서 일을 시작함 **创立, 起步**

[작품 해제/作品解析]

1925년 발표된「탈출기」는 '박군'이라는 작중인물이 그의 친구인 '김군'에게서 온 편지에 대한 답장의 **서간체** 소설형식으로 되어 있다. 이 소설은 인생의 밑바닥을 **전전한** 작가 자신의 험난한 노정을 서술하면서 이와 같은 가난을 초래한 부조리한 현실의 구조적 모순을 타파하기 위해 투쟁을 결심하게 된 과정을 그리고 있다. 이는 1920년대 한민족의 비참한 삶의 모습을 묘사한 '빈궁문학'의 대표적 작품이다. 이 소설은 다른 작가의 빈궁소설과는 달리 빈궁한 삶 자체를 사실적으로만 보여 주는 데 그치지 않고 빈궁에 **항거하는** 반항적 주제를 강력하게 내세우고 있다. 또한 여기에는 주인공이 자신의 빈궁을 사회의 탓으로 돌리는 이른바 신경향파 문학의 특징이 잘 드러난다.

이 작품의 시대적 배경은 일제 시기이며 공간적 배경은 중국 동북지역이다. 그때는 조선반도에서 일제의 극단적 통치와 심한 **약탈** 때문에 농민들이 땅을 빼앗기고 중국 동북으로 이동하던 시기였다. 이러한 배경 설치는 작품에 사실성을 부여하고 있으며 유랑민의 삶을 여실히 보여 준다. 또한 주인공 '나'의 성격의 변화를 만드는 요소로 작용한다.

[단어 해석/单词解析]

1. 서간체(書簡體) : 편지 형식으로 된 문체 **书信体**
2. 전전(展轉)하다 : 일이나 행동을 이랬다저랬다 하며 자꾸 되풀이하다 **转来转去，辗转反侧**
3. 항거하다 : 순종하지 아니하고 맞서서 반항하다 **抗拒，抵抗**
4. 약탈 : 폭력을 써서 남의 것을 억지로 빼앗음 **掠夺，抢夺**

[작품 원문/作品原文]

1

김군! 수삼차 편지는 반갑게 받았다. 그러나 한 번도 회답치 못하였다. 물론 군의 충정에는 나도 감사를 드리지만 그 충정을 나는 받을 수 없다.

―박군! 나는 군의 탈가(脫家)를 찬성할 수 없다. 음험한 이역에 늙은 어머니와 어린 처자를 버리고 나선 군의 행동을 나는 찬성할 수 없다. 박군! 돌아가라. 어서 집으로 돌아가라. 군의 보모와 처자가 이역 노두에서 방황하는 것을 나는 눈앞에 보는 듯싶다. 그네들의 의지할 곳은 오직 군의 품밖에 없다. 군은 그네들을 구하여야 할 것이다.

군은 군의 가정에서 동량(棟梁)이다. 동량이 없는 집이 어디 있으랴? 조그마한 고통으로 집을 버리고 나선다는 것이 의지가 굳다는 박군으로서는 너무도 **박약한** 소위이다. 군은 ××단에 몸을 던져 ×선에 섰다는 말을 일전 황군에게서 듣기는 하였으나 그렇다 하여도 나는 그것을 시인할 수 없다. 가족을 못 살리는 힘으로 어찌 사회를 건지랴.

박군! 나는 군이 돌아가기를 충정으로 바란다. 군의 가족이 사람들 발 아래서 짓밟히는 것을 생각할 때! 군의 가슴인들 어찌 편하랴—.

김군! 군은 이러한 말을 편지마다 썼지? 나는 군의 뜻을 잘 알았다. 사랑하는 나의 가족을 위하여 동정하여 주는 군에게 어찌 감사치 않으랴? 정다운 벗의 충고에 나는 늘 울었다. 그러나 그 충고를 들을 수 없다. 듣지 않는 것이 군에게는 고통이 될는지? 분노가 될는지? 나에게 있어서는 행복일는지도 알 수 없는 까닭이다.

김군! 나도 사람이다. 정애(情愛)가 있는 사람이다. 나의 목숨 같은 내 가족이 유린받는 것을 내 어찌 생각지 않으랴? 나의 고통을 제삼자로서는 만분의 일이라도 느낄 수 없는 것이다.

나는 이제 나의 탈가한 이유를 군에게 말하고자 한다. 여기에 대하여 동정과 비난은 군의 자유이다. 나는 다만 이러하다는 것을 군에게 알릴 뿐이다. 나는 이것을 군이 아니면 다른 사람에게라도 알리지 않고는 견딜 수 없는 충동을 받는 까닭이다.

그러나 나는 단언한다. 군도 사람이어니 나의 말하는 것을 부인치는 못하리라.

2

김군! 내가 고향을 떠난 것은 오년 전이다. 이것은 군도 아는 사실이다. 나는 그때에 어머니와 아내를 데리고 떠났다. 내가 고향을 떠나 간도로 간 것은 너무도 절박한 생활에 시들은 몸에 새 힘을 얻을까 하여 새 희망을 품고 새 세계를 동경하여 떠난 것도 군이 아는 사실이다.

간도는 천부금탕이다. 기름진 땅이 흔하여 어디를 가든지 농사를 지을 수 있고 농사를 지으면 쌀도 흔할 것이다. 삼림이 많으니 나무 걱정도 될 것이 없다. 농사를 지어서 배불리 먹고 뜨뜻이 지내자. 그리고 깨끗한 초가나 지어놓고 글도 읽고 무지한 농민들을 가르쳐서 이상촌(理想村)을 건설하리라. 이렇게 하면, 간도의 황무지를 개척할 수 있다.

이것이 간도 갈 때의 내 머릿속에 그리었던 이상이었다. 이때에 나는 얼마나 기뻤으랴! 두만강을 건너고 오랑캐령을 넘어서 망망한 평야와 산천을 바라볼 때—— 청춘의 내 가슴은 이상의 불길에 탔다. 구수한 내 소리와 헌헌한 내 행동에 어머니와 아내도 기뻐하였다. 오랑캐령을 올라서니 서북으로 쏠려오는 봄 세찬 바람이 어떻게 뺨을 **갈기는지**.

"에그, 춥구나! 여기는 아직도 겨울이구나"

하고 어머니는 수레 위에서 이불을 뒤집어썼다.

"무얼요, 이 바람을 많이 마셔야 성공이 올 것입니다."

나는 가장 씩씩하게 말하였다. 이처럼 나는 기쁘고 활기로왔다.

3

　김군! 그러나 나의 이상은 물거품으로 돌아갔다. 간도에 들어서서 한 달이 못되어서부터 거칠은 물결은 우리 세 생령(生靈)의 앞에 **기탄없이** 몰려왔다.
　나는 농사를 지으려고 밭을 구하였다. 빈 땅은 없었다. 돈을 주고 사기 전에는 한 평의 땅이나마 손에 넣을 수 없었다. 그렇지 않으면 지나인(支那人)의 밭을 **도조**나 **타조**로 얻어야 한다. 일년내 중국사람에게 양식을 꾸어먹고 도조나 타조를 얻는대야 일년 양식 빚도 못 될 것이고 또 나 같은 '**시로도**'에게는 밭을 주지 않았다. 생소한 산천이요, 생소한 사람들이니, 어디 가 어쩌면 좋을는지? 의논할 사람도 없었다. H라는 촌거리에 셋방을 얻어 가지고 어름어름하는 새에 보름이 지나고 한 달이 넘었다. 그새에 몇 푼 남았던 돈은 다 불려먹고 밭은 고사하고 일자리도 못 얻었다. 나는 팔을 걷고 나섰다. 이리저리 돌아다니면서 **구들**도 고쳐주고 가마도 붙여 주었다. 이리하여 호구하게 되었다. 이때 H장에서는 나를 '온돌장이'(구들 고치는 사람)라고 불렀다. 갈아입을 의복이 없는 나는 늘 숯검정이 꺼멓게 묻은 의복을 벗을 새가 없었다.
　H장은 좁은 곳이다. 구들 고치는 일도 늘 있지 않았다. 그것으로 밥 먹기가 어려웠다. 나는 여름 불볕에 삯김도 매고 꼴도 베어 팔았다. 그리고 어머니와 아내는 삯방아 찧고 강가에 나가서 부스러진 나뭇개비를 주워서 겨우 연명하였다.
　김군! 나는 이때부터 비로소 무서운 인간고(人間苦)를 느꼈다. 아아, 인생이란 과연 이렇게도 괴로운 것인가, 하는 것을 나는 생각하게 되었다. 나는 나에게 닥치는 풍파 때문에 눈물 흘린 일은 이때까지 없었다. 그러나 어머니가 나무를 줍고 젊은 아내가 삯방아를 찧을 때 나의 피는 끓었으며 나의 눈은 눈물에 흐려졌다.
　"에구, 차라리 내가 드러누워 앓고 있지, 네 괴로와하는 꼴은 차마 못 보겠다."
　이것은 언제 내가 병들어 신음할 때에 어머니가 울면서 하신 말씀이다. 이것을 무심히 들었던 나는 이때에야 이 말의 참뜻을 느꼈다.
　"아아, 차라리 나의 고기가 찢어지고 뼈가 부서지는 것은 참을 수 있으나, 내 눈앞에서 사랑하는 늙은 어머니와 아내가 배를 주리고 남의 멸시를 받는 것은 참으로 견디기 어렵구나."
　나는 이렇게 여러 번 가슴을 쳤다. 나는 밤이나 낮이나, 비 오나 바람이 치나 헤아리지 않고 삯김·삯심부름·삯나무, 무엇이든지 가리지 않았다.
　"오늘도 배고프겠구나. 아침도 변변히 못 먹고…… 나는 너 배 주리지 않는 것을 보았으면 죽어도 눈을 감겠다."
　내가 삯일을 하다가 늦게 돌아오면 어머니는 우실 듯이 말씀하셨다. 그러나 나는 흔연하게,
　"배가 무슨 배가 고파요."

하고 대답하였다.

　내 아내는 늘 별 말이 없었다. 무슨 일이든지 시키는 대로 **다소곳하고** 아무 소리 없이 순종하였다. 나는 그것이 더욱 불쌍하게 생각된다. 나는 어머니보다도 아내 보기가 퍽 부끄러웠다.

　'경제의 자립도 못되는 내가 왜 장가를 들었누?'

　이것이 부모의 한 일이었지만 나는 이렇게도 탄식하였다. 그럴수록 아내에게 대하여 황공하였고 존경하였다.

　어떻게 하면 살 수 있을까?……이러한 생각은 이때 내 머리를 몹시 때렸다. 이때 나에게 부지런한 자에게 복이 온다, 하는 말이 거짓말로 생각되었다. 그 말을 지상의 격언으로 굳게 믿어온 나는 그 말에 도리어 일종의 의심을 품게 되었고 나중은 부인까지 하게 되었다. 부지런하다면 이때 우리처럼 부지런함이 어디 있으며 정직하다면 이때 우리 식구같이 정직함이 어디 있으랴? 그러나 빈곤은 날로 심하였다. 이틀 사흘 굶은 적도 한두 번이 아니었다. 한번은 이틀이나 굶고 일자리를 찾다가 집으로 들어가보니 부엌 앞에서 아내가(아내는 이때에 아이를 배어서 배가 남산만하였다) 무엇을 먹다가 깜짝 놀란다. 그리고 손에 쥐었던 것을 얼른 아궁이에 집어넣는다. 이때 불쾌한 감정이 내 가슴에 떠올랐다.

　"……무얼 먹을까? 어디서 무엇을 얻었을까? 무엇이길래 어머니와 나 몰래 먹누? 아! 여편네란 그런 것이로구나! 아니 그러나 설마…… 그래도 무엇을 먹던데……"

　나는 이렇게 아내를 의심도 하고 원망도 하고 밉게도 생각하였다. 아내는 아무런 말없이 어색하게 머리를 숙이고 앉아 씩씩하다가 밖으로 나간다. 그 얼굴은 좀 붉었다. 아내가 나간 뒤에 나는 아내가 먹다 던진 것을 찾으려고 아궁이를 뒤지었다. 싸늘하게 식은 재를 **막대기**에 뒤져내니 벌건 것이 눈에 띄었다. 나는 그것을 집었다. 그것은 귤껍질이다. 거기는 베먹은 잇자국이 있다. 귤껍질을 쥔 나의 손은 떨리고 잇자국을 보는 내 눈에는 눈물이 괴었다.

　김군! 이때 나의 감정을 어떻게 표현하면 적당할까?

　"오죽 먹고 싶었으면 길바닥에 내던진 귤껍질을 주워먹을까. 더욱 몸 비잖은 그가! 아아, 나는 사람이 아니다. 그러한 아내를 나는 의심하였구나! 이놈이 어찌하여 그러한 아내에게 불평을 품었는가. 나 같은 잔악한 놈이 어디 있으랴. 내가 양심이 부끄러워서 무슨 면목으로 아내를 볼까? ……"

　이렇게 생각하면서 나는 느껴가며 눈물을 흘렸다. 귤껍질을 쥔 채로 이를 악물고 울었다.

　"야, 어째서 우느냐? 일어나거라. 우리도 살 때 있겠지, 늘 이러겠느냐."

　하면서 누가 어깨를 친다. 나는 그것이 어머니인 것을 알았다.

　"아이구 어머니, 나는 불효자외다."

　하면서 어머니의 팔을 안고 자꾸자꾸 울고 싶었다. 그러나 나는 아무 소리 없이 가슴을 **부둥켜안고** 밖으로 나갔다.

　"내가 왜 우노? 울기만 하면 무엇 하나? 살자! 살자! 어떻게든지 살아보자! 내 어머니와 내 아내도 살아야 하겠다. 이 목숨이 있는 때까지는 벌어보자!"

나는 이를 갈고 주먹을 쥐었다. 그러나 눈물은 여전히 흘렀다. 아내는 말없이 울고 섰는 내 곁에 와서 손으로 치마끈을 만적거리며 눈물을 떨어뜨린다. 농삿집에서 자라난 아내는 지금도 어찌 수줍은지 내가 울면 같이 울기는 하여도 어떻게 말로 위로할 줄은 모른다.

4

김군! 세월은 우리를 위하여 여름을 항시 주지는 않았다.

서풍이 불고 서리가 내리기 시작하였다. 찬 기운은 벗은 우리를 위협하였다. 가을부터 나는 대구어(大口魚) 장사를 하였다. 삼 원을 주고 대구 열 마리를 사서 등에 지고 산골로 다니면서 콩(大豆)과 바꾸었다. 난 대구 열 마리는 등에 질 수 있었으나 대구 열 마리를 주고 받은 콩 열 말은 질 수 없었다. 나는 하는 수 없이 삼사십 리나 되는 곳에서 두 말씩 두 말씩 사흘 동안이나 져왔다. 우리는 열 말 되는 콩을 자본 삼아 두부장사를 시작하였다.

아내와 나는 진종일 **맷돌질**을 하였다. 무거운 맷돌을 돌리고 나면 팔이 뚝 떨어지는 듯하였다.

내가 이렇게 괴로울 적에 해산한 지 며칠 안 되는 아내의 괴로움이야 어떠하였으랴? 그는 늘 낯이 **부석부석**하였다. 그래도 나는 무슨 불평이 있는 때면 아내를 욕하였다. 그러나 욕한 뒤에는 곧 후회하였다. 콧구멍만한 부엌방에 가마를 걸고 맷돌을 놓고 나무를 들이고 의복가지를 걸고 하면 사람은 겨우 비비고 들어앉게 된다. 뜬김에 문창은 떨어지고 벽은 **눅눅하다**. 모든 것이 후질근하여 의복을 입은 채 **미지근한** 물 속에 들어앉은 듯하였다. 어떤 때는 애써 갈아놓은 비지가 이 뜬김 속에서 쉬어버렸다. 두붓물이 가마에서 몹시 끓어 번질 때에 우유빛같은 두붓물 위에 버터빛 같은 노란 기름이 엉기면(그것은 두부가 잘 될 징조다) 우리는 안심한다. 그러나 두붓물이 **희멀끔해지고** 기름기가 돌지 않으면 거기만 시선을 쏘고 있는 아내의 낯빛부터 글러가기 시작한다. 초를 쳐 보아서 두붓발이 서지 않게 매캐지근하게 풀려질 때에는 우리의 가슴은 덜컥 한다.

"또 쉰 게로구나! 저를 어쩌누?"

젖을 달라구 **빽빽** 우는 어린아이를 안고 서서 두붓물만 들여다보시는 어머니는 목 메인 말씀을 하시면서 우신다. 이렇게 되면 온 집안은 신산하여 말할 수 없는 울음·비통·처참·소조(蕭條)한 분위기에 싸인다.

"너 고생한 게 애닯구나! 팔이 부러지게 갈아서……그거(두부)를 팔아서 장을 보려고 태산같이 바랬더니……"

어머니는 그저 가슴을 뜯으면서 우신다. 아내도 울듯 울듯 머리를 숙인다. 그 두부를 판대야 큰돈은 못된다. 기껏 남는대야 이십 전이나 삼십 전이다. 그것으로 우리는 호구를 한다. 이십 전이나 삼십 전에 어머니는 운다. 아내도 기운이 준다. 나까지 가슴이 바짝바짝 조인다.

그날은 하는 수 없이 쉰 두붓물로 때를 메우고 지낸다. 아이는 젖을 달라고 밤새껏 빽빽거린다. 우리의 살림에 어린애도 귀치는 않았다.

5

울면서 겨자 먹기로 괴로운 대로 또 두부를 하지 않으면 안 된다. 그러나 이번에는 땔나무가 없다. 나는 낫[鎌]을 들고 떠난다. 내가 낫을 들고 떠나면 산후 여독으로 신음하는 안내도 낫을 들고 말없이 나를 따라나선다. 어머니와 나는 굳이 만류하나 아내는 듣지 않는다. 내 손으로 하는 나무이언만 마음놓고는 못한다. 산 임자에게 들키면 여간한 경을 치지 않는다. 그러므로 우리는 황혼이면 산에 가서 나무를 하여 지고 밤이 깊어서 돌아온다. 아내는 이고 나는 지고 캄캄한 밤에 산비탈로 내려오다가 발이 미끄러지거나 돌에 채이면 **곤두박질**을 하여 나뭇짐 속에 든다. 아내는 소리 없이 이었던 나무를 내려놓고 나뭇짐에 눌려서 버둑거리는 나를 겨우 끄집어 일으킨다. 그러나 내가 나뭇짐을 지고 일어나면 아내는 혼자 나뭇짐을 이지 못한다. 또 내가 나뭇짐을 벗고 아내에게 이어주면 나는 추어주는 이 없이는 나뭇짐을 질 수가 없었다. 하는 수 없이 나는 어떤 높은 바위에 벗어놓고 아내에게 이어준다. 이리하여 산비탈을 내려오면 언제 왔는지 어머니는 애를 업고 우둘우둘 떨면서 산 아래서 기다리다가도,

"인제 오니? 나는 너 또 붙들리지나 않은가 하여 혼이 났다."

하신다. 이때마다 내 가슴은 저렸다. 나는 이렇게 나무를 하다가 중국경찰서까지 잡혀가서 여러 번 맞았다.

이때 이웃에서는 우리를 조소하고 경찰에서는 우리를 의심하였다.

―흥, 신수가 멀쩡한 연놈들이 그 꼴이야. 어디 가 일자리도 구하지 않고 그 눈이 누래서 두부장사 하는 꼬락서니는 참 더러워서 못 보겠네. X알을 달고 나서 그렇게야 살리?―

이것은 이웃 남녀가 비웃는 소리였다. 그리고 어떤 산 임자가 나무 잃고 고발을 하면 경찰서에서는 불문곡직하고 우리집부터 수색하고 질문하면서 나를 때린다. 그러나 나는 호소할 곳이 없다.

6

김군! 이러구러 겨울은 점점 깊어가고 기한은 점점 **박두하였다**. 일자리는 없고…… 그렇다고 손을 털고 앉았을 수도 없었다. 모든 식구가 퍼러퍼레서 굶고 앉은 꼴을 나는 그저 볼 수 없었다. 시퍼런 칼이라도 들고 하루라도 괴로운 생을 모면하도록 쿡쿡 찔러 없애고 나까지 없어지든지, 나가서 강도질이라도 하여서 기한을 면하든지 하는 수밖에는 더 도리가 없게 **절박하였다**.

나는 일이 없으면 없느니만큼, 고통이 닥치면 닥치느니만큼 내 번민은 크다. 나는 어떤 날은 거의 얼빠진 사람처럼 눈을 감고 깊은 생각에 잠긴 일도 있었다. 이때 머릿속에서는 머리를 움실움실 드는 사상이 있었다(오늘날에 생각하면 그것은 나의 전 운명을 결정할 사상이었다).

그 생각은 누구의 가르침에 의해 일어난 것도 아니려니와 일부러 일으키려고 애써서 일

어난 것도 아니다. 봄 풀싹 같이 내 머릿속에서 점점 머리를 들었다.

　나는 여태까지 세상에 대하여 충실하였다. 어디까지든지 충실하려고 하였다. 내 어머니, 내 아내까지도. 뼈가 부서지고 고기가 찢기더라도 충실한 노력으로써 살려고 하였다. 그러나 세상은 우리를 속였다. 우리의 충실을 받지 않았다. 도리어 충실한 우리를 모욕하고 멸시하고 학대하였다.

　우리는 여태까지 속아 살았다. 포악하고 허위스럽고 요사한 무리를 용납하고 옹호하는 세상인 것을 참으로 몰랐다. 우리뿐 아니라 세상의 모든 사람들도 그것을 의식치 못하였을 것이다. 그네들은 그러한 세상의 분위기에 취하였었다. 나도 이때까지 취하였었다. 우리는 우리로서 살아온 것이 아니라 어떤 험악한 제도의 희생자로서 살아왔었다.

　김군! 나는 사람들을 원망치 않는다. 그러나 **마주**(魔酒)에 취하여 자기의 피를 짜 바치면서도 깨지 못하는 사람을 그저 볼 수 없다. 허위와 요사와 표독(標毒)과 게으른 자를 옹호하고 용납하는 이 제도는 더욱 그저 둘 수 없다.

　이 분위기 속에서는 아무리 노력하여도 우리의 생의 만족을 느낄 날이 없을 것이다. 어찌하여 겨우 연명을 한다 하더라도 죽지 못하는 삶이 될 것이요, 그 영향은 자식에게까지 미칠 것이다. 나는 어미 품속에서 빽빽하는 어린것의 장래를 생각할 때면 **애잡짤한** 감정과 분함을 금할 수 없다. 내가 늘 이 상태면(그것은 거의 정한 이치다) 그에게는 상당한 교양은 고사하고, 다리밑이나 남의 집 문간에 버리게 될 터이니, 아! 삶을 받을 만한 생명을 죄없이 찌그러지게 하는 것이 어찌 애닯지 않으랴? 그렇다면 그것을 나의 죄라 할까?

　김군! 나는 더 참을 수 없었다. 나는 나부터 살려고 한다. 이때까지는 최면술에 걸린 송장이었다. 제가 죽은 송장으로 남(식구들)을 어찌 살리랴. 그러려면 나는 나에게 최면술을 걸려는 무리를 험악한 이 공기의 원류를 쳐부수어야 하는 것이다.

　나는 이것을 인간의 생의 충동이며 확충이라고 본다. 나는 여기서 무상의 법열(法悅)을 느끼려고 한다. 아니 벌써부터 느껴진다. 이 사상이 나로 하여금 집을 탈출케 하였으며, ××단에 가입케 하였으며, 비바람 밤낮을 헤아리지 않고 벼랑 끝보다 더 험한 선에 서게 한 것이다.

　김군! 거듭 말한다. 나도 사람이다. 양심을 가진 사람이다. 내가 떠나는 날부터 식구들은 더욱 곤경에 들 줄로 나는 안다. 자칫하면 눈속이나 어느 구렁에서 죽는 줄도 모르게 굶어 죽을 줄도 나는 잘 안다. 그러므로 나는 이곳에서도 남의 집 행랑어멈이나 아범이며, 노두에 방황하는 거지를 무심히 보지 않는다.

　아! 나의 식구도 그럴 것을 생각할 때면 자연히 흐르는 눈물과 뿌직뿌직 찢기는 가슴을 덮쳐 잡는다.

　그러나 나는 이를 갈고 주먹을 쥔다. 눈물을 아니 흘리려고 하며 비애에 상하지 않으려고 한다. 울기에는 너무도 때가 늦었으며 비애에 상하는 것은 우리의 박약을 너무도 표시하는 듯싶다. 어떠한 고통이든지 참고 분투하려고 한다.

　김군! 이것이 나의 탈가한 이유를 대략 적은 것이다. 나는 나의 목적을 이루기 전에는 내 식구에게 편지도 하지 않으려고 한다. 그네가 죽어도, 내가 또 죽어도……

나는 이러다 성공 없이 죽는다 하더라도 원한이 없겠다. 이 시대, 이 민중의 의무를 이행한 까닭이다.

아아, 김군아! 말을 다 하였으나 정은 그저 가슴에 넘치누나!

[단어 해석/单词解析]

1. 박약하다 : 불충분하거나 모자람 薄弱，不足
2. 갈기다 : 힘차게 때리거나 치다 抽打
3. 기탄없다 : 어려움이나 거리낌이 없다 无所顾忌
4. 도조 : 남의 논밭을 빌려서 부치고 그 세로 해마다 내는 벼 佃租
5. 타조 : 타조법에 따라 타작한 후에 거두어들인 현물 收获后收的实物租子
6. 시로도 : 일을 배운 지 얼마 안된 아마추어를 가리킴 新手
7. 구들 : 온돌 炕
8. 다소곳하다 : 고개를 조금 숙이고 온순한 태도로 말이 없다 温顺
9. 막대기 : 가늘고 기다란 나무나 대나무의 토막 棍子，竿子
10. 부둥켜안다 : 두 팔로 꼭 끌어안다 使劲抱住
11. 맷돌질 : 맷돌에다 곡식을 가는 일 推磨，拉磨
12. 부석부석 : 살이 핏기가 없이 부어오른 모양 喧，喧腾腾
13. 눅눅하다 : 축축한 기운이 약간 있다 湿润，发潮
14. 미지근하다 : 더운 기운이 조금 있는 듯하다 温吞吞的，温热
15. 희멀끔하다 : 살빛이 희고 멀끔하다 白白净净的
16. 곤두박질 : 몸을 번드쳐 갑자기 거꾸로 내리박히는 일 倒栽葱，翻跟头
17. 박두하다 : 기일이나 시기가 가까이 닥쳐오다 逼近
18. 절박하다 : 어떤 일이나 때가 가까이 닥쳐서 몹시 급하다 迫切的，紧急的
19. 마주 : 정신을 흐리게 하는 술 让人神智不清的酒
20. 애잡짤하다 : 가슴이 미어지듯 안타깝다. 또는 안타까와서 애가 타는 듯하다 心里不是滋味，于心不忍

[연습 문제/练习]

1. 주인공의 현실에 대한 저항 의식이 어디에서 비롯되었는지 생각해 보십시오.
2. 주인공이 어떤 방법으로 사회에 저항하는지 토론해 보십시오.
3. 이 작품을 통해 나타난 신경향파 문학의 특징을 찾아 보십시오.

제 6 과   시 : 「거울」 외 5편

[작가 소개/作家介紹]

　　김영랑(金永郎, 1903~1950년), 본명은 윤식(允植). 전라남도 강진에서 출생했다. 강진에서 만세운동을 **모의하다가** 체포되어 **옥고**를 치르기도 했다. 박용철, 정지용, 변영로, 신석정 등과 더불어 1930년에 『시문학』을 통해 한국에 **순수시**를 꽃피운 **유미주의 기수**이다. 김영랑은 깨끗한 자연에 순결한 마음을 실어 노래했다. 그의 작품에는 암흑하고 추악한 식민지 현실을 대립적으로 드러내려는 의도가 숨어있다. 섬세한 언어적 감각을 바탕으로 하는 그의 시는 민요적인 가락을 개성적인 율격으로 바꿔놓았다.

　　이상(李箱, 1910—1937년), 본명 김해경(金海卿), 서울에서 출생했다. 경성고등공업학교를 졸업한 후에는 **총독부** 건축과 기사로 취직하였다. 1931년에 발표한 처녀시 '이상한 **가역반응**'으로 문단에 등단하여 왕성한 창작 활동을 시작하였다. 1936년 일본 도쿄로 건너가서 그 곳에서 계속 창작활동을 하다가 1937년 객사하였다. 한국 현대문단의 대표적 **모더니스트**로 이상은 시, 소설을 통해서 **모더니즘**적이고 초현실주의의 문학을 추구하였다. 그의 시작품은 띄어쓰기를 거부하고 아라비아 숫자나 기하학 기호, 건축과 의학 전문 용어가 **남용되어** 해독하기가 어렵다. 이상은 자아분열을 처음으로 심각하게 표현했는 데, 이것은 중요한 문학사적 의의를 가진다.

　　노천명(盧天命, 1912~1957년), 황해도 장연 출생, 1934년 이화여자전문학교 영문과를 졸업하고 그해 조선중앙일보 기자가 되었다. 재학시 「밤의 찬미」를 『신동아』에 발표하고 문단에 등단하였다. 이 때 펴낸 시집 「산호림」과 「창변」에 고독과 애수가 짙은 작품들이 실렸다. 6·25전쟁 때 **투옥된** 경험이 있은 후 자기중심적인 내면세계로 빠져들려는 모습이 그의 시세계에 **일관되게** 나타난다. 노천명은 현대시다운 시를 쓴 최초의 여류 시인으로, 가장 여성다운 시를 남긴 것으로 평가받는다.

　　장만영(張萬榮, 1914~1977년), 호 초애, 1914년 황해 연백에서 태어나 1932년 경성제2고등보통학교를 졸업하였다. 같은 해 도쿄에 유학하고 있을 때 『동광』에 시 '봄 노래'가 발표되어 문단에 나왔다. 초기 작품들은 동심의 세계와 자연의 아름다움을 노래한 것들이 많고 **전원**적 소재와 감각적 묘사, 시적 대상의 **이미지화**가 특징적이다. 제4시집「밤의 서정」(1956)이후에는 각박한 현실에서의 체험을 읊었다. 도시의 문명을 떠나 전원적 제재를 현대적 감성으로 읊은 시인으로 평가된다.

[단어 해석/单词解析]

1. 모의하다 : 어떤 일을 꾀하고 의논하다 **谋划**
2. 옥고 : 옥살이를 하는 고생 **牢狱之苦**
3. 순수시 : 시 작품에서 의미를 전하는 산문적 요소를 없애고 순수하게 감동을 일으키는 정서적 요소만으로 쓴 시 **纯诗, 纯粹抒情诗**
4. 유미주의 : 미적 가치를 가장 지고한 가치로 보고 모든 것을 미적인 견지에서 평가하는 태도 및 세계관 **唯美主义**
5. 기수 : 사회 활동에서 앞장서서 이끄는 사람을 비유적으로 이르는 말 **棋手**
6. 총독부 : 식민지를 다스리기 위하여 설치하는 최고 행정 기관 **总督府**
7. 가역반응 : 화학(化學) 반응(反應)에서 상황을 달리할 때 正(정), 逆(역)어느 쪽으로도 진행될 수 있는 반응 **可逆反应**
8. 모더니스트 : 현대적인 감각이나 가치를 좇는 사람 **现代派人士**
9. 모더니즘 : 현대문학의 여러 경향 중에서 특별히 전위적이고 실험적인 유파 **现代派**
10. 남용되다 : 일정한 기준이나 한도를 넘어서 함부로 씀 **滥用**
11. 투옥되다 : 옥에 가두다 **入狱**
12. 일관되다 : 하나의 방법이나 태도로써 처음부터 끝까지 한결같음 **一贯, 贯穿始终**
13. 전원 : 논과 밭이라는 뜻으로, 도시에서 떨어진 시골이나 교외(郊外)를 이르는 말 **田园**
14. 이미지 : 심상, 영상, 인상, 어떤 사람이나 사물로부터 받는 느낌 **印象, 影像, 形象**

[작품 해제/作品解析]

「**돌담**에 **속삭이는 햇살**」: 1931년『시문학』2호에 발표된 작품이다. 이 작품은 평화로운 세계에 대한 소망과 봄날의 **애달픈** 그리움을 섬세하고 미묘하게 **조탁된** 시어로 표현하고 낭만적인 분위기를 드러내고 있다. '**햇발**같이', '샘물같이', '물결같이' 등 직유가 두드러지고 '풀 아래 웃음짓는 샘물' 이라는 표현이 참신하다. 4행시의 확대된 형식과 3**음보**의 규칙적 운율, 정형적 리듬으로 구성되어 있다.

「모란이 피기까지는」: 1934년『문학』3호에 수록된 작품이다. 이 시는 모란을 소재로 하여 한시적인 아름다움의 소멸을 바라보는 시적 자아의 비애감을 표현한 작품으로, '모란'은 실재하는 자연의 꽃인 동시에 지상에 존재하는 모든 아름다움을 대표한다. 이 시는 감미로운 언어의 울림을 살려내고 **활유법**, 역설법 등 여러가지 표현기법이 활용되고 있다.

「거울」: 1934년 『**카톨릭** 청년』에 발표된 작품이다. 자아의 모순이 빚는 비극미를 읊은 초현실주의 작품이다. 자기 자신을 거울 속에 비춰봄으로써 현실적 자아인 '나'와, 현실을 초월한 또 하나의 자아인 '거울 속의 나'를 등장시켜 양자 간의 대립과 모순을 통하여 '순수 자아'를 상실한 현대인의 비극성을 제시하고 있다. 자동기술법의 표현을 따르고 있고 띄어쓰기를 무시하고 있다. 극단적 반이성주의의 **다다이즘** 시의 대표작이다.

「달, 포도, **잎사귀**」: 1936년 『시건설』 창간호에 발표된 작품이다. 이 작품은 가을 달밤의 아름다운 풍경과 정취를 노래하고 있다. 쉽고 참신한 시어를 사용하여 전원의 풍경을 그림과 같이 선명한 이미지로 정교하게 표현하고 있다. 한국적 전통시와 회화적 모더니즘의 표현 기법이 **절묘하게** 결합되어 있는 이 작품은 1930년대의 모더니즘 시의 한 측면을 반영하고 있다.

「사슴」: 1938년 발행된 노천명의 첫 시집 「산호림」에 수록된 대표작이다. 이 작품은 이상향에 대한 동경을 나타내고 있다. 이 시에서 **각박한** 현실 세계와 **영합하기**를 거부하며 '어찌할 수 없는 향수'에 젖은 시인 자신을 한 마리의 '사슴'에 투영시켜 **단아하고 고고한** 풍모를 나타내고 있다. 사슴을 의인화하여 감정을 **이입함으로써** 사슴으로 하여금 시인의 분신이 되게 하였다. 절제된 시어로 감성미를 표현하고 있다.

[단어 해석/单词解析]

1. 돌담 : 돌을 쌓아 만든 담 **石墙**
2. 속삭이다 : 남이 알아듣지 못하도록 나지막한 목소리로 가만가만 이야기하다 **喃喃细语**
3. 햇살 : 해가 내쏘는 광선 **阳光**
4. 애달프다 : 애처롭고 쓸쓸하다 **凄凉**
5. 조탁되다 : 문장이나 글 따위를 매끄럽게 다듬음 **雕琢**
6. 햇발 : 사방으로 뻗친 햇살 **遍布的阳光**
7. 음보 : 시에 있어서 운율을 이루는 기본 단위 **音步**
8. 활유법 : 무생물을 생물인 것처럼, 감정이 없는 것을 감정이 있는 것처럼 표현하는 수사법 **拟人法**
9. 카톨릭 : 2세기 이래로 교회의 저술가들이 지교회 혹은 이단종파와 분파로부터 그리스도교 교회 전체를 구별하기 위해 사용한 용어 **天主教**
10. 다다이즘 : 20세기 초반 주로 취리히와 뉴욕·베를린·퀼른·파리 및 독일의 하노버 등지에서 활발했던 허무주의적 예술운동 **达达主义**
11. 잎사귀 : 낱낱의 잎. 주로 넓적한 잎을 이른다 **叶子, 叶片**

12. 절묘하다 : 비할 데가 없을 만큼 아주 묘하다 **绝妙**
13. 각박하다 : 인정이 없고 삭막하다 **冷酷，冷漠**
14. 영합하다 : 사사로운 이익을 위하여 아첨하며 좇다 **迎合**
15. 단아하다 : 단정하고 아담하다 **端庄雅致**
16. 고고하다 : 세상일에 초연하여 홀로 고상하다 **清高**
17. 이입하다 : 옮기어 들임 **移入**

[작품 원문/作品原文]

돌담에 속삭이는 햇살

김영랑

돌담에 속삭이는 햇발같이
풀 아래 웃음 짓는 샘물같이
내 마음 고요히 고운 봄길 위에
오늘 하루 하늘을 우러르고 싶다.

새악시 볼에 떠오는 **부끄럼**같이
시의 가슴에 **살포시** 젖는 물결같이
보드레한 에메랄드 얇게 흐르는
실비단 하늘을 바라보고 싶다.

모란이 피기까지는

김영랑

모란이 피기까지는,
나는 아직 나의 봄을 기다리고 있을 테요.
모란이 **뚝뚝** 떨어져 버린 날,
나는 비로소 봄을 **여읜** 설움에 잠길 테요.
오월 어느 날, 그 하루 무덥던 날,
떨어져 누운 꽃잎마저 **시들어** 버리고는
천지에 모란은 자취도 없어지고,
뻗쳐 오르던 내 보람 서운케 무너졌느니,
모란이 지고 말면 그뿐, 내 한 해는 다 가고 말아,
삼백 예순 날 **하냥** 섭섭해 우옵내다.

모란이 피기까지는,
나는 아직 기다리고 있을 테요, 찬란한 슬픔의 봄을.

거울

이상

거울속에는소리가없소
저렇게까지조용한세상은참없을것이오

거울속에도내게귀가있소
내말을못알아듣는**딱한**귀가두개나있소

거울속의나는왼손잡이요
내악수를받을줄모르는악수를모르는왼손잡이요

거울때문에나는거울속의나를만져보지를못하는구료마는
거울이아니었던들내가어찌거울속의나를만나보기라도했겠소

나는지금거울을안가졌소마는거울속에는늘거울속의내가있소
잘은모르지만외로된사업에**골몰할**께요

거울속의나는참나와는반대요마는또꽤닮았소
나는거울속의나를근심하고진찰할수없으니퍽섭섭하오

달, 포도, 잎사귀

장만영

순이 벌레 우는 **고풍**한 뜰에
달빛이 조수처럼 밀려왔구나!

달은 나의 뜰에 고요히 앉아 있다.
달은 과일보다 향그럽다.

동해 바다 물처럼
푸른
가을

밤.

포도는 달빛이 스며 **고웁다**.
포도는 달빛을 머금고 익는다.

순이 포도 **넝쿨** 아래 어린 잎새들이
달빛에 젖어 **호젓하구나**!

사슴
노천명
모가지가 길어서 슬픈 짐승이여,
언제나 점잖은 편 말이 없구나.
관이 향기로운 너는
무척 높은 **족속**이었나 보다.

물 속의 제 그림자을 들여다보고
잃었던 전설을 생각해 내고는
어찌할 수 없는 향수에
슬픈 **모가지**를 하고
먼 데 산을 바라본다.

[단어 해석/单词解析]

1. 새악시 : 새색시 **新娘子**
2. 부끄럼 : 부끄러움 **害羞**
3. 살포시 : 포근하게 살며시 **轻柔地**
4. 보드레하다 : 꽤 보드라운 느낌이 있다 **柔软**
5. 에메랄드 : 취옥, 크롬을 함유하여 비취색을 띤, 투명하고 아름다운 녹주석 **绿玉**
6. 뚝뚝 : 큰 물체나 물방울 따위가 잇따라 아래로 떨어지는 소리 또는 그 모양 **啪嗒**
7. 여의다 : 멀리 떠나보내다 **送走**
8. 시들다 : 꽃이나 풀 따위가 말라 생기가 없어지다 **枯萎**
9. 하냥 : 늘 **总是**
10. 딱하다 : 사정이나 처지가 애처롭고 가엾다 **可怜**
11. 골몰하다 : 다른 생각을 할 여유도 없이 한 가지 일에만 파묻히다 **埋头**
12. 순이 : 인명 **人名, 顺伊**

13. 고풍 : 예스러운 풍취나 모습 **古色古香**
14. 곱다 : 곱다 **美**
15. 넝쿨 : 길게 뻗어 나가면서 다른 물건을 감기도 하고 땅바닥에 퍼지기도 하는 식물의 줄기 **藤蔓**
16. 호젓하다 : 매우 홀가분하여 쓸쓸하고 외롭다 **孤寂, 凄凉**
17. 관 : 검은 머리카락이나 말총으로 엮어 만든 머리쓰개 **冠, 帽子**
18. 족속 : 같은 문중이나 계통에 속하는 겨레붙이 **同族**
19. 모가지 : 목 **脖颈**

[연습 문제/练习]

1. 「모란이 피기까지는」에서의 '모란'과 「돌담에 속삭이는 햇살」에서의 '하늘'이 각각 무엇을 상징하는지 설명해 보십시오.
2. 「달, 포도, 잎사귀」에서 '순이'라는 토속적 이름의 여인을 처음과 끝에 등장시켰는데, 그것은 어떤 역할을 하는지 생각해 보십시오.
3. 「사슴」에서 '관이 향기로운 너는, 무척 높은 족속이었나 보다'라는 시구의 의미가 무엇인지 설명해 보십시오.

제 7 과 소설 : 「백치 아다다」

[작가 소개/作家介绍]

　　계용묵(桂鎔黙, 1904~1961년)의 본명은 하태용(河泰鏞)으로 평안북도 선천군에서 태어났다. 1928년 일본으로 건너가 도요(東洋)대학 동양학과에서 수학하였다. 1927년 단편소설「최서방」을『조선문단』에 발표하면서 창작활동을 시작하였다. 1928년에「인두지주」를『조선지광』에 발표하고 1935년 그의 대표작이라고 할 수 있는「백치 아다다」를『조선문단』에 발표하여 주목을 받았다. 그는 1950년대까지 모두 40여 편의 단편을 발표하였고,「인두지주」,「백치 아다다」,「캉가루의 조상이」등 여러 작품에서 **불구자**의 순수한 내면의식을 보여 주었다. 또한 한국 해방공간에서 발표된「별을 헨다」등의 작품은 지식인의 내면 풍경을 다루었다. 대체로 그의 작품은 인간이 가지는 선량함과 순수성을 **옹호하고** 인간 존재와 삶의 의미를 추구한다.

[단어 해석/单词解析]

1. 불구자 : 몸의 어느 부분이 온전하지 못한 사람 残疾人
2. 옹호하다 : 두둔하고 편들어 지키다 拥护

[작품 해제/作品解析]

　　「백치 아다다」는 1935년『조선문단』에 발표된 단편소설이다. 이 소설은 별명이 '아다다'라는 어느 백치 여인을 주인공으로 내세워 황금만능주의에 젖어 있는 세태를 비판한다. 주인공 아다다는 불구자로 물질만능주의가 **만연한** 세상에서 진심과 사랑, 그리고 **소박한**

행복을 찾으려고 노력한다. 그녀를 제외한 모든 작중 인물들은 주어진 상황이 자신에게 가장 유리한 방향으로 전개되도록 머리를 굴리며 살아가는데, 이는 순수한 아다다와 대조를 이룬다. 따라서 수롱이와의 사랑을 유지하기 위해 돈을 바다에 버리는 아다다의 행위는 수롱이에게 있어서 절대 용납될 수 없는 행위로 이는 끝내 아다다의 비극적 죽음을 초래한다. 수롱이의 모습은 근대인의 보편적인 모습이며 그들의 눈에 아다다의 순수함은 성실함이 아닌 비정상적인 것으로 비춰진다. 이런 물질적인 세상에서 아다다 같은 인물이 살아가기는 어려울 것이다. 즉, 이 작품은 순수한 영혼을 지닌 '아다다'를 정상인이 아닌 '백치'로 설정하여 그녀의 비극적 죽음으로 소설을 마무리함으로써 근대인의 삶에 대한 근본적인 비판을 담고 있다.

[단어 해석/单词解析]

1. 만연하다 : 어떤 목적이 없이 되는대로 하는 태도가 있다 **茫然**
2. 소박하다 : 꾸밈이나 거짓이 없고 수수하다 **朴素，简朴**

[작품 원문/作品原文]

질그릇이 땅에 부딪치는 소리가 났다고 들렸는데 마당에는 아무도 없다. 부엌에 쥐가 들었나? 샛문을 열어 보려니까,

"아 아 아이 아아 아야!"

하는 소리가 뒤란 곁으로 들려 온다. 샛문을 열려던 박씨는 뒷문을 밀었다. 장독대 밑 **비스듬한** 켠 아래 아다다가 입을 헤 벌리고 납작하니 엎드려 두 다리만을 힘없이 버지럭거리고 있다. 그리고 머리편으로 한 발쯤 나가선 깨어진 동이 조각이 질서 없이 너저분하게 된장 속에 묻혀 있다.

"아이구메나! 무슨 소린가 했더니! 이년이 동이를 또 잡았구나! 이년아! 너 더러 된장 푸래든! 푸래?"

어머니는 딸이 어딘가 다쳤는지 일어나지도 못하고 아파하는 데 가는 동정심보다 깨어진 동이만이 아깝게 눈에 보였던 것이다.

"어 어마! 아다아다 아다 아다아다……."

모닥불을 뒤집어쓰는 듯한 끔찍한 어머니의 음성을 또다시 듣게 되는 아다다는 겁에 질려 얼굴에 시퍼런 물이 들며 넘어진 연유를 말하여 용서를 빌려는 기색이나 말이 되지를 않아 안타까워한다.

아다다는 벙어리였던 것이다. 말을 하렬 때에는 한다는 것이 아다다 소리만이 연거푸 나왔다. 어찌어찌하다가 말이 한 마디씩 제법 되어 나오는 적도 있었으나 그것은 쉬운 말에 그치고 만다. 그래서 이것을 조롱 삼아 확실이라는 뚜렷한 이름이 있음에도 불구하고 누구나

그를 부르는 이름은 아다다였다. 그리하여 이것이 자연히 이름으로 굳어져 그 부모네까지도 그렇게 부르게 되었거니와, 그 자신조차도 '아다다!'하고 부르면 마땅히 들을 이름인 듯이 대답을 했다.

"이년까타나 끝이 세구나! 시집엘 못 가갔으문 오늘은 어드메든지 나가서 뒈디고 말아라, 이년아! 이년아! 이년아!"

어머니는 눈알을 가로 세워 날카롭게도 흰자위만으로 흘기며 성큼 문턱을 넘어선다. 아다다는 어머니의 손길이 또 자기의 끝채를 감아 줄 것을 연상하고 몸을 겨우 뒤재비꼬아 일어서서 절룩절룩 굴뚝 모퉁이로 피해 가며 어쩔 줄을 모르고 일변 고개를 좌우로 둘러 살피며 아연하게도,

"아다 어 어마! 아다 어마! 아다다다다!"

하고 부르짖는다. 다시는 일을 아니 저지르겠다는 듯, 그리고 한 번만 용서를 하여 달라는 듯싶게.

그러나 사정을 모르는 체 기어코 쫓아간 어머니는,

"이년! 어서 뒈데라. 뒈디기 싫건 시집으로 당장 가거라. 못 가간?"

그리고 주먹을 귀 뒤에 넌지시 얼메고 마주선다. 순간, 주먹이 떨어지면? 하는 두려운 생각에 오싹하고 끼치는 소름이, 튀해 놓은 닭같이 전신에 돋아나는 두드러기를 느끼는 찰나, '턱' 하고 마침내 떨어지는 주먹은 어느새 끝채를 감아쥐고 갈지(之) 자로 흔들어댄다.

"아다 어어 어마! 아 아고 어 어마!"

아다다는 떨며 빌며 손을 모은다.

그러나 소용이 없다. 한번 손을 댄 어머니는 그저 죽어 싸다는 듯이 자꾸만 흔들어댄다. 하니, 그렇지 않아도 가꾸지 못한 텁수룩한 머리는 물결처럼 흔들리며 구름같이 피어나선 얼크러진다.

그래도 아다다는 그저 빌 뿐이요, 조금도 반항하려고는 않는다. 이런 일은 거의 날마다 지나보는 것이기 때문에. 한대야, 그것은 도리어 매까지 사는 것이 됨을 아는 것이다. 집에 일이 아무리 밀려 돌아가더라도 나 모르는 채 손 싸매고 들어앉았으면 오히려 이런 봉변은 아니 당할 것이, 가만히 앉았지는 못했다.

선천적으로 타고난 천치에 가까운 그의 성격은 무엇엔지 힘에 맞는 노력이 있어야 만족을 얻는 듯했다. 시키건 안 시키건, 헐하나 힘차나 가리는 법이 없이 하여야 될 일로 눈에 띄기만 하면 몸을 아끼는 일이 없이 하는 것이 그였다. 그래서 집안의 모든 고된 일은 실로 아다다가 혼자서 치워놓게 된다.

그러나 어머니는 그것이 반갑지 않았다. 둔한 지혜로 마련 없이 뼈가 부러지도록 몸을 돌보지 않고 일종 모험에 가까운 짓을 하게 되므로, 그 반면에 따르는 실수가 되레 일을 저질러 놓게 되어, 그릇 같은 것을 깨쳐 먹는 일은 거의 날마다 있다 하여도 옳을 정도로 있었다.

그래도 아다다의 힘을 빌리지 않고는 집안일을 못 치겠다면 모르지만, 그는 참예를 하지 않아도 행랑에서 차근차근히 다 해줄 일을 쓸데없이 가로맡아선 일을 저질러 놓고 마는데 그 어머니는 속이 상했다.

본시 시집을 보내기 전에도 그 버릇은 지금이나 다름이 없어 벙어리인 데다 행동까지 그러하였으므로 내용 아는 인근에서는 그를 얻어가려는 사람이 없었다. 그리하여 열아홉 고개를 넘기도록 처묻어 두고 속을 태우다 못해 **깃부**로 논 한 섬지기를 처넣어 똥 치듯 치워 버렸던 것이 그만 오 년이 멀다 다시 쫓겨와, 시집에는 아예 갈 생각도 아니하고 하루 같은 심화를 올렸다. 그래서 어머니는 역겨운 마음에 아다다가 실수를 할 때마다 **주릿대**를 내리고 참예를 말라건만 그는 참는다는 것이 그 당시뿐이요, 남이 일을 하는 것을 보면 속이 쏘는 듯이 슬그머니 나와서 곁을 슬슬 돌다가는 손을 대고 만다.
　　바로 사흘 전엔가도 무명 넘을 할 때 활짝 달은 솥뚜껑을 마련 없이 맨손으로 열다가 뜨거움을 참지 못해 되는대로 집어 엎는 바람에 그만 **자배기**를 깨치고 욕과 매를 한모태 겪고 났었건만 어제 저녁 행랑 색시더러 오늘은 묵은 된장을 옮겨 담아야 되겠다고 이르는 말을 어느 겨를에 들었던지 아다다는 아침밥이 끝나자 어느새 나가서 혼자 된장을 퍼 나르다가 그만 또 실수를 한 것이었다.
　　"못 가간? 시집이! 못 가간? 이년! 못 가갔음 죽어라!"
　　움켜쥐었던 머리를 힘차게 획 두르며 밀치는 바람에 손에 감겼던 머리카락이 끊어지는지 빠지는지 무뚝 묻어나며 아다다는 비칠비칠 서너 걸음 물러난다.
　　순간 정신이 어찔해진 아다다는 넘어지지 않으려고 애써 버지럭거리며 삐치는 다리에 겨우 진정을 얻어 세우자,
　　"아다 어마! 아다 어마! 아다 아다!"
　　하고 다시 달려들 듯이 눈을 흘기고 섰는 어머니를 향하여 눈물 글썽한 눈을 끔벅 한 번 감아 보이고, 그리고 북쪽을 손가락질하여 어머니의 말대로 시집으로 가든지 그렇지 않으면 죽어라도 버리겠다는 뜻으로 고개를 주억이며 겁에 질려 어쩔 줄을 모르고 허청허청 대문 밖으로 몸을 이끌어냈다.

　　나오기는 나왔으나 갈 곳이 없는 아다다는 마당귀를 돌아서선 발길을 더 내놓지 못하고 우뚝 섰다.
　　시집으로 간다고는 하였으나, 아무리 생각해도 남편의 매는 어머니의 그것보다 무섭다. 그러면 다시 집으로 들어가나? 이번에는 외상 없는 매가 떨어질 것 같다. 어디로 가야 하나? 갈 곳 없는 갈 곳을 뒤짜보자니, 눈물이 주는 위로밖에 쓸데없는 오 년 전 그 시집이 참을 수 없이 그립다.
　　――추울세라, 더울세라, 힘이 들까, 고단할까, 알뜰살뜰히 어루만져 주던 시부모, 밤이면 품속에 꼭 껴안아 피로를 풀어 주던 남편. 아, 얼마나 시집에서는 자기를 위하여 정성을 다하던 것인가?
　　참으로 아다다가 처음 시집을 가서의 오 년 동안은 온 집안의 사랑을 한 몸에 받아 왔던 것이 사실이다.
　　벙어리라는 조건이 귀에 들어맞는 것은 아니었으나, 돈으로 아내를 사지 아니하고는 얻어볼 수 없는 처지에서 스물여덟 살에 아직 장가를 못 들고 있는 신세로 목구멍조차 치기 어

려운 형세이었으므로, 아내를 얻게 되기의 여유를 기다리기까지에는 너무도 막연한 앞날이었다. 벙어리나마 일생을 먹여줄 것까지 가지고 온다는 데 귀가 번쩍 띄어 그 자리를 앗길까 두렵게 혼사를 치렀던 것이니, 그로 인해서 먹고살게 되는 시집에서는 아다다를 아니 위할 수가 없었던 것이다. 그러한 가운데 또한 아다다는 못 하는 일이 없이 일 잘하고, 고분고분 말 잘 듣고, 조금도 말썽을 부리는 일이 없었다. 그래서 생활고가 주는 역겨움이 쓸데없이 서로 **눈독**을 짓게 하여 불쾌한 말만으로 큰소리가 끊일 새 없이 오고 가던 가족은 일시에 봄비를 맞는 동산같이 화락의 웃음에 꽃이 피었다.

원래, 바른 사람이 못 되는 아다다에게는 실수가 없는 것이 아니었으나, 그로 인해서 밥을 먹게 되는 시집에서는 조금도 역겹게 안 여겼고, 되레 위로를 하고 허물을 감추기에 서로 힘을 썼다.

여기에 아다다가 비로소 인생의 행복을 느끼며 시집 가기 전 지난날 어머니 아버지가 쓸데없는 자식이라는 구실 밑에, 아니, 되레 가문을 더럽히는 앙화(殃禍) 자식이라고 사람으로서의 푼수에도 넣어 주지 않고 박대하던 일을 생각하고는 어머니 아버지를 원망하는 나머지 명절 목이나 **제향** 때이면 시집에서는 그렇게도 가보라는 친정이었건만, 이를 악물고 가지 않고 행복 속에 묻혀 살던 지나간 그 날이 아니 그리울 수가 없었다.

그러나 그 날은 안타깝게도 다시 못 올 영원한 꿈속에 흘러가고 말았다.

해를 거듭하며 생활의 밑바닥에 깔아 놓았던 한 섬지기라는 거름이 차츰 그들을 여유한 생활로 이끌어, 몇백 원이란 돈이 눈앞에 굴게 되니 까닭 없이 남편 되는 사람은 벙어리로서의 아내가 미워졌다.

조그만 실수가 있어도 눈을 흘겼다. 그리고 매를 내렸다. 이 사실을 아는 아버지는 그것은 들어오는 복을 차 버리는 짓이라고 타이르나 듣지 않았다. 그리하여 부자간에 충돌이 때때로 일어났다. 이럴 때마다 아버지에게는 감히 하고 싶은 행동을 못 하는 아들은 그 분을 아내에게로 돌려 풀기가 일쑤였다.

"이년 보기 싫다! 네 집으로 가거라."

그리고 다음에 따르는 것은 매였다. 그러나 아다다는 참아가며 아내로서의, 그리고 며느리로서의 임무를 다했다.

이것이 시부모로 하여금 더욱 아다다를 귀엽게 만드는 것이어서, 아버지에게서는 움직일 수 없는 며느리인 것을 깨닫게 된 아들은 가정적으로 불만을 느끼게 되어 한 해의 농사를 지은 추수를 온통 팔아 가지고 집을 떠나서 마음의 위안을 찾아 돌다가 주색에 돈을 다 탕진하고 동무들과 물거품같이 밀리어 안동현(安東縣)으로 건너갔다.

그리하여 이 투기적인 도시에서 뒹굴며 노동의 힘으로 밑천을 얻어선 '양화'와 '은떼루'에 투기하여 황금을 꿈꾸어 오던 것이 기적적으로 맞아 나기 시작하여, 이태만에는 이만 원에 가까운 돈을 손에 쥐게 되었다. 그리하여 언제나 불만이던 완전한 아내로서의 알뜰한 사랑에 주렸던 그는 돈에 따르는 무수한 여자 가운데서 마음대로 흡족히 골라 가지고 집으로 돌아왔다.

그리고는 새로운 살림을 꿈꾸는 일변 새로이 가옥을 건축함과 동시에 아다다를 학대함이 전에 비할 정도가 아니었다. 이에는 그 아버지도 명민하고 인자한 남 부끄럽지 않은 뻐젓한 새 며느리에게 마음이 쏠리는 나머지, 이미 생활은 걱정이 없이 되었으니 아다다의 깃부로서가 아니라도 유족할 앞날의 생활을 내다볼 때 아들로서의 아다다에게 대하는 태도는 소모도 마음에 걸리는 것이 없었다. 그리하여 시부모의 눈에서까지 벗어나게 된 아다다는 호소할 곳조차 없는 사정에 눈감은 남편의 매를 견디다 못해 집으로 쫓겨오게 되었던 것이니, 생각만 하여도 옛 매 자리가 아픈 그 시집은 죽으면 죽었지 다시는 찾아갈 생각이 없었던 것이다.

그래서 집에 있게 되니 그것보다는 좀 헐할망정, 어머니의 매도 결코 견디기에 족한 것이 아니다. 그리고 그것은 날마다 더 심해만 왔다. 오늘도 조금만 반항이 있었던들 어김없이 매는 떨어지고 말았을 것이다.

그러니 어디로 가나? 아무리 생각을 해 보아야 그저 이 세상에서는 수롱이네 집밖에 또 찾아갈 곳은 없었다.

수롱은 부모 동생조차 없는 삼십이 넘은 총각으로, 누구보다도 자기를 사랑하여 준다고 믿는 단 한 사람이었다. 그리하여 쫓기어 날 때마다 그를 찾아가선 마음의 위안을 얻어 오던 것이다.

아다다는 문득 발걸음을 떼어 아지랑이 얼른거리는 마을 끝 산턱 아래 떨어져 박힌 한 채의 오막살이를 향하여 마당귀를 꺾어 돌았다.

수롱은 벌써 일 년 전부터 아다다를 꾀어 왔다. 시집에서까지 쫓겨난 벙어리였으나, 김 초시의 딸이라, 스스로도 낮추어 보여지는 자신으로서는 자연히 염을 내지 못하고 뜻있는 마음을 건너볼 길이 없어 속을 태워가며 눈치만 보아오던 것이, 눈치에서보 다는 베풀어진 동정이 마침내 아다다의 마음을 사게 된 것이었다.

아이들은 아다다를 보기만 하면 따라다니며 놀렸다. 아니, 어른들까지도 '아다다, 아다다'하고 골을 올려서 분하나 말을 못하고 이상한 시늉을 하며 투덜거리는 것을 봄으로 좋아라고 손뼉을 치며 웃었다.

그래서 아다다는 사람을 싫어하였다. 집에 있으면 어머니의 욕과 매, 밖에 나오면 뭇 사람들의 놀림, 그러나 수롱이만은 자기를 사랑하는 것이었다. 아이들이 따라다닐 때에도 남 아니 말려 주는 것을 그는 말려 주고, 그리고, 매에 터질 듯한 심정을 풀어 주는 것이었다.

그리하여 아다다는 마음이 불편할 때마다 수롱을 생각해 오던 것이, 얼마 전 부터는 찾아 다니게까지 되어 동네의 눈치에도 이미 오른 지 오랬다.

그러나 아다다의 집에서도 그 아버지만이 지처(地處)를 가지기 위하여 깔맵게 아다다의 행동을 경계하는 듯하고, 그 어머니는 도리어 수롱이와 배가 맞아서 자기 눈앞에 보이지 아니하고 어디로든지 달아났으면 하는 눈치를 알게 된 수롱이는 지금에 와서는 어느 정도까지 내어놓다시피 그를 사귀어 온다.

아다다는 제 집이나처럼 서슴지도 않고 달리어 오자마자 수롱이네 집 문을 벌컥 열었다.

"아, 아다다!"

수롱은 의외에 벌떡 일어섰다.
"너 또 울었구나!"
울었다는 것이 창피하긴 하였으나, 숨길 차비가 아니다. 호소할 길 없는 가슴속에 꽉 찬 설움은 수롱이의 따뜻한 위무가 어떻게도 그리웠는지 모른다.
방 안에 들어서기가 바쁘게 쫓기어 난 이유를 언제나같이 낱낱이 말했다.
"그러기 이젠 아야, 다시는 집으로 가지 말구 나하구 둘이서 살아, 응?"
그리고 수롱은 의미 있는 웃음을 벙긋벙긋 웃어가며 아다다의 등을 척척 두드려 달랬다. 오늘은 어떻게 해서든지 자기의 것을 영원히 만들어 보고 싶은 욕망에 불탔던 것이다.
그러나 아다다는,
"아다 무 무서! 아바 무 무서! 아다 아다다다!"
하고 그렇게 한다면 큰일 난다는 듯이 눈을 둥그렇게 뜬다.
집에서 학대를 받고 있느니보다는 수롱의 사랑 밑에서 살았으면 오죽이나 행복되랴! 다시 집으로는 아니 들어가리라는 생각이 없었던 바도 아니었으나, 정작 이런 말을 듣고 보니, 무엇엔지 차마 허하지 못할 것이 있는 것 같고 그렇지 않은지라 눈을 부릅뜨고 수롱이한테 다니지 말라는 아버지의 이르던 말이 연상될 때 어떻게도 그 말은 엄한 것이었다.
"우리 둘이 달아났음 그만이디 무섭긴 뭐이 무서워?"
"……"
아다다는 대답이 없다.
딴은 그렇기도 한 것이다. 당장 쫓기어 난 몸이 갈 곳이 어딘고? 다시 생각을 더듬어 볼 때 어머니의 매는 아버지의 그 눈총보다도 몇 배나 더한 두려움으로 견딜 수 없이 아픈 것이다. 그러마고 대답을 못하고 거역한 것이 금시 후회스러웠다.
"안 그래? 무서울 게 뭐야. 이젠 아야 집으루 가지 말구 나하구 있어, 응?"
"응, 아다 이 있어, 아다 아다."
하고 아다다는 다시 있자는 수롱이의 말이 나오기를 기다렸던 듯이, 그리고 살길을 이제 찾았다는 듯이, 한숨과 같이 빙긋 웃으며 있겠다는 뜻을 명백히 보이기 위하여 고개를 주억이며 **삿바닥**을 손으로 톡톡 두드려 보인다.
"그렇지 그래, 정 있어야 돼. 응?"
"응, 이서 이서 아다 아다."
"정말이야?"
"으, 응, 저 정 아다 아다."
단단히 강문을 받고 난 수롱이는 은근히 솟아나는 미소를 금할 길이 없었다.
벙어리인 아다다가 흡족할 이치는 없었지만, 돈으로 사지 아니하고는 아내라는 것을 얻어 볼 수 없는 처지였다. 그저 생기는 아내는 벙어리였어도 족했다. 그저 자기의 하는 일이나 도와 주고 아들 딸이나 낳아 주었으면 자기는 게서 더 바랄 것이 없었다. 아내를 얻으려고 십여 년 동안을 **불피풍우** 품을 팔아 궤 속에 꽁꽁 묶어둔 일백오십 원이란 돈이 지금에 와서는 아내 하나를 얻기에 그리 부족할 것이 아니나, 장가를 들지 아니하고 아다다를 꾀어 온 이유도, 아다다를 낌으로 돈을 남겨서 그 돈으로는 살림의 밑천을 만들어 가정의 마루를 얹자는 데서였던 것이다. 이제 그 계획이 은근히 성공에 가까워 옴에 자기도 남과 같이 가정을 이루어 보게 되누나 하니, 바라지도 못하였던 인생의 행복이 자기에게도 이제 찾아오는 것 같았다.

"우리 아다다."

수롱이는 아다다의 등에 손을 얹으며 빙그레 웃었다.

"아다 아다."

아다다도 만족한 듯이 히쭉 입이 벌어졌다.

그날 밤을 수롱의 품안에서 자고 난 아다다는 이미 수롱의 아내 되기에 수줍음조차도 잊었다. 아니, 집에서 자기를 받들어 들인다 하더라도 수롱을 떨어져서는 살 수 없으리만큼 마음은 굳어졌다. 수롱이가 주는 사랑은 이 세상에서는 더 찾을 수 없는 행복이리라 느끼어졌던 것이다.

그러나 영원한 행복을 위하여는 이 자리에 그대로 박혀서는 누릴 수 없을 것이 다음에 남은 근심이었다. 수롱이와 같이 살자면, 첫째 아버지가 허하지 않을 것이요, 동네 사람도 부끄럽지 않은 노릇이 아니다. 이것은 수롱이도 짐짓 근심이었다. 밤이 깊도록 의논을 하여 보았으나 동네를 피하여 낯모르는 곳으로 감쪽같이 달아나는 수밖에는 다른 묘책이 없었다.

예식 없는 **가약**을 그들은 서로 맹세하고 그 날 새벽으로 그 마을을 떠나 신미도라는 섬으로 흘러가서 그 곳에 안주를 정하였다. 그러나 생소한 곳이므로 직업을 찾을 길이 없었다. 고기를 잡아먹고 사는 섬이라, 뱃놀음을 하는 것이 제 길이었으나, 이것은 아다다가 한사코 말렸다. 몇 해 전에 자기네 동네에서도 농토를 잃은 몇몇 사람이 이 섬으로 들어와 첫 배를 타다가 그만 풍랑에 몰살을 당하고 만 일이 있던 것을 잊지 못하는 때문이었다.

그렇지 않은지라, 수롱이조차도 배에는 마음이 없었다. 섬으로 왔다고는 하지만 땅을 파서 먹는 것이 **조마구** 빨 때부터 길러 온 습관이요, 손 익은 일이었기 때문에 그저 그 노릇만이 그리웠다.

그리하여 있는 돈으로 어떻게 **밭날갈이**나 사서 조 같은 것이나 심어 가지고 겨울의 **시량**과 양식을 대게 하고 짬짬이 조개나 굴, 낙지, 이런 것들을 캐어서 그날 그날을 살아갔으면 그것이 더할 수 없는 행복일 것만 같았다.

그렇지 않아도 삼십 반생에 자기의 소유라고는 손바닥만한 것조차 없어, 어떻게든 몽매에 그리던 땅이었는지 모른다. 완전한 아내를 사지 아니하고 아다다를 꾀어 온 것도 이 소유욕에서였다. 아내가 얻어진 이제, 비록 많지는 않은 땅이나마 가져 보고 싶은 마음도 간절하였거니와, 또는 그만한 소유를 가지는 것이 자기에게 향한 아다다의 마음을 더욱 굳게 하는 데도 보다 더한 수단일 것 같았기 때문이다.

그런데다, 본시 뱃놀음판인 섬인데, 작년에 놀구지가 잘되었다 하여 금년에 와서 더욱 시세를 잃은 땅은 비록 때가 **기경시**(起耕時)라 하더라도 용이히 살 수까지 있는 형편이었으므로, 그렇게 하리라 일단 마음을 정하니, 자기도 땅을 마침내 가져 보누나 하는 생각에 더할 수 없는 행복을 느끼며 아다다에게도 이 계획을 말하였다.

"우리 밭을 한 뙤기 사자. 그래두 농살 허야 사람 사는 것 같디. 내가 던답을 살라구 묶어둔 돈이 있거든."

하고 수롱이는 봐라는 듯이 **실겅** 위에 얹힌 석유통 궤 속에서 지전 뭉치를 뒤져 내더니, 손끝에다 침을 발라 가며 팔딱팔딱 뒤져 보인다.

그러나 그 돈을 본 아다다는 어쩐지 갑자기 화기가 줄어든다.

수롱이는 그것이 이상했다. 돈을 보면 기꺼워할 줄 알았던 아다다가 도리어 화기를 잃은 것이다. 돈이 있다니 많은 줄 알았다가 기대에 틀림으로써인가?

"이것 봐! 그랜 봐두, 이게 일천오백 냥(일백오십원)이야. 지금 시세에 밭 이천 평은 한참 놀다가두 떡 먹두룩 살 건데."

그래도 아다다는 아무 대답이 없다. 무엇 때문엔지 수심의 빛까지 역연히 얼굴에 떠오른다.

"아니 밭이 이천 평이문 조를 심는다 하구 잘만 가꿔 봐. 조가 열 섬에 조짚이 백여 목 날 터이야. 그래, 이걸 개지구 겨울 한동안이야 못 살아? 그렇거구 둘이 맞붙어 몇 해만 벌어 봐! 그 적엔 논이 또 나오는 거야. 이건 괜히 생……."

아다다는 말없이 머리를 흔든다.

"아니, 내레 이게 **거즈뿌레기**야? 아, 열 섬이 못 나?"

아다다는 그래도 머리를 흔든다.

"아니, 고롬 밭은 싫단 말인가?"

"아다, 시 싫어."

그리고 힘없이 눈을 내리깐다.

아다다는 수롱이에게 돈이 있다 해도 실로 그렇게 많은 돈이 있는 줄은 몰랐다. 그래서 그 많은 돈으로 밭을 산다는 소리에, 지금까지 꿈꾸어 오던 모든 행복이 여지없이도 일시에 깨어지는 것만 같았던 것이다. 돈으로 인해서 그렇게 행복할 수 있던 자기의 신세는 남편(전 남편)의 마음을 악하게 만듦으로, 그리고 시부모의 눈까지 가리는 것이 되어, **필야엔** 쫓겨나지 아니치 못하게 되던 일을 생각하면, 돈 소리만 들어도 마음은 좋지 않던 것인데, 이제 한 푼 없는 알몸인 줄 알았던 수롱이에게도 그렇게 많은 돈이 있어 그것으로 밭을 산다고 기꺼워하는 것을 볼 때, 그 돈의 밑천은 장래 자기에게 행복을 가져다 주리람보다는 몽둥이를 가져다 주는 데 지나지 못하는 것 같았고, 밭에다 조를 심는다는 것은 불행의 씨를 심는다는 것만 같았기 때문이다.

아다다는 그저 섬으로 왔거니 조개나 굴 같은 것을 캐어서 그날 그날을 살아가야 할 것만이 수롱의 사랑을 받는 데 더할 수 없는 살림인 줄만 안다. 그래서 이러한 살림이 얼마나 즐거우랴! 혼자 속으로 축복을 하며 수롱을 위하여 일층 벌기에 힘을 써야 할 것을 생각해 오던 것이다.

"고롬 논을 사재나? 밭이 싫으문?"

수롱은 아다다의 의견이 알고 싶어 이렇게 또 물었다.
그러나 아다다는 그냥 힘 없는 고개만 주억일 뿐이었다. 논을 산대도 그것은 똑 같은 불행을 사는 데 있을 것이다. 돈이 있는 이상 어느 것이든지간 사기는 반드시 사고야 말 남편의 심사이었음에 머리를 흔들어댔자 소용이 없을 것이었다. 그리하여 그 근본 불행인 돈을 어찌할 수 없는 이상엔 잠시라도 남편의 마음을 거슬림으로 불쾌하게 할 필요는 없다고 아는 때문이었다.
"흥! 논이 도흔 줄은 너두 아누나! 그러나 가난한 놈에겐 밭이 논보다 나앗디 나아."
하고 수롱이는 기어이 밭을 사기로 그 달음에 거간을 내세웠다.

그 날 밤.
아다다는 자리에 누웠으나 잠이 오지 않았다.
남편은 아무런 근심도 없는 듯이 세상 모르고 씩씩 초저녁부터 자 내건만, 아다다는 그저 돈 생각을 하면 장차 닥쳐올 불길한 예감에 잠을 이룰 수가 없었다. 이불을 붙안고 밤새도록 쥐어 틀며 아무리 생각을 해야 그 돈을 그대로 두고는 수롱의 사랑 밑에서 영원한 행복을 누릴 수 있으리라고는 믿기지 않았다.
짧은 봄밤은 어느덧 새어, 새벽을 알리는 닭의 울음소리가 사방에서 처량히 들려 온다.
밤이 벌써 새누나 하니 아다다의 마음은 더욱 조급하게 탔다. 이 밤으로 그 돈에 대한 처리를 하지 못하는 한, 내일은 기어이 거간이 밭을 흥정하여 가지고 올 것이다. 그러면 그 밭에서 나는 곡식은 해마다 돈을 불려 줄 것이다. 그 때면 남편은 늘어 가는 돈에 따라 차차 눈은 어둡게 되어 점점 정은 멀어만 가게 될 것이다. 그 다음에는?
그 다음에는 더 생각하기조차 무서웠다.
닭의 울음소리에 따라 날은 자꾸만 밝아 온다. 바라보니 어느덧 창은 희끄스름하게 비친다. 아다다는 더 누워 있을 수가 없었다. 옆에 누운 남편을 지그시 팔로 밀어 보았다. 그러나 움쭉하지도 않는다. 그래도 못 믿기는 무엇이 있는 듯이 남편의 코에다 가까이 귀를 가져다 대고 숨소리를 엿들었다. 씨근씨근 아직도 잠은 분명히 깨지 않고 있다. 아다다는 슬그머니 이불 속을 새어 나왔다. 그리고 실경 위에 석유통을 휩쓸어 그 속에다 손을 넣었다. 그리하여 마침내 지전 뭉치를 더듬어서 손에 쥐고는 조심조심 발자국 소리를 죽여 가며 살그머니 문을 열고 부엌으로 내려갔다.
그리고는 일찍이 아침을 지어 먹고 나무 새기를 뽑으러 간다고 바구니를 끼고 바닷가로 나섰다. 아무도 보지 못하게 깊은 물 속에다 그 돈을 던져 버리자는 것이다.
솟아오르는 아침 햇발을 받아 붉게 물들며 잔뜩 밀린 조수는 거품을 부격부격 토하며 바람결 좇아 철썩철썩 해안은 부딪친다.
아다다는 그 바구니를 내려놓고 허리춤 속에서 지전 뭉치를 쥐어 들었다. 그리고는 몇 겹이나 쌌는지 알 수 없는 헝겊 조각을 둘둘 풀었다. 헤집으니, 일 원짜리, 오 원짜리, 십 원짜리 무수한 관 쓴 영감들이 나를 박대해서는 아니된다는 듯이, 모두들 마주 바라본다. 그러나 아다다는 너 같은 것을 버리는 데는 아무런 미련도 없다는 듯이 넘노는 물결 위에다 획

내어 뿌렸다. 세찬 바닷바람에 차인 지전은 바람결 좇아 공중으로 올라가 팔랑팔랑 허공에서 재주를 넘어가며 산산이 헤어져, 멀리 그리고 가깝게 하나씩 하나씩 물 위에 떨어져서는 넘노는 물결 좇아 잠겼다 떴다 솟구막질을 한다.

어서 물 속으로 가라앉든지, 그렇지 않으면 흘러내려가든지 했으면 하고 아다다는 멀거니 서서 기다리나 너저분하게 물 위를 덮은 지전 조각들은 차마 주인의 품을 떠나기가 싫은 듯이 잠겨 버렸는가 하면, 다시 기울거리며 솟아 올라서는 물 위를 빙글빙글 돈다. 하더니 썰물이 잡히자부터 할 수 없는 듯이 슬금슬금 밑이 떨어져 흐르기 시작한다.

아다다는 상쾌하기 그지없었다. 밀려 내려가는 무수한 그 지전 조각들은 자기의 온갖 불행을 모두 거두어 가지고 다시 돌아올 길이 없는 끝없는 한 바다로 내려갈 것을 생각할 때 아다다는 춤이라도 출 듯이 기꺼웠다.

그러나 그 돈이 완전히 눈앞에 보이지 않게 흘러 내려가기까지에는 아직도 몇 분 동안을 요하여야 할 것인데, 뒤에서 허덕거리는 발자국 소리가 들리기에 돌아다보니 뜻밖에도 수롱이가 헐떡이며 달려오는 것이 아닌가.

"야! 야! 아다다야! 너, 돈 돈 안 건새핸? 돈 돈 말이야, 돈……?"

청천의 벽력 같은 소리였다.

아다다는 어쩔 줄을 모르고 남편이 이까지 이르기 전에 어서어서 물결은 휩쓸려 돈을 모두 거둬 가지고 흘러 버렸으면 하나, 물결은 안타깝게도 그닐그닐 한가히 돈을 이끌고 흐를 뿐, 아다다는 그 돈이 어서 자기의 눈앞에서 자취를 감추어 버리는 것을 보기 위하여 그닐거리고 있는 돈 위에 쏘아 박은 눈을 떼지 못하고 쩔쩔매는 사이, 마침내 달려오게 된 수롱이 눈에도 필경 그 돈은 띄고야 말았다.

뜻밖에도 바다 가운데 무수하게 지전 조각이 널려서 앞서거니, 뒤서거니, 둥둥 떠내려 가는 것을 본 수롱이는 아다다에게 그 연유를 물을 겨를도 없이 미친 듯이 옷을 훨훨 벗고 철버덩 물 속으로 뛰어들었다.

그러나 헤엄을 칠 줄 모르는 수롱이는 돈이 엉키어 도는 한복판으로는 들어갈 수가 없었다. 겨우 가슴패기까지 잠기는 깊이에서 더 들어가지 못하고 흘러 내려가는 돈더미를 안타깝게도 바라보며 허우적허우적 달려갔다. 차츰 물결은 휩쓸려 떠내려가는 속력이 빨라진다. 돈들은 수롱이더러 어디 달려와 보라는 듯이 획획 솟구막질을 하며 흐른다. 그러나 물결이 세어질수록 더욱 걸음발은 자유로 놀릴 수가 없게 된다. 더퍽더퍽 물과 싸움이나 하듯 엎어졌다가는 일어서고 일어섰다가는 다시 엎어지며 달려가나 따를 길이 없다. 그대로 덤비다가는 몸조차 물 속으로 휩쓸려 들어갈 것 같아, 멀거니 서서 바라보니 벌써 지전 조각들은 가물가물하고 물거품인지 지전인지도 분간할 수 없으리만큼 먼 거리에서 흐르고 있다. 그러나 그것도 한 순간이었다. 눈앞에는 아무것도 보이는 것이 없다. 획획 하고 밀려 내려가는 거품진 물결뿐이다.

수롱이는 마지막으로 돈을 잃고 말았다고 아는 정도의 물결 위에 쏘아진 눈을 돌릴 길이 없이 정신 빠진 사람처럼 그냥그냥 바라보고 섰더니, 쏜살같이 언덕켠으로 달려오자 아무런 말도 없이 벌벌 떨고 섰는 아다다의 **중동**을 사정없이 발길로 제겼다.

"흥앗!"

소리가 났다고 아는 순간, 철썩 하고 감탕이 사방으로 튀자 보니 벌써 아다다는 해안의 감탕판에 등을 지고 쓰러져 있다.

"이! 이! 이……."

수롱이는 무슨 말인지를 하려고는 하나, 너무도 기에 차서 말이 되지를 않는 듯 입만 너불거리다가 아다다가 움찍하는 것을 보더니, 아직도 살았느냐는 듯이 번개같이 쫓아 내려가 다시 한 번 발길로 제꼈다.

"폭!"

하는 소리와 같이 아다다는 **가풀선** 언덕을 떨어져 덜덜덜 굴러서 물 속에 잠긴다.

한참 만에 보니 아다다는 복판도 한복판으로 밀려가서 솟구어 오르며 두 팔을 물 밖으로 허우적거린다. 그러나 그 깊은 파도 속을 어떻게 헤어나랴! 아다다는 그저 물 위를 둘레둘레 굴며 요동을 칠 뿐, 그러나 그것도 한 순간이었다. 어느덧 그 자체는 물 속에 사라지고 만다.

주먹을 부르쥔 채 **우상**같이 서서, 굽실거리는 물결만 그저 뚫어져라 쏘아보고 섰는 수롱이는 그 물 속에 영원히 잠들려는 아다다를 못 잊어함인가? 그렇지 않으면, 흘러 버린 그 돈이 차마 아까워서인가?

짝을 찾아 도는 갈매기떼들은 눈물 겨운 처참한 인생 비극이 여기에 일어난 줄도 모르고 '끼약 끼약' 하며 흥겨운 춤에 훨훨 날아다니는 깃[羽] 치는 소리와 같이 해안의 풍경만 돕고 있다.

[단어 해석/单词解析]

1. 비스듬하다 : 수평이나 수직이 되지 아니하고 한쪽으로 기운 듯하다 **斜, 歪**
2. 모닥불 : 잎나무와 검불 따위를 모아 놓고 피우는 불 **篝火**
3. 끝채 : '머리채'의 방언 **辫子**
4. 튀하다 : 새나 짐승의 털을 뽑기 위해 끓는 물에 잠간 넣었다가 꺼내다 **煺毛**
5. 텁수룩하다 : 수염이나 머리털이 배게 나 어수선하거나 더부룩하다 **密匝匝, 毛茸茸**
6. 깃부 : 신부가 시집갈 때 가져가는 재물 **嫁妆**
7. 주릿대 : 아주 심한 벌 **重罚**
8. 자배기 : 둥글넓직하고 아가리가 넓게 벌어진 질그릇 **敞口的瓦盆**
9. 눈독 : 욕심 내어 눈여겨 봄 눈독들이다 **眼红**
10. 제향 : 제사 **祭祀**
11. 삿바닥 : 삿자리를 깐 밑바닥 **铺着苇席的地面**
12. 불피풍우 : 비바람을 무릅쓰고 일을 함 **不管风吹雨打**
13. 가약 : 부부가 되자는 언약 **海誓山盟, 婚约**

14. 조마구 : 조막. 주먹보다 작은 물건의 덩이를 형용하는 말 **拳头般大的**
15. 밭날갈이 : 며칠 동안 걸려서 갈 만큼 넓은 밭 **大片土地**
16. 시탄 : 땔나무와 숯 또는 석탄 따위를 이르는 말 **柴火或煤炭**
17. 기경시 : 논밭을 가는 때 **耕地时**
18. 실경 : 선반의 사투리. 물건을 얹어 두기 위하여 벽에 달아 놓은 긴 널빤지 **搁板**
19. 거즈뿌레기 : 거짓말 **谎言，假话**
20. 필야엔 : 나중에 틀림없이 꼭 **以后一定**
21. 거간 : 사고 파는 사람 사이에서 흥정하는 사람 **掮客，经纪人**
22. 철버덩 : 큰 물체가 물에 거세게 부딪치거나 잠기는 소리. 또는 그 모양 **扑通**
23. 중동 : 중간 부분 **中间部分**
24. 가꿈서다 : '가파르다'의 사투리. 산이나 길이 몹시 비탈지다 **陡**
25. 우상 : 나무, 돌, 쇠붙이, 흙 따위로 만든 신불(**神佛**)이나 사람의 형상 **人像，神像**

[연습 문제/练习]

1. '수롱'과 '아다다'는 어떤 인간형인지 생각해 보십시오.
2. 아다다의 죽음은 무엇을 의미하는지 말해 보십시오.
3. 작품의 끝 부분에 등장하는 '갈매기떼'들은 어떤 효과를 가져다 주는지 토론해 보십시오.

제 8 과　소설 : 「동백꽃」

[작가 소개/作家介绍]

　　강원도 춘천에서 태어난 소설가 김유정(金裕貞, 1908~1937년)은 1930년 연희전문학교 문과에 입학했으나 중퇴하였다. 1933년 『신여성』에 첫 작품「총각과 맹꽁이」를 발표하였고, 1935년 소설「소낙비」가『조선일보』신춘문예에, 「노다지」가『중외일보』에 각각 당선되었다. 이후「금따는 콩밭」, 「만무방」, 「봄봄」등을 **연이어** 발표하였다. 1936년 「동백꽃」, 「산골」, 「봄밤」등을 발표하면서 생활고와 병에 시달려 심한 우울증에 걸렸다. 1937년에「땡볕」과「따라지」등 작품을 발표한 후 건강이 악화되어 3월에 폐결핵으로 요절하였다.
　　그는 작가로서 비록 3년 동안의 짧은 활동에 그쳤지만, 그의 문학적 정열은 남달리 왕성하여 30여 편의 단편소설을 남겼다. 그의 작품 세계는 본질적으로 **희화적**이고 **골계적**인 것으로 평가된다. 희화적인 **해학**을 통해 그는 어둡고 **삭막한** 당대 농촌현실과 그 속에서 살아갈 수 밖에 없는 농민들의 생활상을 잘 보여 준다.

[단어 해석/单词解析]

1. 연이어 : 어떤 일이나 상태가 끊이지 않고 **紧接着**
2. 희화적 : 익살맞고 우스꽝스러운. 또는 그런 것 **讽刺的**
3. 골계적 : 익살을 부리는 가운데 어떤 교훈을 주는. 또는 그런 것 **滑稽的, 诙谐的**
4. 해학 : 익살스럽고도 품위가 있는 말이나 행동 **诙谐, 幽默**
5. 삭막하다 : 쓸쓸하고 막막하다 **荒凉的, 不近人情的**

[작품 해제/作品解析]

「동백꽃」은 1936년에 발표된 김유정의 대표작이다. 1인칭 주인공 시점으로 소설을 전개하여 산골 마을 젊은 남녀의 순박한 사랑을 보여 준다. 작품은 닭싸움을 매개로 하여 소작인의 아들인 '나'와 **마름**의 딸 '점순이'간의 미묘한 감정을 해학적으로 그려 내고 토착어를 사용하여 향토적 서정성을 풍기기도 한다.

'나'는 순박하고 천진하며 어리숙한 인물이고 '점순이'는 나이에 비해 조숙하며 **깜찍하고** 영악한 인물이다. 점순이는 나에 대한 애정 표현이 거절 당할 때 닭싸움을 통해 나의 관심을 끌려고 하지만 감수성이 둔한 나는 점순이의 의도를 정확하게 파악하지 못하여 닭싸움에서 승리를 얻는 것을 목표로 한다. 그러다가 점순이네 닭이 죽자 이를 계기로 극적인 화해가 이루어진다. 즉, 닭싸움은 '나'와 점순이의 갈등의 표면화이면서 사랑과 미움이 교차되는 사건이다.

'동백꽃'이라는 제목은 만물이 생기를 얻는 봄에 점순이의 가슴에도 봄바람이 불고, 소설의 결말에서 노랗게 핀 동백꽃은 '나'와 점순이가 화해하고 사랑을 확인하는 것을 암시한다. 동시에 향토적, 토속적 정서를 표현한다.

[단어 해석/单词解析]

1. 마름 : 지주를 대리하여 소작권을 관리하는 사람 管家
2. 깜찍하다 : 몸집이나 생김새가 작고 귀엽다 小巧可爱

[작품 원문/作品原文]

오늘도 또 우리 수탉이 막 쫓기었다. 내가 점심을 먹고 나무를 하러 갈 양으로 나올 때이었다. 산으로 올라서려니까 등뒤에서 푸드득 푸드득 하고 닭의 횃소리가 야단이다. 깜짝 놀라서 고개를 돌려 보니 아니나다르랴 두 놈이 또 얼리었다.

점순네 수탉(**대강이**가 크고 똑 오소리같이 **실팍하게** 생긴 놈)이 **덩저리** 작은 우리 수탉을 함부로 해내는 것이다. 그것도 그냥 해내는 것이 아니라 푸드득하고 **면두**를 쪼고 물러섰다가 좀 사이를 두고 푸드득하고 모가지를 쪼았다. 이렇게 멋을 부려 가며 여지없이 닦아 놓는다. 그러면 이 못생긴 것은 쪼일 적마다 주둥이로 땅을 받으며 그 비명이 킥, 킥, 할 뿐이다. 물론 미처 아물지도 않은 면두를 또 쪼이며 붉은 선혈은 뚝뚝 떨어진다. 이걸 가만히 내려다보자니 내 대강이가 터져서 피가 흐르는 것같이 두 눈에서 불이 번쩍 난다. **대뜸** 지게 막대기를 메고 달려들어 점순네 닭을 후려칠까 하다가 생각을 고쳐먹고 헛매질로 떼어만 놓았다.

이번에도 점순이가 쌈을 붙여 놨을 것이다. 바짝바짝 내 기를 올리느라고 그랬음에 틀림없을 것이다. 고놈의 계집애가 요새로 들어서 왜 나를 못 먹겠다고 고렇게 **아르릉거리는지** 모른다.

나흘 전 감자 쪼간만 하더라도 나는 저에게 조금도 잘못한 것은 없다. 계집애가 나물을 캐러 가면 갔지 남 울타리 엮는 데 **쌩이질**을 하는 것은 다 뭐냐. 그것도 발소리를 죽여 가지고 등뒤로 살며시 와서,

"얘! 너 혼자만 일하니?"

하고 긴치 않은 수작을 하는 것이다.

어제까지도 저와 나는 이야기도 잘 않고 서로 만나도 본체만체하고 이렇게 점잖게 지내던 터이련만 오늘로 갑작스레 대견해졌음은 웬일인가. 항차 망아지만한 계집애가 남 일하는 놈 보구……

"그럼 혼자 하지, 떼루 하디?"

내가 이렇게 내배앝는 소리를 하니까,

"너 일하기 좋니?"

또는,

"한여름이나 되거든 하지 벌써 울타리를 하니?"

잔소리를 두루 늘어놓다가 남이 들을까봐 손으로 입을 틀어막고는 그 속에서 깔깔댄다. 별로 우스울 것도 없는데 날씨가 풀리더니 이 놈의 계집애가 미쳤나 하고 의심하였다. 게다가 조금 뒤에는 제 집께를 할금할금 돌아보더니 행주치마의 속으로 꼈던 바른손을 뽑아서 나의 턱밑으로 불쑥 내미는 것이다. 언제 구웠는지 더운 김이 홱 끼치는 굵은 감자 세 개가 손에 뿌듯이 쥐였다.

"느 집엔 이거 없지?"

하고 생색 있는 큰소리를 하고는 제가 준 것을 남이 알면은 큰일날 테니 여기서 얼른 먹어 버리란다. 그리고 또 하는 소리가,

"너, 봄 감자가 맛있단다."

"난 감자 안 먹는다. 네나 먹어라."

나는 고개도 돌리지 않고 일하던 손으로 그 감자를 도로 어깨 너머로 쑥 밀어 버렸다. 그랬더니 그래도 가는 기색이 없고, 뿐만 아니라 쌔근쌔근하고 심상치 않게 숨소리가 점점 거칠어진다. 이건 또 뭐야 싶어서 그때에야 비로소 돌아다보니 나는 참으로 놀랐다. 우리가 이 동네에 들어온 것은 근 삼 년째 되어오지만 여태껏 가무잡잡한 점순의 얼굴이 이렇게까지 홍당무처럼 새빨개진 법이 없었다. 게다가 눈에 독을 올리고 한참 나를 요렇게 쏘아보더니 나중에는 눈물까지 어리는 것이 아니냐. 그리고 바구니를 다시 집어들더니 이를 꼭 악물고는 엎어질 듯 자빠질 듯 논둑으로 횡하게 달아나는 것이다.

어쩌다 동리 어른이,

"너 얼른 시집을 가야지?"

하고 웃으면,

"염려 마서유. 갈 때 되면 어련히 갈라구!"

이렇게 천연덕스레 받는 점순이었다. 본시 부끄럼을 타는 계집애도 아니거니와 또한 분하다고 눈에 눈물을 보일 얼병이도 아니다. 분하면 차라리 나의 등어리를 바구니로 한번 모질게 후려쌔리고 달아날지언정.

그런데 고약한 그 꼴을 하고 가더니 그 뒤로는 나를 보면 잡아먹으려 기를 복복 쓰는 것이다.

설혹 주는 감자를 안 받아먹는 것이 실례라 하면, 주면 그냥 주었지 '느 집엔 이거 없지.'는 다 뭐냐. 그렇잖아도 저희는 마름이고 우리는 그 손에서 배재를 얻어 땅을 부치므로 일상 굽실거린다. 우리가 이 마을에 처음 들어와 집이 없어서 곤란으로 지낼 제 집터를 빌리고 그 위에 집을 또 짓도록 마련해 준 것도 점순네의 호의였다. 그리고 우리 어머니 아버지도 농사 때 양식이 딸리면 점순이네한테 가서 부지런히 꾸어다 먹으면서 인품 그런 집은 다시 없으리라고 침이 마르도록 칭찬하곤 하는 것이다. 그러면서도 열일곱씩이나 된 것들이 수군수군하고 붙어 다니면 동네의 소문이 사납다고 주의를 시켜 준 것도 또 어머니였다. 왜냐하면 내가 점순이하고 일을 저질렀다가는 점순네가 노할 것이고, 그러면 우리는 땅도 떨어지고 집도 내쫓기고 하지 않으면 안되는 까닭이었다.

그런데 이놈의 계집애가 까닭없이 기를 복복 쓰며 나를 말려 죽이려고 드는 것이다.

눈물을 흘리고 간 담날 저녁 나절이었다. 나무를 한 짐 잔뜩 지고 산을 내려오려니까 어디서 닭이 죽는 소리를 친다. 이거 뉘 집에서 닭을 잡나, 하고 점순네 울 뒤로 돌아오다가 나는 고만 두 눈이 똥그래졌다. 점순이가 저희 집 봉당에 홀로 걸터앉았는데 이게 치마 앞에다 우리 씨암탉을 꼭 붙들어 놓고는,

"이놈의 닭! 죽어라 죽어라."

요렇게 암팡스레 패 주는 것이 아닌가. 그것도 대가리나 치면 모른다마는 아주 알도 못 낳으라고 그 **볼기짝**께를 주먹으로 콕콕 쥐어박는 것이다.

나는 눈에 쌍심지가 오르고 사지가 부르르 떨렸으나 사방을 한번 휘둘러보고야 그제서야 점순이 집에 아무도 없음을 알았다. 잡은 참지게 막대기를 들어 울타리의 중턱을 후려치며,

"이놈의 계집애! 남의 닭 알 못 낳으라구 그러니?"

하고 소리를 빽 질렀다.

그러나 점순이는 조금도 놀라는 기색이 없고 그대로 의젓이 앉아서 제 닭 가지고 하듯이 또 죽어라, 죽어라, 하고 패는 것이다. 이걸 보면 내가 산에서 내려올 때를 겨냥해 가지고 미리부터 닭을 잡아가지고 있다가 너 보라는 듯이 내 앞에서 쥐지르고 있음이 확실하다.

그러나 나는 그렇다고 남의 집에 뛰어들어가 계집애하고 싸울 수도 없는 노릇이고 형편이 썩 불리함을 알았다. 그래 닭이 맞을 적마다 지게 막대기로 울타리를 후려칠 수밖에 별 도리가 없다. 왜냐하면 울타리를 치면 칠수록 울섶이 물러앉으며 뼈대만 남기 때문이다. 허나 아무리 생각하여도 나만 밑지는 노릇이다.

"아, 이년아! 남의 닭 아주 죽일 터이야?"

내가 **도끼눈**을 뜨고 다시 꽥 호령을 하니까 그제서야 울타리께로 쪼르르 오더니 울 밖에 섰는 나의 머리를 겨누고 닭을 **내팽개친다**.
"에이, 더럽다! 더럽다!"
"더러운 걸 널더러 입때 끼고 있으랬니? 망할 계집애년 같으니!"
하고 나도 더럽단 듯이 울타리께를 횡허케 돌아내리며 약이 오를 대로 다 올랐다. 라고 하는 것은 암탉이 풍기는 서슬에 나의 이마빼기에다 물지똥을 찍 갈겼는데 그걸 본다면 알집만 터졌을 뿐 아니라 골병은 단단히 든 듯싶다. 그리고 나의 등뒤를 향하여 나에게만 들릴 듯 말 듯한 음성으로,
"이 바보 녀석아!"
"얘! 너 배냇병신이지?"
그만도 좋으련만,
"얘! 너 느 아버지가 고자라지?"
"뭐 울아버지가 그래 고자야?"
할 양으로 열벙거지가 나서 고개를 홱 돌리어 바라봤더니 그때까지 울타리 위로 나와 있어야 할 점순이의 대가리가 어디 갔는지 보이지를 않는다. 그러다 돌아서서 오자면 아까에 한 욕을 울 밖으로 또 퍼붓는 것이다. 욕을 이토록 먹어 가면서도 대거리 한 마디 못하는 걸 생각하니 돌부리에 채이어 발톱 밑이 터지는 것도 모를 만큼 분하고 급기야는 두 눈에 눈물까지 불끈 내솟는다.
그러나 점순이의 침해는 이것뿐이 아니다.
사람들이 없으면 틈틈이 제 집 수탉을 몰고 와서 우리 수탉과 쌈을 붙여 놓는다. 제 집 수탉은 썩 험상궂게 생기고 쌈이라면 홰를 치는 고로 으레 이길 것을 알기 때문이다. 그래서 툭하면 우리 수탉이 면두며 눈깔이 피로 흐드르하게 되도록 해 놓는다. 어떤 때에는 우리 수탉이 나오지를 않으니까 요놈의 계집애가 모이를 쥐고 와서 꾀어내다가 쌈을 붙인다.
이렇게 되면 나도 다른 배차를 차리지 않을 수 없었다. 하루는 우리 수탉을 붙들어 가지고 넌지시 장독께로 갔다. 쌈닭에게 고추장을 먹이면 병든 황소가 살모사를 먹고 **용을 쓰는** 것처럼 기운이 뻗친다 한다. 장독에서 고추장 한 접시를 떠서 닭 주둥아리께로 들여 밀고 먹여 보았다. 닭도 고추장에 맛을 들였는지 거스르지 않고 거진 반 접시 턱이나 곧잘 먹는다. 그리고 먹고 금시는 용을 못쓸 터이므로 얼마쯤 기운이 돌도록 횃속에다 가두어 두었다.
밭에 **두엄**을 두어 짐 져내고 나서 쉴 참에 그 닭을 안고 밖으로 나왔다. 마침 밖에는 아무도 없고 점순이만 저희 울안에서 헌옷을 뜯는지 혹은 솜을 트는지 웅크리고 앉아서 일을 할 뿐이다.
나는 점순네 수탉이 노는 밭으로 가서 닭을 내려놓고 가만히 맥을 보았다. 두 닭은 여전히 얼리어 쌈을 하는데 처음에는 아무 보람이 없었다. 멋지게 쪼는 바람에 우리 닭은 또 피를 흘리고 그러면서도 날갯죽지만 푸드득푸드득하고 올라 뛰고 뛰고 할 뿐으로 제법 한번 쪼아 보지도 못한다.
그러나 한번엔 어쩐 일인지 용을 쓰고 펄쩍 뛰더니 발톱으로 눈을 **하비고** 내려오며 면

두를 쪼았다. 큰 닭도 여기에는 놀랐는지 뒤로 **멈씰하며** 물러난다. 이 기회를 타서 작은 우리 수탉이 또 날쌔게 덤벼들어 다시 면두를 쪼니 그제서는 **감때사나운** 그 대강이에서도 피가 흐르지 않을 수 없다.

옳다 알았다, 고추장만 먹이며는 되는구나 하고 나는 속으로 아주 쟁그러워 죽겠다. 그때에는 뜻밖에 내가 닭쌈을 붙여 놓는 데 놀라서 울 밖으로 내다보고 섰던 점순이도 입맛이 쓴지 눈쌀을 찌푸렸다.

나는 두 손으로 볼기짝을 두드리며 연방,

"잘한다! 잘한다!"

하고, 신이 머리끝까지 뻐치었다.

그러나 얼마 되지 않아서 나는 넋이 풀리어 기둥같이 묵묵히 서 있게 되었다. 왜냐하면 큰 닭이 한번 쪼인 **앙갚음**으로 호들갑스레 연거푸 쪼는 서슬에 우리 수탉은 찔끔 못하고 막 곯는다. 이걸 보고서 이번에는 점순이가 깔깔거리고 되도록 이쪽에서 많이 들으라고 웃는 것이다.

나는 보다 못하여 덤벼들어서 우리 수탉을 붙들어 가지고 도로 집으로 들어왔다. 고추장을 좀더 먹였더라면 좋았을 걸, 너무 급하게 쌈을 붙인 것이 퍽 후회가 난다. 장독께로 돌아와서 다시 턱밑에 고추장을 들이댔다. 흥분으로 말미암아 그런지 당최 먹질 않는다.

나는 하릴없이 닭을 반듯이 눕히고 그 입에다 궐련 물부리를 물리었다. 그리고 고추장 물을 타서 그 구멍으로 조금씩 들여 부었다. 닭은 좀 괴로운지 킥킥하고 재채기를 하는 모양이나 그러나 당장의 괴로움은 매일 같이 피를 흘리는 데 댈 게 아니라 생각하였다.

그러나 한 두어 종지 가량 고추장 물 먹이고 나서는 나는 고만 풀이 죽었다. 싱싱하던 닭이 왜 그런지 고개를 살며시 뒤틀고는 손아귀에서 뻐드러지는 것이 아닌가. 아버지가 볼까봐서 얼른 홰에다 감추어 두었더니 오늘 아침에서야 겨우 정신이 든 모양 같다.

그랬던 걸 이렇게 오다 보니까 또 쌈을 붙여 놓으니 이 망한 계집애가 필연 우리 집에 아무도 없는 틈을 타서 제가 들어와 홰에서 꺼내 가지고 나간 것이 분명하다.

나는 다시 닭을 잡아다 가두고 염려는 스러우나 그렇다고 산으로 나무를 하러 가지 않을 수도 없는 형편이었다.

소나무 **삭정이**를 따며 가만히 생각해 보니 암만해도 고년의 목쟁이를 돌려놓고 싶다. 이번에 내려가면 망할 년 등줄기를 한번 되게 후려치겠다 하고 씽둥씽둥 나무를 지고는 부리나케 내려왔다.

거지반 집에 다 내려와서 나는 **호드기** 소리를 듣고 발이 딱 멈추었다. 산기슭에 널려 있는 굵은 바윗돌 틈에 노란 동백꽃이 소보록하니 깔리었다. 그 틈에 끼어 앉아서 점순이가 청승맞게시리 호드기를 불고 있는 것이다. 그보다도 더 놀란 것은 고 앞에서 또 푸드득, 푸드득, 하고 들리는 닭의 횃소리다. 필연코 요년이 나의 약을 올리느라고 또 닭을 집어내다가 내가 내려올 길목에다 쌈을 시켜 놓고 저는 그 앞에 앉아서 천연스레 호드기를 불고 있음에 틀림없으리라.

나는 약이 오를 대로 올라서 두 눈에서 불과 함께 눈물이 퍽 쏟아졌다. 나뭇지게도 벗어

놀 새 없이 그대로 내동댕이치고는 지게 막대기를 뻗치고 허둥허둥 달려들었다.

가까이 와 보니 과연 나의 짐작대로 우리 수탉이 피를 흘리고 거의 빈사 지경에 이르렀다. 닭도 닭이려니와 그러함에도 불구하고 눈 하나 깜짝 없이 고대로 앉아서 호드기만 부는 그 꼴에 더욱 치가 떨린다. 동네에서도 소문이 났거니와 나도 한때는 걱실걱실히 일 잘 하고 얼굴 예쁜 계집애인 줄 알았더니 시방 보니까 그 눈깔이 꼭 여우 새끼 같다.

나는 대뜸 달려들어서 나도 모르는 사이에 큰 수탉을 **단매**로 때려 엎었다. 닭은 폭 엎어진 채 다리 하나 꼼짝 못 하고 그대로 죽어 버렸다. 그리고 나는 멍하니 섰다가 점순이가 매섭게 눈을 홉뜨고 닥치는 바람에 뒤로 벌렁 나자빠졌다.

"이놈아! 너 왜 남의 닭을 때려죽이니?"

"그럼 어때?"

하고 일어나다가,

"뭐 이 자식아! 누 집 닭인데?"

하고 복장을 떼미는 바람에 다시 벌렁 자빠졌다. 그리고 나서 가만히 생각을 하니 분하기도 하고 무안도스럽고, 또 한편 일을 저질렀으니, 인젠 땅이 떨어지고 집도 내쫓기고 해야 될는지 모른다.

나는 비슬비슬 일어나며 소맷자락으로 눈을 가리고는, 얼김에 엉, 하고 울음을 놓았다. 그러나 점순이가 앞으로 다가와서,

"그럼, 너 이 담부텀 안 그럴 테냐?"

하고 물을 때에야 비로소 살 길을 찾은 듯싶었다. 나는 눈물을 우선 씻고 뭘 안 그러는지 명색도 모르건만,

"그래!"

하고 무턱대고 대답하였다.

"요담부터 또 그래 봐라, 내 자꾸 못살게 굴 테니."

"그래 그래, 이젠 안 그럴 테야!"

"닭 죽은 건 염려 마라. 내 안 이를 테니."

그리고 뭣에 떠다 밀렸는지 나의 어깨를 짚은 채 그대로 퍽 쓰러진다. 그 바람에 나의 몸뚱이도 겹쳐서 쓰러지며, 한창 피어 퍼드러진 노란 동백꽃 속으로 폭 파묻혀 버렸다.

알싸한, 그리고 향긋한 그 냄새에 나는 땅이 꺼지는 듯이 온 정신이 고만 아찔하였다.

"너 말 마라!"

"그래!"

조금 있더니 요 아래서,

"점순아! 점순아! 이년이 바느질을 하다 말구 어딜 갔어?"

하고 어딜 갔다 온 듯싶은 그 어머니가 역정이 대단히 났다.

점순이가 겁을 잔뜩 집어먹고 꽃 밑을 살금살금 기어서 산 아래로 내려간 다음 나는 바위를 끼고 엉금엉금 기어서 산 위로 치빼지 않을 수 없었다.

[단어 해석/单词解析]

1. 대강이 : '머리'의 속어 **头**
2. 실팍하다 : 사람이나 물건이 보기에 매우 튼튼하다 **结实, 壮实**
3. 덩저리 : 덩치, 몸집 **身材, 个子**
4. 면두 : '볏'의 사투리 **鸡冠子**
5. 대뜸 : 이것저것 생각할 것 없이 그 자리에서 곧 **立刻, 马上**
6. 아르릉거리다 : 부드럽지 못한 말로 자꾸 매우 크게 외치거나 다투다 **粗暴地大叫或打斗**
7. 쌩이질 : "씨양이질"의 준말. 한창 바쁠 때 쓸데없는 일로 남을 귀찮게 구는 것 **添乱**
8. 볼기짝 : '볼기'를 낮잡아 이르는 말 **屁股**
9. 도끼눈 : 분하거나 미워서 매섭게 쏘아 노려보는 눈을 비유적으로 이르는 말 **怒目**
10. 내팽개치다 : 힘껏 던져 버리다 **扔掉, 乱摔**
11. 용을 쓰다 : 한꺼번에 힘을 모아서 쓰다 **使劲**
12. 두엄 : 풀, 짚 또는 가축의 배설물 따위를 썩힌 거름 **粪肥**
13. 하비다 : 손톱이나 날카로운 물건 따위로 조금 긁어 파다 **抓, 挠, 挖**
14. 멈씰하다 : '멈칫하다'의 강원도 사투리 **突然停住, 戛然而止**
15. 감때사납다 : (사람이나 사물이) 매우 억세고 사납다 **凶神恶煞**
16. 앙갚음 : 남이 저에게 해를 준 대로 저도 그에게 해를 줌 **报仇, 复仇**
17. 삭정이 : 살아 있는 나무에 붙어 있는 말라 죽은 가지 **(活树上的)枯枝**
18. 호드기 : 버들가지 껍질 따위로 만든 피리의 일종 **树皮等做的笛子**
19. 단매 : 단 한 번 때리는 매 또는 한번에 가하는 강한 타격 **猛打一下子**

[연습 문제/练习]

1. 닭싸움이 생기게 된 원인은 무엇인지 생각해 보십시오.
2. 두 인물의 갈등이 해소되는 장면은 어느 부분인지 생각해 보십시오.
3. 이 작품의 제목인 '동백꽃'이 무엇을 의미하는지 생각해 보십시오.

제 9 과　소설 : 「무녀도」

[작가 소개/作家介绍]

　　1913년 경주에서 태어난 김동리(金東里 1913~1995년)는 본명은 시종(始鐘)이며, 서울 경신고보를 중퇴하였다.『시인부락』동인으로 **활약하였고** 1934년「조선일보」신춘문예에 시「백로(白鷺)」가 입선되었다. 1935년「화랑의 후예」가「조선중앙일보」신춘문예에, 다음해인 1936년「산화」가「동아일보」신춘문예에 각각 당선되었다. 1930년대 중반부터 본격적인 창작활동에 나서「바위」,「무녀도」,「황토기」등 대표작을 발표하여 한국 근대문학에 소설가로서의 위치를 굳혔다. 1937년 서정주, 김달진 등과『시인부락』동인에 **가담하여** 시작활동에도 재능을 나타냈다. 1930년대 말기에「찔레꽃」,「소년」등, 1942년「소녀」,「하현」등을 발표했으나 일제 검열에 의해 삭제되고 그가 근무하던 학교마저 폐쇄당하자, 김동리는 해방이 되기까지 붓을 꺾었다. 해방 직후 전쟁 관련 작품—「홍남철수」와「밀다원시대」를 발표하고, 1960년대에「두꺼비」,「까치소리」등 단편소설과 장편「해풍」을 발표하였다.

　　김동리는 문학작품 속에 토착세계를 담아 토착적 한국인의 삶과 정신을 깊이 있게 탐구하였다. 그는 한국 현대소설가들 가운데 전통의 세계, 종교의 세계, 민속의 세계에 가장 깊이 관심을 기울인 인물의 하나로 평가된다.

[단어 해석/单词解析]

1. 활약하다 : 활발히 행동하다 **活跃，活动**
2. 가담하다 : 같은 편이 되어 일을 함께 하거나 돕다 **参加，加入**

[작품 해제/作品解析]

「무녀도」는 1936년에 처음 발표되어 1947년 작가 단편집「무녀도」에 실리면서 많은 부분이 개작되었다. 그 후 1978년「을화」라는 장편소설로 확장, 개작되었다.

이 작품은 '나'의 이야기와 '모화'의 이야기로 이루어져 있는데 그중에서 무녀인 모화의 이야기는 핵심적인 부분이 된다. 모화의 독특한 삶에 초점을 두고 무당굿, 용신과 산신의 만남 등 토속적 신앙이 작품 속에 잘 용해되어 있다. 그리고 **샤머니즘**적 신앙을 바탕으로 신앙의 대립으로 인한 혈육(어머니와 아들)관계의 **파탄**을 보여 준다. 어머니 모화는 오로지 신령님만을 믿고 종교를 결사적으로 **거부하는** 인물이고 아들 욱이는 아비를 모르는 사생아로서 기독교 신자가 되어 토속적인 세계관을 가진 어머니와 대립한다. 모화와 욱이의 대립은 바로 토속 신앙과 기독교 신앙의 충돌로 인한 것이다. 이러한 신앙의 충돌은 또한 개항이래 한국이 겪어야 할 큰 정신적 갈등이라고 할 수 있다. 한국 근대사에서 전통적 세계관과 외래적 세계관의 갈등은 가장 근본적인 문제였다. 이 작품에 나타난 모화의 신앙이 과연 기독교라는 외래 사조에 대항할 만한 것인가 하는 것은 의문이다. 작가는 서구 문명의 유입으로 인해 점차 의미를 잃어가는 한국의 전통적 **심성**을 탐구하였는데, 이는 민족의 정체성을 강조한 작가의 문학적 주장에서 기인한 것이다. 작품의 첫머리에 묘사된 '무녀도'는 죽은 어머니를 그리워하는 딸의 그림이자, 소멸해 가는 한국의 토속과 심성에 대한 그리움이라는 이중적 의미를 가진다. 작품은 자식을 죽이는 행위, 딸의 입을 다시 열게 하는 것 등 상식적으로 이해하기 힘든 극단적인 사건들을 초월적인 힘에 의하여 어쩔 수 없이 발생하는 것으로 묘사함으로써 운명적인 세계관을 드러내고 있다.

[단어 해석/单词解析]

1. 샤머니즘 : 원시적 종교의 한 형태. 주술사인 샤먼이 신의 세계나 악령 또는 조상신과 같은 초자연적 존재와 직접적인 교류를 하며, 그에 의하여 점복, 예언, 병 치료 따위를 하는 종교적 현상이다 **萨满教**
2. 파탄 : 찢어져 터짐 **破裂**
3. 거부하다 : 요구나 제의 따위를 받아들이지 않고 물리침 **拒绝**
4. 심성 : 타고난 마음씨 **性情, 心性**

[작품 원문/作品原文]

1

뒤에 물러 누운 **어둑어둑한** 산, 앞으로 폭이 넓게 흐르는 검은 강물, 산마루로 들판으로 검은 강물 위로 모두 쏟아져 내릴 듯한 파아란 별들, 바야흐로 숨이 고비에 찬, 이슥한 밤중이다. 강가 모랫벌에 큰 차일을 치고 차일 속엔 마을 여인들이 자욱이 앉아 무당의 시나위 가락에 취해 있다. 그녀들의 얼굴들은 분명히 슬픈 홍분과 새벽이 가까워 온 듯한 피곤에 젖어 있다. 무당은 바야흐로 청승에 자지러져 뼈도 살도 없는 혼령으로 화한 듯 가벼이 쾌잣자락을 날리며 돌아간다……

　이 그림이 그려진 것은 아버지가 장가를 들던 해라 하니, 나는 아직 세상에 태어나기도 이전의 일이다. 우리 집은 옛날의 소위 유서 있는 가문으로, 재산과 문벌로도 떨쳤지만, 글 하는 선비란 것도 우글거렸고, 특히 진귀한 서화(書畵)와 골동품으로서는 나라 안에서 손 꼽힐 만큼 높이 일컬어졌었다. 그리고 이 서화와 골동품을 즐기는 취미는 아버지에서 아들로, 아들에게 다시 손자로, 대대 가산과 함께 물려져 내려오는 가풍이기도 했다.

　우리 집 살림이 **탁방난** 것은 아버지 때였으나, 그 즈음만 해도 아직 옛날과 다름없이 할아버지께서는 사랑에서 나그네를 겪으셨고, 그러자니 시인묵객(詩人墨客)들이 끊일 새 없이 찾아들곤 하였다. 그 무렵이라 한다. 온종일 흙바람이 불어 뜰 앞엔 살구꽃이 터져 나오는 어느 봄날 어스름 때였다. 색다른 나그네가 대문 앞에 닿았다. **동저고리** 바람에 패랭이를 쓰고 그 위에 명주수건을 잘라맨, 나이 한 쉰 가까이 되어 뵈는, 체수도 조그만 사내가 나귀 고삐를 잡고 서고, 나귀에는 열예닐곱쯤 나 뵈는, 낯빛이 몹시 파리한 소녀 하나가 안장 위에 앉아 있었다. 남자 하인과 그 상전의 따님 같이도 보였다.

　그러나 이튿날 그 사내는,

　"이 여아는 소인의 여식이옵는데, 그림 솜씨가 놀랍다 하기에 대감의 문전을 찾았삽내다."

　소녀는 흰 옷을 입었었고, 옷빛보다 더 새하얀 그녀의 얼굴엔 깊이 모를 슬픔이 서리어 있었다.

　"아기의 이름은?"

　"……"

　"나이는?"

　"……"

　주인이 소녀에게 말을 건네 보았었으나, 소녀는 굵은 두 눈으로 한 번 그를 바라보았을 뿐 입을 떼려고 하지는 않았다.

　아비가 대신 입을 열어,

　"여식의 이름은 낭이(琅伊), 나이는 열일곱 살이옵고……"

　하더니 목소리를 더 낮추며,

　"여식은 귀가 좀 먹었습니다."

　했다.

　주인도 이번에는 고개를 끄덕였다. 그리고는 사내를 보고, 며칠이든지 묵으며 소녀의 그림 솜씨를 보여 달라고 했다.

　그들 아비 딸은 **달포** 동안이나 머물러 있으며 그림도 그리고 자기네의 지난 이야기도 자세히 하소연했다고 한다.

할아버지께서는 그들이 떠나는 날에, 이 불행한 아비 딸을 위하여 값진 비단과 충분한 노자를 아끼지 않았으나, 나귀 위에 앉은 가련한 소녀의 얼굴에는 올 때나 조금도 다름없는 처절한 슬픔이 서려 있었을 뿐이라고 한다.

……소녀가 남기고 간 그림――이것을 할아버지께서는 '무녀도(巫女圖)'라 불렀지만――과 함께 내가 할아버지로부터 전해 들은 이야기는 다음과 같다.

2

경주읍에서 성 밖으로 오 리쯤 나가서 조그만 마을이 있었다. 여민촌 혹은 잡성촌이라 불리어지는 마을이었다.

이 마을 한 구석에 모화(毛火)라는 무당이 살고 있었다. 모화서 들어온 사람이라 하여 모화라 부르는 것이었다. 그러나 그녀가 살고 있는 집은 마을의 어느 여염집과도 딴판이었다. 그것은 한 머리 찌그러져 가는 묵은 기와집으로, 지붕 위에는 기와버섯이 퍼렇게 뻗어 올라 역한 흙 냄새를 풍기고 집 주위는 **앙상한** 돌담이 군데군데 헐린 채 옛성처럼 꼬불꼬불 에워싸고 있었다. 이 돌담이 에워싼 안의 공지같이 넓은 마당에는 수채가 막힌 채, 빗물이 괴는 대로 일 년 내 시퍼런 물이끼가 뒤덮여 늘쟁이, 명아주, 강아지풀 그리고 이름 모를 여러 가지 잡풀들이 사람의 키도 묻힐 만큼 거멓게 엉키어 있었다. 그 아래로 뱀같이 길게 늘어진 지렁이와 두꺼비같이 늙은 개구리들이 구물거리며 움찔거리며 항시 밤이 들기만 기다릴 뿐으로, 이미 수십 년 혹은 수백 년 전에 벌써 사람의 자취와는 인연이 끊어진 도깨비굴 같기만 했다.

이 도깨비굴같이 낡고 헐린 집 속에 무녀 모화와 그 딸 낭이는 살고 있었다. 낭이의 아버지 되는 사람은 경주읍에서 칠십 리 가량 떨어져 있는 동해변 어느 길목에서 해물 가게를 보고 있는데, 풍문에 의하면 그는 낭이를 세상에 없이 끔찍이 생각하는 터이므로 봄·가을철이면 분 잘 핀 다시마와 조촐한 꼭지미역 같은 것을 가지고 다녀가곤 한다는 것이었다. 나중 욱이(昱伊)가 돌연히 나타나지 않았다면 이 도깨비굴 속에 그녀들을 찾는 사람이래야, 모화에게 굿을 청하러 오는 사람들과 봄 가을에 한 번씩 낭이를 찾아 주는 그녀의 아버지 정도로, 세상 사람들과는 별로 왕래도 없이 살아가는 쓸쓸한 어미, 딸이었을 것이다.

간혹 원근 동네에서 모화에게 굿을 청하러 오는 사람이 있어도 아주 방문 앞까지 들어서며,

"여보게, 모화네 있는가?"

"여보게, 모화네."

하고 두세 번 부르도록 대답이 없다가, 아주 사람이 없는 모양이라고 툇마루에 손을 짚고 방문을 열려고 하면 그 때서야 안에서 방문을 먼저 열고 말없이 내다보는 계집애 하나――그녀의 이름이 낭이였다. 그럴 때마다 낭이는 대개 혼자서 그림을 그리고 있다가 놀라 붓을 던지며 얼굴이 파랗게 질린 채 와들와들 떨곤 하는 것이었다.

이와 같이, 모화는 어느 하루를 집구석에서 살림이라고 살고 있는 날이 없었다. 날이 새기가 무섭게 성 안으로 들어가면 언제나 해가 서쪽 산마루에 걸릴 무렵에야 돌아오곤 했다.

술이 얼근해서 수건엔 복숭아를 싸들고 춤을 추며,
"따님아, 따님아, 김씨 따님아
수국 꽃님 낭이 따님아
용궁이라 들어가니
열두 대문이 다 잠겼다
문 열으소, 문 열으소
열두 대문 열어 주소."
청승 가락을 뽑으며 동구로 들어오는 것이었다.
"모화네, 오늘도 한 잔 했구나."
마을 사람들이 인사를 하면 모화는 수줍은 듯이 어깨를 비틀며,
"예에, 장에 갔다가요."
하고 공손스레 절을 하곤 하였다.
모화는 굿을 할 때 이외에는 대개 주막에 가 있었다.
그만큼 모화는 술을 즐기었고 낭이는 또한 복숭아를 좋아하며 어미가 술이 취해 돌아올 때마다 여름 한철은 언제나 그녀의 손에 복숭아가 들려 있었다.
"따님 따님, 우리 따님."
모화는 집 안에 들어서면서도 이렇게 가락을 붙여 낭이를 불렀다.
낭이는 어릴 때 나들이에서 돌아오는 어미의 품에 뛰어들어 젖을 빨듯, 어미의 수건에 싸인 복숭아를 받아 먹는 것이었다.
모화의 말을 들으면 낭이는 수국 꽃님의 화신(化身)으로, 그녀(모화)가 꿈에 용신(龍神)님을 만나 복숭아 하나를 얻어먹고 꿈꾼 지 이레 만에 낭이를 낳은 것이라 했다. 그녀의 말에 의하면 수국 용신님은 따님이 열두 형제였다. 첫째는 달님이요, 둘째는 물님이요, 셋째는 구름님이요……이렇게 열두째는 꽃님이었는데, 산신님의 열두 아드님과 혼인을 시키게 되어 달님은 햇님에게, 물님은 나무님에게, 구름님은 바람님에게 각각 차례대로 배혼을 정해 나가려니까 막내따님인 꽃님은 본시 연애를 좋아하시는 성미라, 자기 차례가 돌아오기를 미처 기다릴 수 없어, 열한째 형인 열매님의 낭군님이 되실 새님을 가로채어 버렸더니 배필을 잃은 열매님과 나비님은 슬피 울며, 제각기 용신님과 산신님께 호소한 결과 용신님이 먼저 크게 노하사 벌을 내려 꽃님의 귀를 먹게 하시고 수국을 추방하시니, 꽃님에서 그만 복사꽃이 되어 봄마다 강가로 산기슭으로 붉게 피지만, 새님이 가지에 와 아무리 재잘거려도 지금까지 귀가 먹은 채 말 없는 벙어리가 되어 있는 것이라 한다.
모화는 주막에서 술을 먹다 말고, **화랑이**들과 어울려서 춤을 추다 말고, 별안간 미친 것처럼 일어나 달아나곤 했다. 물으면 집에서 따님이 자기를 부르노라고 했다. 그녀는 수국 용신님께서 낭이 따님을 잠깐 자기에게 맡겼으므로 자기는 그 동안 맡아 있는 것뿐이라 했다.
그러므로 자기가 만약 이 따님을 정성껏 섬기지 않으면 큰어머님 되시는 용신님의 노염을 살까 두렵노라 하였다.

낭이뿐 아니라, 모화는 보는 사람마다 너는 나무 귀신의 화신이다, 너는 돌 귀신의 화신이다 하여, 걸핏하면 칠성에 가 빌라는 둥 용왕에 가 빌라는 둥 했다.

모화는 사람을 볼 때마다 늘 수줍은 듯 어깨를 비틀며 절을 했다. 어린애를 보고도 부들부들 떨며 두려워했다. 때로는 개나 돼지에게도 아양을 부렸다.

그녀의 눈에는 때로는 모든 것이 귀신으로만 비친다는 것이었다. 그것은 사람뿐 아니라 돼지, 고양이, 개구리, 지렁이, 고기, 나비, 감나무, 살구나무, 부지깽이, 항아리, 섬돌, 짚신, 대추나뭇가지, 제비, 구름, 바람, 불, 밥, 연, 바가지, **다래끼**, 솥, 숟가락, 호롱불······이러한 모든 것이 그녀와 서로 보고, 부르고, 말하고, 미워하고, 시기하고, 성내고 할 수 있는 이웃 사람같이 보여지곤 했다. 그리하여 그 모든 것을 '님'이라 불렀다.

3

욱이가 돌아온 뒤부터 이 도깨비굴 속에는 조금씩 사람 냄새가 나기 시작했다. 부엌에 들어서기를 그렇게 싫어하던 낭이도 욱이를 위하여는 가끔 밥을 짓는 것이었다. 그리고 밤이면 오직 컴컴한 어둠과 별빛만이 차 있던 이 허물어져 가는 기와집 처마 끝에도 희부연 종이 등불이 고요히 걸려지곤 했다.

욱이는 모화가 아직 모화 마을에 살 때, 귀신이 **지피기** 전, 어떤 남자와의 사이에 생긴 사생아였다. 그는 어릴 적부터 무척 총명하여 신동이란 소문까지 났으나 근본이 워낙 미천하여 마을에서는 순조롭게 공부를 시킬 수가 없어, 그가 아홉 살 되었을 때 아는 사람의 주선으로 어느 절간에 보낸 뒤, 그 동안 한 십 년간 까맣게 소식조차 묘연하다가 얼마 전 **표연히** 이 집에 나타난 것이었다. 낭이와는 말하자면 어미를 같이하는 오뉘뻘이었다. 낭이가 대여섯 살 되었을 때 그 때만 해도 아직 병으로 귀가 멀어지기 전이라 '욱이' '욱이'하고 몹시 그를 따르곤 했었다. 그러던 것이 욱이가 절간으로 떠난 지 얼마 되지 않아 낭이는 자리에 눕게 되어 꼭 삼 년 동안을 시름시름 앓고 나더니, 그 길로 귀가 멀어 버렸던 것이다. 그러나 귀가 어느 정도로 먹은지는 아무도 아는 사람이 없었다. 한 두 번 그의 어미를 향해 어눌하나마,

"우, 욱이 어디 가아서?"

이렇게 물은 적이 있었다.

"절에 공부하러 갔다."

"어어디, 절에?"

"지림사, 큰 절에······"

그러나 이것은 거짓말이었다. 모화 자신도 사실인즉 욱이가 어느 절에 가 있는지 통 모르고 있었고, 다만 모른다고 하기가 싫어서 이렇게 머리에 떠오르는 대로 대답했을 뿐이었다.

모화는 장에서 돌아와 처음 욱이를 보았을 때, 그 푸른 얼굴에 난데없는 공포의 빛이 서리며, 곧 어디로 달아날 것같이 한참 동안 어깨를 뒤틀고 허둥거리다가 말고 별안간 그 후리후리한 키에 긴 두 팔을 벌려 흡사 무슨 큰 새가 저희 새끼를 품듯 달려들어 욱이를 안았다.

"이게 누고, 이게 누고? 아이고······내 아들아, 내 아들아!"

모화는 갑자기 목을 놓고 울었다.

"내 아들아, 내 아들아! 늬가 왔나, 늬가 왔나?"

모화는 앞뒤도 살피지 않고 온 얼굴을 눈물로 씻었다.

"오마니, 오마니."

욱이도 어미의 한 쪽 어깨에 볼을 대고 오래도록 울었다. 어미를 닮아 허리가 날씬하고 목이 가는 이 열아홉 살 난 청년은 그 동안 절간으로 어디로 외롭게 유랑해 다닌 사람 같지도 않게 품위가 있고 아름다운 얼굴이었다.

낭이도 그 때에야 이 청년이 욱이인 것을 진정으로 깨닫는 모양이었다. 처음 혼자 방에 있는데 어떤 낯선 청년이 와서 방문을 열기에 너무도 놀라고 간이 뛰어 말—표정으로라도— 한 마디도 못하고 방구석에 서서 오들오들 떨고만 있었던 것이다. 이제 낭이는 그 어머니가 욱이를 얼싸안고 "내 아들아, 내 아들아" 하며 우는 것을 보고 어쩌면 저도 눈물이 날 것 같았다. (낭이는 그 어머니에게도 이렇게 인정이 있다는 것을 보자 형언할 수 없는 즐거움을 깨달았다.)

그러나 욱이는 며칠을 가지 않아 모화와 낭이에게 알 수 없는 이상한 수수께끼와 같은 것이 되었다. 그는 음식을 받아 놓고나, 밤에 잠을 자려고 할 때나, 또 아침에 자리에서 일어났을 때 반드시 한참 동안씩 주문(呪文) 같은 것을 외우는 것이었다. 그러고는 틈틈이 품속에서 조그만 책 한 권을 꺼내어 읽곤 하는 것이었다. 낭이가 그것을 수상스레 보고 있으려니까 욱이는 그 아름다운 얼굴에 미소를 지으며,

"너도 이 책을 읽어라."

하고 그 조그만 책을 낭이 앞에 펴 보이곤 했다. 낭이는 지금까지 「심청전」이란 책을 여러 차례 두고 읽어서 국문쯤은 간신히 읽을 수 있었으므로, 욱이가 내놓은 그 조그만 책을 들여다보니, 맨 처음 껍데기에 큰 글자로 「신약전서」란 넉자가 똑똑히 씌어져 있었다. 「신약전서」란 생전 처음 보는 이름이다. 낭이가 알 수 없다는 듯이 욱이를 바라보자 욱이는 또 얼굴에 미소를 띠며,

"너 사람을 누가 만들어냈지 아니?"

하였다. 그러나 낭이에게는 이 말이 들리지도 않았을 뿐더러 욱이의 손짓과 얼굴 표정을 통해 대강 짐작할 수 있었다 하더라도 이건 지금까지 생각도 해 보지 못한 어려운 말이었다.

"그럼 너 사람이 죽어서 어떻게 되는 줄은 아니?"

"……"

"이 책에는 그런 것들이 모두 씌어져 있다."

그러고는 손으로 몇 번이나 하늘을 가리켰다. 그리하여 낭이가 알아들은 말이라고는 겨우 한 마디 '하나님' 이었다.

"우리 사람을 만든 것은 하나님이시다. 하나님은 우리 사람뿐 아니라 천지만물을 다 만들어내셨다. 우리가 죽어서 돌아가는 곳도 하나님 전이다."

이러한 욱이의 '하나님' 은 며칠 지나지 않아 곧 모화의 의혹과 반발을 불러일으켰다. 욱이가 온 지 사흘째 되던 날, 아침밥을 받아 놓고 그가 기도를 드리려니까 모화는,

"너 불도에도 그런 법이 있나?"

이렇게 물었다. 모화는 욱이가 그 동안 절간에 가 있다 온 줄만 믿고 있었으므로 그가 하는 짓은 모두 불도(佛道)에 관한 일인 줄로만 생각하는 모양이었다.

"아니오, 오마니, 난 불도가 아닙네다."

"불도가 아니고 그럼 무슨 도가 있어?"

"오마니, 난 절간에서 불도가 보기 싫어 달아났댔쇠다."

"불도가 보기 싫다니, 불도야 큰 도지……그럼 넌 뭐 신선도가?"

"아니오, 오마니, 난 예수도올시다."

"예수도?"

"북선 지방에서는 예수교라고 합데다. 새로 난 교지요."

"그럼, 너 동학당이로군!"

"아니오, 오마니, 나는 동학당이 아닙네다. 나는 예수도올시다."

"그래. 예수도온가 하는 데서는 밥 먹을 때마다 눈을 감고 주문을 외우나?"

"오마니, 그건 주문이 아니외다. 하나님 앞에 기도 드리는 것이외다."

"하나님 앞에?"

모화는 눈을 둥그렇게 떴다.

"네, 하나님께서 우리 사람을 내셨으니깐요."

"야아, 너 잡귀가 들렸구나!"

모화의 얼굴빛은 순간 퍼렇게 질리었다. 그리고는 더 묻지 않았다.

다음 날 모화가 그 마을에 객귀 들린 사람이 있어 '물밥'을 내주고 돌아오려니까 욱이가,

"오마니, 어디 갔다 오시나요?"

하고 물었다.

"저 박 **급창**댁에 객귀를 물려 주고 온다."

욱이는 한참 동안 무엇을 생각하는 모양이더니,

"그럼 오마니가 물리면 귀신이 물러나갑데까?"

한다.

"물러나갔기 사람이 살아났지."

모화는 별소리를 다 묻는다는 듯이 대답했다. 그는 지금까지 이 경주 고을 일원을 중심으로 수백 번의 **푸닥거리**와 굿을 하고 수백 수천 명의 병을 고쳐 왔지만 아직 한 번도 자기의 하는 굿이나 푸닥거리에 '신령님'의 감응을 의심한다든가 걱정해 본 적은 없었다. 더구나 누구의 객귀에 물밥을 내주는 것쯤은 목마른 사람에게 물 한 그릇을 떠주는 것만큼이나 당연하고 손쉬운 일로만 여겨왔다. 모화 자신만이 그렇게 생각할 뿐 아니라 굿을 청하는 사람, 객귀가 들린 사람 쪽에서도 그와 같이 믿고 있는 형편이었다. 그들은 무슨 병이 나면 먼저 의원에게 보이려는 생각보다 으레 모화에게 찾아갈 것으로 생각하는 것이었다. 그들의 생각에는 모화의 푸닥거리나 **푸념**이 의원의 침이나 약보다 훨씬 반응이 빠르고 효험이 확실하고 부담이 적었던 것이다.

······한참 동안 고개를 수그리고 무엇을 생각하고 있던 욱이는 고개를 들어 그 어미의 얼굴을 똑바로 바라보며,
"오마니, 그런 것은 하나님께 죄가 됩네다. 오마니, 이것 보시오. 마태복음 제구장 삼십오절이올시다. 저희가 나갈 때에 사귀 들려 벙어리 된 자를 예수께 다려오매, 사귀가 쫓겨나니 벙어리가 말하거늘······"
그러나 이 때 벌써 모화는 자리에서 일어나, 방구석에 언제나 차려 놓은 '신주상' 앞에 가서,
"신령님네, 신령님네, 동서남북 상하천지
날 것은 날아가고 길 것은 기허가고
머리 검하 초로인생 실낱같안 이 목숨이
신령님네 품이길래 품속에 품았길래
대로같이 가옵내다, 대로같이 가옵내다
부정한 손 물리치고, 조출한 손 받으실새
터주님이 터 주시고 조왕님이 요 주시고
성주님이 복 주시고 칠성님이 명 주시고
미륵님이 돌보셔서 실낱 같안 이 목숨이
대로같이 가옵내다
탄탄대로같이 가옵내다."
모화의 두 눈은 보석같이 빛나며 강렬한 발작과도 같이 전신을 떨고 두 손을 비벼댔다. 푸념이 끝나자 신주상 위의 냉수 그릇을 들어 물을 머금더니 욱이의 낯과 온몸에 확 뿜으며,
"엇쇠, 귀신아, 물러서라
여기는 영주 비루봉 상상봉헤
깎아 질린 돌 베랑헤, 쉰 길 청수헤
너희 올 곳이 아니니라
바른손헤 칼을 들고 왼손헤 불을 들고
엇쇠, 잡귀신아, 썩 물러서라. 툇 툇!"
이렇게 외쳤다.
욱이는 처음 어리둥절해서 모화의 푸념하는 양을 바라보고 있다가, 이윽고 고개를 수그려 잠깐 기도를 올리고 나서 일어나 잠자코 밖으로 나가 버렸다. 모화는 욱이가 나간 뒤에도 한참 동안 푸념을 계속하며 방구석마다 물을 뿜고 주문을 외었다.

4

욱이는 그 길로 이 지방의 예수교인들을 찾아보기로 했다. 그 날 곧 돌아올 줄 알았던 욱이는 해가 지고 밤이 깊어도 돌아오지 않았다. 모화와 낭이, 어미·딸은 방구석에 음울하게

웅크리고 앉아 욱이가 돌아오기만 기다리는 것이었다.

"예수 귀신 책 거 없나?"

모화는 얼마 뒤에 낭이더러 이렇게 물었다. 낭이는 고개를 저었다. 그러자 갑자기 낭이도 욱이의 그「신약전서」란 책을 제가 말아 두지 않았음을 후회했다. 모화는 욱이의「신약전서」를 '예수귀신 책'이라 불렀다. 모화는 분명히 욱이가 무슨 몹쓸 잡귀에 들린 것으로만 간주하는 모양이었다. 그것은 마치 욱이가 모화와 낭이를 으레 사귀 들린 여인들로 생각하는 것과도 같았다. 그는 모화뿐만 아니라 낭이까지도 어미의 사귀가 들어가서 벙어리가 된 것이라고 믿는 모양이었다.

"예수 당시에도 사귀 들려 벙어리 된 자를 예수께서 몇 번이나 고쳐 주시지 않았나."

욱이는 이렇게 생각하는 것이었다. 그리고 그는 자기의 힘으로 자기가 하나님께 열심히 기도를 드림으로써 그 어미와 누이동생의 병을 고쳐야 한다고 마음속으로 굳게 결심하는 것이었다.

"예수께서 무리들이 달려와서 모이는 것을 보시고 그 더러운 귀신을 꾸짖어 가라사대 벙어리와 귀머거리 귀신아, 내가 네게 명하노니, 그 아이에게서 나오고 다시 들어가지 마라 하시니 사귀가 소리 지르며 아이를 심히 오그러뜨리고 나가니 그 아이가 죽은 것같이 되매 여러 사람이 말하기를 죽었다 하거늘, 오직 예수 그 손을 잡아 일으키시니 드디어 일어서더라. 집에 들어가시매 제자들이 조용히 묻자와 가로되 우리는 어찌하여 능히 그 귀신을 쫓아 내지 못하였나이까. 예수 가라사대 기도 아니하여서는 이런 따위를 나가게 할 수 없나니라. (마가복음 제구장 제이십오절- 제이십구절)"

그리하여 욱이는 자기도 하나님께 기도만 간절히 드리면 그 어미와 누이동생에게 들어 있는 사귀도 내어쫓을 수 있으리라 믿었다. **일방** 그는 그가 지금까지 배우고 있던 평양 현목사와 이장로에게도 편지를 띄웠다.

"목사님, 저는 하나님의 은혜로 무사히 오마니를 찾아왔삽내다. 그러하오나 이 지방에는 아직 우리 주님의 복음이 전파되지 않아서 사귀 들린 자와 우상 섬기는 자가 매우 많은 것을 볼 때 하루 바삐 주님의 복음을 이 지방에 전파하도록 교회를 지어야 하겠삽내다. 목사님께 말씀드리기는 매우 부끄러운 일이나 저의 오마니는 무당 사귀가 들려 있고, 저의 누이동생은 귀머거리와 벙어리 귀신이 들려 있습내다. 저는 마가복음 제구장 제이십구절에 있는 우리 주님 예수 그리스도의 말씀대로 이 사귀들을 내어쫓기 위하여 열심히 기도를 드립니다마는 교회가 없으므로 기도 드릴 장소가 매우 힘드옵내다. 하루 바삐 이 지방에 교회 되기를 하나님께 기도 올려 주소서."

이 현목사는 미국 선교사로서 욱이가 지금까지 먹고 입고 공부를 하게 된 것이 모두 그의 도움이었다. 욱이가 열다섯 살까지 절간에서 중의 **상좌** 노릇을 하고 있다가, 그 해 여름에 혼자서 서울 구경을 간다고 나선 것이 이리저리 유랑하여 열여섯 되던 해 가을엔 평양까지 가게 되었고, 거기서 그 해 겨울 이장로의 소개로 현목사의 도움을 받게 되었던 것이었다.

이번엔 욱이가 평양서 어머니를 보러 간다고 하니까, 현목사는 욱이를 불러놓고 이렇게 말했다.

"지금부터 삼 년 동안 이 사람 고국 갈 것이오. 그 때 만일 욱이가 함께 가기 원하면 이 사람 같이 미국 가게 될 것이오."

"목사님, 고맙습니다. 저는 목사님을 따라 미국 가기가 소원입니다."

"그러면 속히 모친 만나보고 오시오."

그러나 욱이가 어머니의 집이라고 찾아온 곳은 지금까지 그가 살고 있는 현목사나 이장로의 집보다 너무나 딴 세상이었다. 그 명랑한 찬송가 소리와 풍금소리와 성경 읽는 소리와 모여 앉아 기도를 올리고 빛난 음식을 향해 즐겁게 웃음 웃는 얼굴들 대신에 군데군데 헐어져 가는 쓸쓸한 돌담과 기와버섯이 퍼렇게 뻗어 오른 묵은 기와집과 엉킨 잡초 속에 꾸물거리는 개구리, 지렁이들과 그 속에서 무당 귀신과 귀머거리 귀신이 각각 들린 어미•딸 두 여인을 보았을 때, 그는 흡사 자기 자신이 무서운 도깨비굴에 홀려든 것이나 아닌가 하고 새삼 의심이 들 지경이었다.

욱이가 이 지방 예수교인들을 두루 만나 보고 집으로 돌아온 뒤로부터 **야릇하게** 변해진 것은 낭이의 태도였다. 그 호리호리한 몸매와 종잇장같이 희고 매끄러운 얼굴에 빛나는 굵은 두 눈으로 온종일 말 한 마디 웃음 한 번 웃는 일 없이 방구석에 틀어박혀 앉은 채 욱이의 하는 양만 바라보고 있다가 밤이 되어 처마 끝에 희부연 종이 등불이 걸리고 하면, 피에 주린 모기들이 미친 듯이 떼를 지어 울고 날아드는 마당 구석에서 낭이는 그 얼음같이 싸늘한 손과 입술로 욱이의 목덜미나 가슴팍으로 뛰어들곤 했다. 욱이는 문득문득 목덜미로 가슴팍으로 낭이의 차디찬 손과 입술을 느낄 적마다 깜짝깜짝 놀라곤 하였으나 그녀가 까무러칠 듯이 사지를 떨며 다시 뛰어들 제면 그도 당황히 낭이의 손을 쥐어 주며, 그 희부연 종이 등불이 걸려 있는 처마 밑으로 이끌곤 했다.

낭이의 태도가 미묘해진 뒤부터 욱이의 얼굴빛은 날로 창백해갔다. 그렇게 한 보름 지난 뒤 그는 또 한 번 표연히 집을 나가고 말았다.

모화는 욱이가 집을 나간 지 이틀째 되던 날 밤, 문득 자리에서 일어나 앉으며 긴 한숨을 내쉬었다. 그러고는 곁에 누워 있는 낭이를 흔들어 깨우더니 듣기에도 음울한 목소리로,

"욱이가 언제 온다더누?"

물었다. 낭이가 잠자코 있으려니까,

"왜 욱이 저녁 밥상은 보아 두라고 했는데 없노."

하고 낭이더러 화를 내었다. 모화는 날이 갈수록 점점 더 초조한 빛으로 밤중마다 부엌에다 들기름 불을 켜고 부뚜막 위에 욱이의 밥상을 차려 놓고는 기도를 드리는 것이었다.

"성주는 우리 성주, 칠성은 우리 칠성, 조왕은 우리 조왕,
비나이다 비나이다 신주님께 비나이다.
하늘에는 별, 바다에는 진주
금은 같안 이내 장손, 관옥 같안 이내 방성
삼신혜 수를 빌하 칠성혜 명을 빌하
성주혜 복을 빌하 용신혜 덕을 빌하
조왕님전 요오를 타고 터주님전 재주 타니

하늘에는 별, 바다에는 진주
삼신조왕 마다하고 아니 오지 못하리라
예수귀신하, 서역 십만 리 굶주리던 불귀신하
탄다, 훨훨 불이 탄다. 불귀신이 훨훨 탄다
타고 나니 이내 방성 관옥같이 앉았다가
삼신 찾아오는구나, 조왕 찾아오는구나."

모화는 혼자서 손을 비비고 절을 하고 일어나 춤을 추고 갖은 교태를 다 부리며 완연히 미친 것같이 날뛰었다. 낭이는 방에서 부엌으로 난 봉창 구멍에 눈을 대로 숨소리도 죽인 채 오랫동안 어미의 날뛰는 양을 지켜보고 있다가 별안간 몸에 **오한**이 들며 아래턱이 달달달 떨리기 시작하였다. 그는 미친 것처럼 뛰어 일어나며 저고리를 벗었다. 치마를 벗었다. 그리하여 어미는 부엌에서, 딸은 방안에서, 한 장단 한 가락에 놀듯 어우러져 춤을 추었다. 그러한 어느 새벽 낭이는 정신을 차리고 보니 발가벗은 알몸뚱이로 방바닥에 쓰러져 있는 그녀 자신을 발견한 일도 있었다.

두 번째 집을 나갔던 욱이는 다시 얼굴에 미소를 지으며 그녀들 어미·딸 앞에 나타났다.

모화는 그 때 마침 굿 나갈 때 신을 새 신발을 신어 보고 있었는데 욱이가 오는 것을 보자 그 후리후리한 허리에 긴 팔을 벌려, 흡사 큰 새가 알을 품듯, 그의 상반신을 얼싸안고 울기 시작했다. 이번엔 아무런 푸념도 없이 오랫동안 욱이의 목을 안은 채 잠자코 울기만 하는 것이었다. 언제나 퍼런 그 얼굴에도 이 때만은 붉은 기운이 돌며, 그 의젓한 몸짓도 귀신 들린 사람 같지 않았다.

"오마니, 나 방에 들어가 좀 쉬겠쉬다."

욱이는 어미의 포옹을 끄르고 일어나 방에 들어가 누웠다.

모화는 웬일인지 욱이가 방에 들어간 뒤에도 오랫동안 혼자 툇마루에 걸터앉은 채 고개를 떨어뜨리고 무엇을 **골똘히** 생각하고 있는 꼴이었다. 긴 한숨과 함께 얼굴을 든 그녀는 무슨 생각으론지 다시 방으로 들어가더니 낭이의 그림을 이것저것 뒤져보는 것이었다.

그 날 밤이었다.

밤중이나 되어 욱이가 잠결에 그의 품속에 언제나 품고 있는 성경책을 더듬어보았을 때 품속에 허전함을 느꼈다. 그와 동시에 웅얼웅얼하며 주문(呪文)을 외우는 소리도 들려왔다. 자리에서 일어나 보았으나 품속에서 성경을 찾을 수는 없었다. 그리고 낭이와 욱이 사이에 누워 있을 그의 어머니는 보이지 않았다. 그는 어떤 불길하고 무서운 예감에 몸이 부르르 떨리었다. 바로 그 때였다. 그의 귀에는 땅속에서 귀신이 우는 듯한 웅얼웅얼하는, 주문을 외우는 듯한 소리가 좀더 또렷이 들려왔다. 순간 그는 거의 무의식적으로 방에서 부엌으로 난 봉창 구멍에 눈을 갖다 대었다.

"서역 십만 리 굶주린 불귀신하
한쪽 손에 불을 들고 한쪽 손에 칼을 들고
이리 가니 산신님이 예 기신다

저리 가니 용신님이 제 기신다
칠성이라 돌아가니 칠성님이 예 기신다
구름 속에 쌔어 간다, 바람 속에 묻혀 간다
구름님이 예 기신다. 바람님이 제 기신다
용궁이라 당도하니 열두 대문 잠겨 있다
첫째 대문 두드리니 사천왕이 뛰어나와
종발눈 부릅뜨고 주석 철퇴 높이 든다
둘째 대문 두드리니 불개 두 쌍 뛰어나와
불꽃은 수놈이 낼룽, 불씨는 암놈이 낼룽
셋째 대문 두드리니 물개 두 쌍 뛰어나와
수놈이 멍멍 불꽃이 죽고
암놈이 멩멩 불씨가 죽고……"

　모화는 소복 단장에 쾌자까지 두르고 온갖 몸짓, 갖은 교태를 다 부려 가며 손을 비비다, 절을 하다, 덩싯거리며 춤을 추다 하고 있다. 부뚜막 위에는 깨끗한 접시불(들기름 불)이 켜져 있고, 그 아래 차려진 소반 위에는 냉수 한 그릇과 흰 소금 한 접시가 놓여 있을 따름이다. 그리고 그 곁에는 지금 막 그 마지막 불꽃이 나불거리고 난 새빨간 불에서 파란 연기 한 오리가 오르는 「신약전서」의 두꺼운 표지는 한 머리 이미 파리한 재가 되어가고 있었다.
　모화는 무엇에 도전이나 하는 것처럼 입가에 야릇한 냉소까지 띠며 소반에 얹힌 접시의 소금을 집어 연기마저 사라진 새까만 재 위에 뿌렸다.
　"서역, 십만 리 예수귀신이 돌아간다
당산에 가 노자 얻고 관묘에 가 신발 신고
두 귀에 방울 달고 방울소리 발 맞추어
재 넘고 개 건너 잘도 간다
인제 가면 언제 볼꼬, 발이 아파 못 오겠다
춘삼월에 다시 오랴, 배가 고파 못 오겠다……"

　모화의 음성은 마주(魔酒) 같은 향기를 풍기며 온 피부에 스며들었다. 그 보석 같은 두 눈의 교태와 쾌잣자락과 함께 나부끼는 손짓은 이제 차마 더 엿볼 수 없게 욱이의 심장을 쥐어짜는 것이었다. 욱이는 가위눌린 사람처럼 간신히 긴 숨을 내쉬며 뛰어 일어났다. 다음 순간, 자기 자신도 모르게 방문을 뛰어나온 그는 부엌문을 박차고 들어가 소반 위에 차려 놓은 냉수 그릇을 집어들려 하였다. 그러나 그가 냉수 그릇을 집어들기 전에 모화의 손에는 식칼이 번득이고 있었고, 모화는 욱이와 물그릇 사이에 식칼을 두르며 조용히 춤을 추고 있는 것이었다.
　"엇쇠 귀신아 물러서라
너 이제 보아하니 서역 십만 리 굶주리던 잡귀신하
여기는 영주 비루봉 상상봉혜
깎아질린 돌 벼랑혜, 쉰 길 청수혜, 엄나무 발에

너희 올 곳이 아니다
바른손혜 칼을 들고 왼손혜 불을 들고
엇쇠, 서역 잡귀신하, 썩 물러서라."

이때, 모화는 분명히 식칼로 욱이의 면상을 겨누어 치려 하였다. 순간, 욱이는 모화의 칼날을 왼쪽 귓전에 느끼며 그의 겨드랑이 밑을 돌아 소반 위에 차려놓은 냉수 그릇을 들어 모화의 낯에다 그릇째 끼얹었다. 이 서슬에 접시의 불이 기울어져 봉창에 붙었다. 욱이는 봉창에서 방 안으로 붙어 들어가는 불길을 잡으려고 부뚜막 위로 뛰어올랐다. 그러자 물그릇을 뒤집어쓰고 분노에 타는 모화는 욱이의 뒤를 쫓아 칼을 두르며 부뚜막으로 뛰어올랐다. 봉창에서 방 안으로 붙어 들어가는 불길을 덮쳐 끄는 순간 뒷등허리가 찌르르하여 획 몸을 돌이키려 할 때 이미 피투성이가 된 그의 몸은 허옇게 이를 악물고 웃음 웃는 모화의 품속에 안겨져 있었다.

5

욱이의 몸은 머리와 목덜미와 등허리와 세 군데 상처를 입고 있었다. 그러나 욱이의 병은 이 세 군데 칼로 맞은 상처만이 아니었다. 그는 날이 갈수록 갈비뼈가 앙상하게 드러나고 두 눈자위가 패어들기 시작했다.

모화는 욱이의 병 간호에 남은 힘을 다하여 그가 원하는 것이 있으면 낮과 밤을 헤아리지 않고 뛰어갔다. 가끔 욱이를 일으켜 앉히어서 자기의 품에 안아도 주었다. 물론 약도 쓰고 굿도 하고 주문도 외웠다. 그러나 욱이의 병은 낫지 않았다.

모화는 욱이의 병 간호에 열중한 뒤부터 굿에는 그만큼 신명이 풀린 듯하였다. 누가 굿을 청하러 와도 아들의 병을 핑계로 대개 거절을 했다. 그러자 모화의 굿이나 푸닥거리의 **영검**이 이전과 같이 신령치 않다고들 하는 사람이 하나 둘씩 생기기도 했다.

이러할 즈음 이 고을에도 조그만 교회당이 서고 선교사가 들어왔다. 그리하여 그것은 바람에 불처럼 온 고을에 뻗쳤다. 읍내의 교회에서는 마을마다 전도대를 내보냈다. 그리하여 이 모화의 마을에까지 '복음'이 전파되었다.

"여러 부모 형제 자매 우리 서로 보게 된 것 하나님 앞에 감사드릴 것이오. 하나님, 우리 만들었소. 매우 사랑했소. 우리 모두 죄인이올시다. 우리 마음속 매우 흉악한 것뿐이오. 그러나 예수 우리 위해 십자가에 못 박혔소. 그러므로 예수 그리스도 믿음으로 우리 구원받을 것이오. 우리 매우 반가운 맘으로 찬송할 것이오. 하나님 앞에 기도드릴 것이오."

두 눈이 파랗고 콧대가 칼날 같은 미국 선교사를 보는 것은 '원숭이 구경'보다도 더 재미나다고들 하였다.

"돈은 한 푼도 안 받는다. 가자."

마을 사람들은 떼를 지어 몰려들었다.

이 마을 방 영감네 이종사촌 손자 사위요, 선교사와 함께 온 양조사(楊助事) 부인은 집집마다 심방하여 가로되,

"무당과 **판수**를 믿는 것은 거룩거룩하시고 절대적 하나밖에 없는 우리 하나님 아버지께 죄가 됩니다. 무당이 무슨 능력이 있습니까. 보십시오, 무당은 썩어빠진 고목나무나 듣도 보도 못하는 돌미륵한테도 빌고 절을 하지 않습니까. 판수가 무슨 능력이 있습니까. 보십시오, 제 앞도 못 보아 지팽이로 더듬거리는 그가 어떻게 눈 밝은 사람을 구원할 수 있겠습니까. 우리 인생을 만든 것은 절대적 하나밖에 없는 하나님 아버지올시다. 그러므로 아버지께서 말씀하셨습니다. 내 앞에 다른 신을 두지 말라……"

이리하여 하나님 아버지의 외아들 예수 그리스도가 온갖 사귀 들린 사람, 문둥병 든 사람, 앉은뱅이, 벙어리, 귀머거리를 고친 이야기와 십자가에 못 박혀 죽은 지 사흘 만에 다시 살아나 승천했다는 이야기가 한정없이 쏟아져나왔다.

모화는 픽 웃곤 했다.

"그까짓 잡귀신들."

했다. 그러나 그들의 비방과 저주는 뼛골에 사무치는 듯 그녀는 징을 울리고 쨍과리를 치며 외쳤다.

"엇쇠, 귀신아 물러서라
당대 고축년에 얻어 먹던 잡귀신아
늬 어이 모화를 모르느냐
아니 가고 봐하면 쉰 길 청수에
엄나무 발에, 무쇠 가마에, 백말 가죽에
늬 자자손손을 가두어 못 얻어먹에 하고
다시는 햇빛도 못 보게 할란다
엇쇠, 귀신아 썩 물러가거라
서역 십만 리로 꽁무니에 불을 달고
두 귀에 방울 달고 왈강달강 왈강달강
벼락같이 떠나거라."

그러나 '예수귀신'들은 결코 물러나지 않았을 뿐 아니라 점점 늘어만 갔다. 게다가 옛날 모화에게 굿과 푸닥거리를 빌러 다니던 사람들까지 예수귀신이 들기 시작하였다.

이러는 중에 서울서 또 부흥 목사가 내려왔다. 그는 기도를 드려서 병을 고치는 능력이 있다 하여 온 고을 사람들이 모여들기 시작하였다. 그가 병자의 머리 위에 손을 얹고,

"이 죄인은 저이 죄로 말미암아 심히 괴로워하고 있사옵니다."

하고 기도를 올리면, 여자들이 월수병 대하증쯤은 대개 '죄 씻음'을 받을 수 있었다. 그 밖에도 소경이 눈을 뜨고, 앉은뱅이가 걷고, 귀머거리가 듣고, 벙어리가 말하고, 반신불수와 **지랄병**까지 저희 믿음 여하에 따라 모두 '죄 씻음'을 받을 수 있다는 것이었다. 여자들의 은가락지 금반지가 나날이 수를 다투어 강단 위에 내걸리게 된다. 기부금이 쏟아진다. 이리 되면 모화의 굿 구경에 견줄 나위가 아니라고들 하였다.

"양국놈들이 요술단을 꾸며왔어."

모화는 픽 웃고 이렇게 말했다. 굿과 푸념으로 사람 속에 든 사귀 잡귀신을 쫓는 것은 지

금까지 신령님께서 자기에게만 허락하신 자기의 특수한 권능이었다. 그리고 그의 신령님은 오늘날 예수꾼들이 그렇게도 미워하고 시기하는 고목이기도 했고, 돌이기도 했고, 산이기도 했고, 물이기도 했다.

"무당과 판수를 믿는 것은 절대적 한 분밖에 안 계시는 거룩거룩하신 하나님 아버지께 죄가 됩니다."

'예수귀신'들이 나발을 불고 북을 치며 비방을 하면, 모화는 혼자서 징을 울리고 꽹과리를 치며,

"꽁무니에 불을 달고, 두 귀에 방울 달고, 왈강달강 왈강달강, 서역 십만 리로, 물러서라 잡귀신아."

이렇게 응수하곤 했다.

6

욱이의 병은 그해 가을을 지나 겨울철에 접어들면서부터 드러나게 악화되어 갔다. 모화가 가끔 간장이 녹듯 떨리는 음성으로,

"이것아 이것아, 늬가 이게 웬일이고? 머나먼 길에 에미라고 찾아와서 늬가 이게 무슨 꼴고?"

손을 잡고 눈물 흘리면,

"오마니, 너무 걱정하지 마시오. 나는 죽어서 우리 아버지께로 갈 것이오."

욱이는 조용히 이렇게 말했다. 그리고 무어 생각나는 게 없느냐고 물으면 그는 조용히 고개를 돌렸다. 그러나 그의 어미가 밖에 나가고 낭이가 혼자 있을 때엔 이따금 낭이의 손을 잡고,

"나 성경 한 권 가졌으면……"

하는 것이었다.

이듬해 봄 그가 세상을 떠나기 사흘 전에 그가 그렇게도 그리워하고 기다리던 현 목사가 평양에서 찾아왔다. 현목사는 박 영감네 이종사촌 손자 사위인 양조사의 인도로 뜰 안에 들어서자, 그 황폐한 광경과 역한 흙냄새가 미간을 찌푸리며,

"이런 가운데서 욱이가 살고 있소?"

양조사에게 이렇게 물었다.

욱이는 현목사가 들어오는 것을 보자 두 눈에 광채를 띠며,

"목사님, 목사님."

이렇게 두 번 불렀다.

현목사는 잠자코 욱이의 여윈 손을 쥐었다. 별안간 그의 온 얼굴은 물든 것처럼 붉어지며 무수한 주름살이 미간과 눈꼬리에 잡혔다. 그는 솟아오르는 감정을 누르려는 듯이 한참 동안 눈을 감고 있었다.

양조사는 긴장과 침묵을 깨뜨리려는 듯이 입을 열었다.

"경주에 교회가 이렇게 속히 서게 된 것은 이 분의 공로올시다."

그리하여 그의 말을 들으면 욱이는 평양 현목사에게 진정을 했고, 현목사께서는 욱이의 편지에 의하여 대구 노회에 간청을 했고, 일방 경주 교인들은 욱이의 힘으로 서로 합심하여 대구 노회와 연락한 결과 의외로 속히 교회 공사가 **진척되었던** 것이라 하였다.

현목사가 의사와 함께 다시 오기를 약속하고 일어나려 할 때 욱이는,

"목사님, 나 성경 한 권만 사 주시오."

했다.

현목사는 손가방 속에서 자기의 성경책을 내 주었다. 성경책을 받아 쥔 욱이는 그것을 가슴에 안고 눈을 감았다. 그의 감은 눈에는 이슬 방울이 맺히었다.

7

모화 집 마당에는 예년과 다름없이 잡풀이 엉기고 늙은 개구리와 지렁이들이 그 속에 웅크리고 있었다. 그녀는 그 동안 거의 굿을 나가지 않고, 매일 그 찌그러져 가는 묵은 기와집 잡초 속에서 혼자서 징, 꽹과리만 울리고 있었다. 사람들은 모화가 인제 아주 미친 것이라 하였다. 모화는 부엌에다 오색 헝겊을 걸고, 낭이의 그림으로 기를 만들어 달고는 사뭇 먹기조차 잊어버린 채 입술은 먹같이 검어지고 두 눈엔 날로 이상한 광채가 짙어갔다.

"서역 십만 리 예수 귀신 돌아간다

꽁무니에 불을 달고 두 귀에 방울 달고, 왈강달강 왈강달강,

엇쇠, 귀신아 썩 물러거가라

늬 아니 가고 봐 하면, 쉰 길 청수에, 엄나무 바알에, 무쇠 가마에,

흰말 가죽에, 너이 자자손손을 다 가두어 죽일란다. 엇쇠! 귀신아!"

그녀는 날마다 같은 푸념으로 징, 꽹과리를 울렸다. 혹 술잔이나 가지고 이웃사람이 찾아가,

"모화네, 아들 죽고 섭섭해서 어쩌나?"

하면 그녀는 다만,

"우리 아들은 예수 귀신이 잡아갔소."

하고 한숨을 내쉬곤 했다.

"아까운 모화 굿을 언제 또 볼꼬?"

사람들은 모화를 아주 실신한 사람으로 치고 이렇게 아까워하곤 했다. 이러할 즈음에 모화의 마지막 굿이 열린다는 소문이 났다. 읍내 어느 부잣집 며느리가 '예기소'에 몸을 던진 것이었다. 그래 모화는 비단옷 두 벌을 받고 특별히 굿을 응낙했다는 말도 났다. 그리고 이와 동시에 모화가 이번 굿에서 딸 낭이의 입을 열게 할 계획이라는 소문이 났다. "흥, 예수 귀신이 진짠가 신령님이 진짠가 두고 보지." 이렇게 장담했다는 것이다. 사람들은 기대와 호기심에 들끓었다. 그들은 놀랍고 아쉬운 마음으로 산을 넘고 물을 건너 모여 들었다.

굿이 열린 백사장 서북쪽으로는 검푸른 **솟물**이 깊은 비밀과 원한을 품은 채 조용히 굽이 돌아 흘러내리고 있었다. (명주 꾸리 하나 들어간다는 이 깊은 소에는 해마다 사람이 하나씩

빠져 죽게 마련이라는 전설이었다.)

　　백사장 위에는 수많은 엿장수, 떡장수, 술가게, 밥가게 들이 포장을 치고 혹은 거적을 두르고 득실거렸고, 그 한복판 큰 차일 속에서 굿은 벌어져 있었다. 청사, 홍사, 녹사, 백사, 황사의 오색 **사초롱**이 꽃송이같이 여기저기 차일 아래 달리고 그 초롱불 밑에서 떡시루, 탁주동이, 돼지 **통새미** 들이 온 시루, 온 동이, 온 마리째 놓인 대감상, 무더기 쌀과 타래실과 곶감꼬치, 두부를 놓은 **제석상**과, 삼색 실과에 백설기와 소채 **소탕**에 자반, 유과 들을 차려놓은 미륵상과 열두 가지 산채로 된 산신상과 열두 가지 해물을 차린 용신상과 음식이란 음식마다 한 접시씩 놓은 골목상과 냉수 한 그릇만 놓은 모화상과 이 밖에도 여러 가지 크고 작은 **전물상**들이 쭉 늘어 놓아져 있었다.

　　이 날 밤 모화의 얼굴에는 평소에 볼 수 없던 정숙하고 침착한 빛이 서려 있었다. 어제같이 아들을 잃고 또 새로 들어온 예수교도들로부터 가지각색 비방과 구박을 받아 오던 그녀로서는 의아스러우리만큼 새침하게 가라앉아 있어, 전날 달밤으로 산에 기도를 다닐 적의 얼굴을 연상케 했다. 그녀는 전날과 같이 여러 사람 앞에서 아양을 부리거나 수선을 떨지도 않았다. 그러나 그녀는 그 호화스러운 전물상들을 둘러보고도 만족한 빛 한번 띠지 않고 도리어 비웃듯이 입을 비쭉거렸다.

　　"더러운 년들, 전물상만 차리면 그만인가."

　　입 밖에 내어 놓고 빈정거리기까지 하였다. 그러자 자리에서는 모화가 오늘밤 새로운 귀신이 지핀다고들 수군거리기 시작했다. 그 가운데 한 여자가 돌연히,

　　"아, 죽은 김씨 혼신이 덮였군."

　　하자 다른 여자들도,

　　"바로 그 김씨가 들렸다. 저 청승맞도록 정숙하고 새침한 얼굴 좀 봐라. 그리고 모화네가 본디 어디 저렇게 이뻤나, 아주 김씨를 덮어 썼구먼."

　　이렇게들 수군댔다. 이와 동시, 한쪽에서는 오늘 밤 굿으로 어쩌면 정말 낭이가 말을 하게 될 거라는 얘기도 퍼졌고, 또 한쪽에서는 낭이가 누구 아이인지는 모르지만 배가 불러 있다는 풍설도 돌았다. 하여간 이 여러 가지 소문들이 오늘 밤 굿으로 해결이 날 것이라고 막연히 그녀들은 믿고 있는 것이었다.

　　모화는 김씨 부인이 처음 태어났을 때부터 물에 빠져 죽을 때까지의 사연을 한참씩 넋두리하다가는 화랑이들의 장구 피리 해금에 맞추어 춤을 덩실거렸다. 그녀의 음성은 언제보다도 더 구슬펐고 몸뚱이는 뼈도 살도 없는 율동(律動)으로 화한 듯 너울거렸고……취한 양, 얼이 빠진 양 구경하는 여인들의 숨결은 모화의 쾌잣자락만 따라 오르내렸다. 모화의 쾌잣자락은 모화의 숨결을 따라 나부끼는 듯했고, 모화의 숨결은 한 많은 김씨 부인의 혼령을 받아 청승에 자지러진 채, 비밀을 품고 조용히 굽이돌아 흐르는 강물(예기소의)과 함께 자리를 옮겨가는 하늘의 별들을 삼킨 듯했다.

　　밤중이나 되어서였다.

　　혼백이 건져지지 않는다는 것이었다. 화랑이(박수)들과 작은 무당들이 몇 번이나 초망자(招亡者) 줄에 밥그릇을 달아 물 속에 던져도 밥그릇 속에 죽은 사람의 머리카락이 들어오지

않는 것으로 보아 김씨가 초혼에 응하질 않는 모양이라 하였다.
　작은 무당 하나가 초조한 낯빛으로 모화의 귀에 입을 바짝 대며,
　"여태 혼백을 못 건져서 어떡해?"
　하였다.
　모화는 조금도 서두르지 않고 오히려 당연하다는 듯이 손수 **넋대**를 잡고 물가로 들어섰다.
　초망자 줄을 잡은 화랑이는 넋대가 가리키는 방향으로 이리저리 초혼 그릇을 물속에 굴렸다.
　"일어나소 일어나소
　서른 세 살 월성 김씨 대주 부인
　방성으로 태어날 때 칠성에 명을 빌어."
　모화는 넋대로 물을 휘저으며 진정 목이 멘 소리로 혼백을 불렀다.
　"꽃같이 피난 몸이 옥같이 자란 몸이
　양친 부모도 생존이요, 어린 자식 뉘어 두고
　검은 물에 뛰어들 제 용신님도 외면이라
　치마폭이 봉긋 떠서 연화대를 타단 말가
　삼단머리 흐트러져 물귀신이 되단 말가."
　모화는 넋대를 따라 점점 깊은 물 속으로 들어갔다. 옷이 물에 젖어 한 자락 몸에 휘감기고 한 자락 물에 떠서 나부꼈다.
　검은 물은 그녀의 허리를 잠그고 가슴을 잠그고 점점 부풀어 오른다……
　그녀는 차츰 목소리가 멀어지며 넋두리도 허황해지기 시작했다.
　"가자시라 가자시라 이수중분 백로주로
　불러 주소 불러 주소 우리 성님 불러 주소
　봄철이라 이 강변에 복숭아꽃이 피그덜랑
　소복 단장 낭이 따님 이내 소식 물어 주소
　첫 가지에 안부 묻고, 둘째 가……"
　할 즈음 모화의 몸은 그 넋두리와 함께 물 속에 아주 잠겨 버렸다.
　처음엔 쾌잣자락이 보이더니 그것마저 잠겨 버리고 넋대만 물 위에 빙빙 돌다가 흘러내렸다.

　열흘쯤 지난 뒤다.
　동해변 어느 길목에서 해물 가게를 보고 있다던 체수 조그만 사내가 나귀 한 마리를 몰고 왔을 때, 그 때까지 아직 몸이 완쾌하지 못한 낭이가 퀭한 눈으로 자리에 누워 있었다.
　사내는 낭이에게 흰죽을 먹이기 시작했다.
　"아버으이."
　낭이는 그 아버지를 보자 이렇게 소리를 내어 불렀다. 모화의 마지막 굿이(떠돌던 예언

대로) 영검을 나타냈는지 그녀의 말소리는 전에 없이 알아들을 만도 했다.

다시 열흘이 지났다.

"여기 타라."

사내는 손으로 나귀를 가리켰다.

"……"

낭이는 잠자코 그 아버지가 시키는 대로 나귀 위에 올라 앉았다.

그네들이 떠난 뒤엔 아무도 그 집을 찾아오는 사람이 없었고, 밤이면 그 무성한 잡풀 속에서 모기들만이 떼를 지어 울었다.

[단어 해석/单词解析]

1. 어둑어둑하다 : 사물을 똑똑히 알아볼 수 없을 만큼 어둡다 **黑沉沉的，黑暗的**
2. 쾌자 : 소매가 없고 등솔기가 허리까지 트인 옷 **长坎肩**
3. 탁방(坼榜)나다 : 일이 되고 안되는 것이 드러나 끝나다 **（科举）发榜；比喻事情完结**
4. 동저고리 : 남자가 입는 저고리, 동옷 **男式短上衣**
5. 달포 : 한 달이 조금 넘는 기간 **个把月，一个多月**
6. 앙상하다 : 꼭 짜이지 아니하여 어울리지 아니하고 어설프다 **松，稀疏**
7. 화랑이 : 광대와 비슷한 놀이꾼의 패. 대개 무당의 남편이었음 **男性戏子的一种**
8. 다래끼 : 아가리가 좁고 바닥이 넓은 바구니 **口窄底宽的筐子**
9. 지피다 : 사람에게 신이 내려서 모든 것을 알아맞히는 신통하고 묘한 힘이 생기다 **通灵**
10. 표연히 : 훌쩍 나타나거나 떠나는 모양이 거침없음 **飘然，飘忽不定**
11. 급창 : 조선 시대에 군아에 속하여 원의 명령을 간접으로 받아 큰 소리로 전달하는 일을 맡아보던 사내종 **古代官衙里负责传话的侍从**
12. 푸닥거리 : 무당이 하는 굿의 하나. 간단하게 음식을 차려 놓고 부정이나 살 따위를 푼다 **巫俗中请神仪式的一种**
13. 푸념 : 굿을 할 때에 무당이 신의 뜻을 받아 옮기어 정성 들이는 사람에게 꾸지람을 늘어놓음 **巫婆代表鬼神训斥求神者**
14. 일방 : 한편 **一方，一面，同时**
15. 상좌 : 스승의 대를 이을 여러 중 가운데에서 가장 높은 사람 **同一辈僧侣中地位最高的人**
16. 야릇하다 : 무엇이라 표현할 수 없이 묘하고 이상하다 **奇妙，奇怪**
17. 오한 : 몸이 오슬오슬 춥고 떨리는 증상 **恶寒，寒气**
18. 골똘하다 : 한 가지 일에 온 정신을 쏟아 딴 생각이 없다 **专心，专心致志**
19. 영검 : 사람의 기원대로 되는 신기한 효험 **灵验**
20. 판수 : 점치는 일을 직업으로 삼는 소경 **算命的盲人**

21. 지랄병 : "간질(癎疾)"을 속되게 이르는 말 **癫痫**
22. 노회 : 장로교에서 각 교구의 목사와 장로 대표들이 모이는 모임 **长老教的一种集会**
23. 진척되다 : 벼슬이 높아지다 **晋升**
24. 늦물 : 늪의 물 **池水**
25. 사초롱 : 여러 빛깔의 집으로 거죽을 씌운 등롱 **纱灯笼**
26. 통새미 : 온새미. 가르거나 쪼개지 않은, 생긴 그대로의 것 **整个**
27. 제석상 : 무당이 굿할 때에, 한 집안 사람의 수명과 재산을 맡아본다는 제석신을 위해 차려놓는 제물상, 불사상 **祭坛**
28. 소탕 : 제사에 쓰는 탕. 고기는 넣지 않고 두부와 다시마를 썰어 넣고 맑은 장에 끓임 **素汤**
29. 전물상 : 부처나 신에게 올리기 위한 음식이나 재물을 차려놓은 상 **供桌**
30. 넋대 : 무당이 물에 빠져 죽은 사람의 넋을 건지는 데 쓰는 장대 **巫婆用来打捞魂魄的长杆**

[연습 문제/练习]

1. 이 작품의 토속성은 어떤 양상으로 나타나는지 생각해 보십시오.
2. 모화와 욱이의 갈등은 무엇인지 말해 보십시오.
3. "무녀도"의 의미를 생각해 보십시오.

제 10 과 소설 : 「별」, 「소나기」

[작가 소개/作家介绍]

현대 시인 겸 소설가 황순원(黃順元, 1915~2000년)은 평안남도에서 태어났다. 1934년 일본으로 건너가 1936년 와세다대학 영문과에 입학하여 1939년에 졸업했다. 그는 중학교 재학중인 1931년『동광』에 시「나의 꿈」,「아들아 무서워 말라」등을 발표하였다. 1934년에 신백수, 이시우 등이 창립한『삼사문학』에 가담하면서 본격적인 문단활동을 시작하였다.

1937년부터 소설창작으로 방향을 바꾸어 같은 해 7월에 첫 단편 소설인「거리의 부사」를 발표했다. 일제의 한글말살정책으로 인해 한국 해방 전까지 작품을 발표하지 못하였다. 이때에 창작한「기러기」,「물 한모금」,「독짓는 늙은이」등의 소설은 해방 이후에 발표되었다. 1946년에 월남했다. 1948년 단편집『목넘어 마을의 개』를 발간했다. 1950년대 초기에「별과 같이 살다」,「기러기」,「곡예사」등의 작품을 발간하였다. 1954년「카인의 후예」를 발표하여 아시아 자유문학상을 수상하였다. 이후「인간접목」,「나무들 비탈에 서다」,「일월」,「움직이는 성」등 장편 소설을 잇따라 창작했다.

황순원의 소설은 문체적 **감응**력을 지니고 있어 한국 현대소설에 있어서 산문 문장의 또 다른 전형을 보여 주고 있는 것으로 평가받고 있다.

[단어 해석/单词解析]

1. 감응 : 어떤 느낌을 받아 마음이 따라 움직임 **感受, 感应**

[작품 해제/作品解析]

「별」: 「별」은 1941년에 발표된 3인칭 작가 시점으로 쓴 성장 소설이다. 성장 소설이란 중심 인물의 정신적·육체적 성장 과정을 구체적인 사건을 통해 형상화한 소설을 말한다. 주인공 소년은 죽은 어머니에 대한 그리움이 커서 현실에 적응하지 못하고 있다. 어느 날 우연히 누나가 어머니를 닮았다는 말을 듣고 정신적 충격을 받은 것이 **발단**이 되어 누이와 갈등을 일으킨다. 하지만 누이의 죽음을 계기로 누이의 사랑을 깨닫고 삶과 죽음, 사랑과 미움에 대해서 새롭게 인식하는 소년의 정신적 성숙을 보여 준다. '별'은 어머니와 누이를 상징하며 아이에게 있어서 영원한 그리움이다.

「소나기」: 1953년에 발표된「소나기」는 작가의 일련의 작품과 마찬가지로 소년, 소녀가 주인공으로 그들간의 **때** 묻지 않은 순수하고 아름다운 사랑을 보여 준다. 시골 소년과 도시 소녀의 우연한 만남, 조약돌과 후두알로 은유되는 감정 교류, 수숫단 속으로 소나기를 피한 것, 소녀의 병과 죽음이라는 구성을 통해서 소년과 소녀의 미묘한 감정을 그린다. 이 작품은 또한 소년의 성장 과정을 그리고 있다. 소년은 소녀의 죽음을 통해 아픔과 고통을 깨닫고 유년기에서 성년에 이른다.

「별」과「소나기」두 작품을 살펴 보면 주인공이 모두 어린 소년과 소녀이다. 그 이유는 아마 작가가 어른들의 닫혀 있는 세계보다 어린이들의 **동심**과 순수함을 나타내고 싶어하는 데 있을 것이다.

[단어 해석/单词解析]

1. 발단 : 어떤 일이 처음으로 벌어짐. 또는 그 일을 처음으로 시작함 **开端, 开始**
2. 때 : 옷이나 몸 따위에 묻은 더러운 먼지 따위의 물질 **垢, 污垢**
3. 동심 : 어린 아이의 마음 **童心**

[작품 원문/作品原文]

별

황순원

동네 애들과 노는 아이를 한동네 **과수** 노파가 보고, 같이 **저자**에라도 다녀오는 듯한 젊은 여인에게 무심코, 쟈 동복 누이가 꼭 죽은 쟈 오마니 닮았디 왜, 한 말을 얼김에 듣자 아이는 동무들과 놀던 것도 잊어버리고 일어섰다. 아이는 얼핏 누이의 얼굴을 생각해내려 하였으나 암만해도 떠오르지 않았다. 집으로 뛰면서 아이는 저도 모르게, 오마니 오마니, 수없이 외었다.

　집 뜰에서 이복동생을 업고 있는 누이를 발견하고 달려가 얼굴부터 들여다보았다. 너무나 엷은 입술이 지나치게 큰 데 비겨 눈은 짭짭하니 작고, 그눈이 또 늘 몽롱히 흐려 있는 누이의 얼굴. 아홉 살 난 아이의 눈은 벌써 누이의 그런 얼굴 속에서 기억에는 없으나 마음 속으로 그렇게 그려오던 돌아간 어머니의 모습을 더듬으며 떨리는 속으로 찬찬히 누이를 바라보았다. 참으로 오마니는 이 누이의 얼굴과 같았을까. 그러자 제법 어른처럼 갓난 이복동생을 업고 있던 열 한 살잡이 누이는 전에 없이 별나게 자기를 자세히 들여다보는 동복 남동생에게 마치 어머니다운 애정이 끓어오르기나 한 듯이 미소를 지어 보였을 때, 아이는 누이의 지나치게 큰 입 새로 드러난 검은 잇몸을 바라보며 누이에게서 돌아간 어머니의 그림자를 찾던 마음은 온전히 사라지고, 어머니가 누이처럼 미워서는 안 된다고 머리를 옆으로 저었다. 우리 오마니는 지금 눈앞에 있는 누이로서는 흉내도 못 내게스레 무척 이뻤으리라. 그냥 남동생이 귀엽다는 듯이 미소를 짓고 있는 누이에게 아이는 처음으로 눈을 흘기며 무서운 상을 해보였다. 미운 누이의 얼굴이 놀라 한층 밉게 찌그러질 만큼. 생각다 못해 종내 아이는 누이가 꼭 어머니 같다고 한 동네 과수 노파를 찾아 자기 집에서 왼편 쪽으로 마주 난 골목 막다른 집으로 갔다. 마침 노파는 새로 지은 저고리 동정에 **인두질**을 하고 있었다.

　늘 남에게 삯바느질을 시켜 말쑥한 옷만 입고 다녀 동네에서 이름난 과수 노파가 제 손으로 인두질을 하다니 웬일일까. 그러나 아이를 보자 과수 노파는 아이보다도 더 의아스러운 듯한 눈초리를 하면서 인두를 화로에 꽂는다. 아이는 곧 노파에게, 아니 우리 오마니하구 우리 뉘하구 같이 생겼단 말은 거짓말이디요? 했다. 노파는 더욱 수상하다는 듯이 아이를 바라보다가 그러나 남의 일에는 흥미없다는 얼굴로, 왜 닮았디, 했다. 아이는 떨리는 입술로 다시, 아니 우리 오마니 입하구 뉘 입하구 다르게 생기디 않았이요? 하고 열심히 물었다. 노파는 이번에는 화로에 꽂았던 인두를 뽑아 자기 입술 가까이 갖다 대어보고 나서, 반만큼 세운 왼쪽 무릎 치마에 문대고는 일감을 잡으며 그저, 그러구 보믄 다르든 것 같기두 하군, 했다. 아이는 인두질하는 과수 노파의 손 가까이로 다가서며 퍼뜩 과수 노파의 손이 나이보다는 젊고 고와 보인다는 생각을 하면서, 우리 오마니 잇몸은 우리 뉘 잇몸터름 검디 않구 이뻤디요? 했다. 과수 노파는 아이가 가까이 다가와 어둡다는 듯이 갑자기 인두 든 손으로 아이를 물러나라고 손짓하고 나서 한결같이 흥 없이, 그래앤, 했다. 그러나 아이만은 여기서 만족하여 과수 노파의 집을 나서 그 달음으로 자기 집까지 뛰어오면서, 그러면 그렇지 우리 오마니가 뉘처럼 미워서야 될 말이냐고 속으로 수없이 되뇌었다.

　안뜰에 들어서자 누이가 안 보임을 다행으로 여기며 방 안으로 들어갔다. 그리고 책상 앞으로 가 **란도셀** 속에서 산수책을 꺼내다가 그 속에 인형을 발견하고 주춤 손을 거두었다. 누이가 비단 색헝겊을 모아 만들어 준 **낭자**를 튼 예쁜 각시인형이었다. 그리고 아이가 언제나 란도셀 속에 넣어가지고 다니는 인형이었다. 과목은 요일을 따라 바뀌었으나 항상 란도셀 속에 이 인형만은 변함없이 들어 있었다. 아이는 인형을 꺼내 들었다. 그러나 지금 아이는 이 인형의 여태까지 그렇게 이쁘던 얼굴이 누이의 얼굴처럼 미워짐을 어쩔 수 없었다. 곧 아이는 인형을 내다버려야 한다는 걸 느꼈다. 그걸 품에 품고 밖으로 나섰다. 저녁 그늘이 내린

과수 노파가 사는 골목을 얼마 들어가다 아이는 주위에 사람 없는 것을 살피고 나서 주머니에서 칼을 꺼냈다. 칼끝으로 땅을 파 가지고 거기에다 품속의 인형을 묻었다. 그리고는 그곳을 떠났다. 인형인가 누이인가 분간 못 할 서로 얽힌 손들이 매달리는 것 같음을 아이는 느꼈다. 그러나 아이는 어머니와 다른 그 손들을 쉽사리 뿌리칠 수 있었다.

골목을 다 나온 곳에서 달구지를 벗은 당나귀가 아이의 아랫도리를 찼다. 아이는 굴러 나가동그라졌다. 분하다. 일어난 아이는 당나귀 고삐를 쥐고 달구지채로 해서 당나귀 등에 올라탔다. 당나귀가 제 꼬리를 물려는 듯이 돌다가 날뛰기 시작했다. 아이는, 그럼 우리 오마니가 뉘터럼 생겼단 말이가? 뉘터럼 생겼단 말이가? 하고 당나귀가 알아나 듣는 것처럼 소리를 질렀다. 당나귀가 더 날뛰었다. 아이의, 뉘터럼 생겼단 말이가? 하는 소리가 더 커 갔다. 그러다가 별안간 뒤에서 누이의, 데런! 하는 부르짖음 소리를 듣고 아이는 그만 당나귀 등에서 떨어지고 말았다. 땅에 떨어진 아이는 다리 하나를 약간 삔 채로 나자빠져 있었다. 누이가 분주히 달려왔다. 그러나 아이는 누이가 위에서 굽어보며 붙들어 일으키려는 것을 무지스럽게 손으로 뿌리치고는 혼자 벌떡 일어나, 삔 다리를 예사롭게 놀려 집으로 돌아왔다.

갓난 이복동생을 업어 주는 것이 학교 다녀온 뒤의 나날의 일과가 되어 있는 누이가, 하루는 아이의 거동에서 자기를 꺼리고 있다는 것을 눈치 채고는 그런 동생을 기쁘게 해 주려는 듯이, 업은 애의 볼기짝을 돌려 대더니 꼬집기 시작했다. 물론 누이의 손은 힘껏 꼬집는 시늉만 했고, 그럴 적마다 그 작은 눈을 힘주는 듯이 끔쩍끔쩍하였지만, 결국은 애가 울지 않을 정도로 조심하면서 꼬집어 대는 것이었다. 사실 줄곧 누이에게만 애를 업히는 의붓어머니에게 슬그머니 불평 같은 것이 가고 누이에게는 동정이 가던 아이였다. 그러나 이날 아이는 자기를 기껍게나 해 주려는 듯이 이복동생의 볼기짝을 힘껏 꼬집는 시늉을 하는 누이에게 재미있다는 생각이 일기는커녕 도리어 밉고, 실눈을 끔쩍일 적마다 흉하게만 여겨졌다. 아이는 문득 누이를 혼내어 줄 계교가 생각났다. 그는 날렵하게 달려가 이복동생의 볼기짝을 진짜로 꼬집어댔다. 그리고 업힌 애가 울음을 터뜨리는 걸 보고야 꼬집기를 멈추고 골목으로 뛰어가 숨었다. 이제 턱이 밭은 의붓어머니가 달려나와, 왜 애를 그렇게 갑자기 울리느냐고 누이를 꾸짖으리라. 아이는 골목에서 몰래 의붓어머니가 나오기만 기다렸다. 사실 곧 의붓어머니는 나왔다. 그리고 또 어김없이 누이를 내려다보면서, 앨 왜 그렇게 갑자기 울리니, 했다. 아이는 재미나하는 장난스런 미소를 떠올렸다. 그러나 다음 순간 아이는 누이의 대답이 어떨까 하는 생각이 들면서, 이번에는 저도 모르게 미소가 걷히고 귀가 기울어졌다. 그렇게 자기들에게 몹쓸게 굴지는 않는다고 생각되면서도 어딘가 어렵고 두렵게만 여겨지는 의붓어머니에게 겁난 누이가 그만 자기가 꼬집어서 운다고 바로 이르기나 하면 어쩌나. 그러나 누이는 의붓어머니가 어렵고 힘들고 두렵게 생각키우지도 않는지 대담스레 고개를 들고, 아마 내 등을 빨다가 울 젠 배가 고파 그런가 봐요, 하지 않는가. 아, 기묘한 거짓말을 잘 돌려댄다. 그러나 지금 대담하게 의붓어머니에게 거짓말을 하여 자기를 감싸주는 누이에게서 어머니의 애정 같은 것이 풍기어오는 듯함을 느끼자 아이는, 우리 오마니가 뉘 같지는 않았다고 속으로 부르짖으며 숨었던 골목에서 나와 의붓어머니에게로 걸어갔다. 그리고는, 난 또 애

업구 어디 넘어디디나 않았나 했군, 하면서 누이의 등에서 어린애를 풀어내고 있는 의붓어머니에게 아이도 이번에는 겁내지 않고, 이자 내가 애 엉뎅일 꼬집었이요, 했다.

아이는 옥수수를 좋아했다. 옥수수를 줄줄이 다음다음 뜯어먹는 게 참 재미있었다. 알이 배고 곧은 자루면 엄지손가락 쪽의 손바닥으로 되도록 여러 알을 한꺼번에 눌러 밀어 얼마나 많이 붙은 쌍동아를 떼낼 수 있나 누이와 내기하기도 했었다. 물론 아이는 이 내기에서 누이한테 늘 졌다. 누이는 줄이 곧지 않은 옥수수를 가지고도 꽤는 잘 여러 알 붙은 쌍동이를 떼내곤 했다. 그렇게 떼낸 쌍동이를 누이가 손바닥에 놓아 내밀어 아이는 맛있게 그걸 집어먹기도 했었다. 그러나 이날 아이는 누이가, 우리 누가 많이 쌍동이를 만드나 내기할까? 하는 것을 단박에, 싫어! 해 버렸다. 누이는 혼자 아이로서는 엄두도 못 낼 긴 쌍동이를 떼냈다. 아이는 일부러 줄이 곧게 생긴 옥수수 자루인데도 쌍동이를 떼내지 않고 알알이 뜯어먹고만 있었다. 누이는 금방 뜯어낸 쌍동이를 아이에게 내주었다. 그러나 아이는 거칠게, 싫어! 하고 머리를 도리질하고 말았다. 누이가 새로 더 긴 쌍동이를 뜯어내서는 다시 아이에게 내밀었다. 그러나 누이가 마치 어머니나처럼 굴 적마다 도리어 돌아간 어머니가 누이와 같지 않다는 생각으로 해서 더 누이에게 냉정할 수 있는 아이는, 내민 누이의 손을 쳐 쌍동이를 떨궈 버리고 말았다. 그러던 어떤 날 저녁, 어둑어둑한 속에서 아이가 하늘의 별을 세며 별은 흡사 땅 위의 이슬과 같다고 생각하고 있는데, 누이가 조심스레 걸어오더니 어둑한 속에서도 분명한 옥수수 한 자루를 치마폭 밑에서 꺼내어 아이에게 쥐어주었다. 그러나 아이는 그것을 먹어 볼 생각도 않고 그냥 뜨물 항아리 있는 데로 가 그 속에 떨구듯 넣어 버렸다.

아이는 또 땅바닥에 갖가지 지도 같은 금을 그으며 놀기를 잘했다. 바다를 모르는 아이는 바다 아닌 대동강을 여러 개 그리고, 산으로는 모란봉을 몇 개고 그리곤 했다. 그러다가 동무가 있으면 땅따먹기도 했다. 상대편의 말을 맞히고 뼘을 재어 구름이 피어오르는 듯한 땅과 무성한 나무 같은 땅을 만드는 게 재미있었다. 그날도 아이는 옆집 애와 길가에서 땅따먹기를 하고 있었다. 옆집 애의 땅한테 아이의 땅이 거의 잠식당하고 있었다. 한쪽 금에 붙어 꼭 반달처럼 생긴 땅과 거기에 붙은 한 뼘 남짓한 땅이 남았을 뿐이었다. 그것마저 옆집 애가 새로 말을 맞히고 한 뼘 재먹은 뒤에는 반달에 붙은 땅이 또 줄었다. 이번에는 아이가 칠 차례였다. 옆집 애가 말을 놓았다. 그것은 아이의 반달땅 끝에서 한껏 먼 곳이었다. 그러나 아이는 기어코 반달 끝에다 자기의 말을 놓았다. 옆집 애는 아이의 반달땅에 달린 다른 나머지 땅에서가 자기의 말이 제일 가까운데 왜 하필 반달 끝에서 치려는지 이상히 여기는 눈치였다. 사실 아이의 어디까지나 반달 끝에다 한 뼘 맘껏 둘러재어 동그라미를 그어 놓았으면 얼마나 아름다울지 모르겠다는 계획을 옆집 애는 알 턱 없었다. 아이는 반달 끝에서 옆집 애의 말까지의 길을 닦았다. 이번에는 꼭 맞혀 이 반달 위에 무지개 같은 동그라미를 그어 놓으리라. 아이의 입은 꼭 다물어지고 눈은 빛났다. 뒤이어 아이는 옆집 애의 말을 겨누어 엄지손가락에 버텼던 장가락을 튕기었다. 그러나 아이의 장가락 손톱에 맞은 말은 옆집 애의 말에서 꽤 먼 거리를 두고 빗지나갔다. 옆집 애가 됐다는 듯이 곧 자기의 말을 집어 들며 아이가 아무리 먼 곳에 말을 놓더라도 대번에 맞혀 버리겠다는 득의의 미소를 떠올렸다. 그러면서 아이의 말 놓기를 기다리다가 흐려지지도 않은 경계선을 **사금파리** 말을 세워 그었다. 아이의 반달 끝이 이지러지게 그어졌다. 아이가, 이건 왜 이르캐? 하고 고함쳤다. 옆집 애는 곧 다시 고쳐 금을 그었다. 옆집 애는 아이가 자기의 땅을 줄게 그어서 그러는 줄로 알았는지, 이번에는 반달의 등이 약간 살찌게 그어 놓았다. 아이는 그래도, 것두 아냐! 했다. 그러는데 어느 새 왔었는지 누이가 등 뒤에서 옆집 애의 말을 빼앗아서는 동생을 도와 반달의 배가 부르게 긋기 시작했다. 그러나 아이는 누이가 채 다 긋기도 전에 손바닥으로 막 지워 버리면서, 이건 더 아냐! 이건 더 아냐! 하고 소리질렀다.

하루는 아이가 뜰 안에서 혼자 땅바닥에다 지도 같은 금을 그으며 놀고 있는데, 바깥에서 누이가 뒷집 계집애와 싸우는 소리가 들려, 마침 안의 어른들이 듣지 못하고 있는 것을 다행으로 열린 대문 새로 내다보았다. 아이가 늘 이쁘다고 생각해오던 뒷집 계집애의 내민 역시 이쁜 얼굴에서, 그래 안 맞았단 말이가? 하는 말소리가 빠른 속도로 계속 되는 대로, 또 누이의 내민 밉게 찌그러진 얼굴에서는, 안 맞디 않구, 하는 소리가 같은 속도로 계속되고 있었다. 땅따먹기 하다가 말이 맞았거니 안 맞았거니 해서 난 싸움이 분명했다. 어느 편이 하나 물러나는 법 없이 점점 더 다가들면서 내민 입으로 자기의 말소리를 좀더 **이악스레** 빠르게들 하고 있는데, 저쪽에서 뒷집 계집애의 남동생이 달려오더니 다짜고짜로 누이에게 흙을 움켜 뿌리는 것이 아닌가. 그러자 뒷집 계집애의 이쁜 얼굴이 더 내밀어지며, 그래 안 맞았단 말이가? 하는 소리가 더 날카롭게 빠르게 계속되는 한편, 누이는 먼저 한 걸음 물러나며, 안 맞디 않구 하는 소리도 떠져갔다. 뒷집 계집애의 남동생이 또 흙을 움켜 뿌렸다. 뒷집 계집애의 남동생이 흙을 움켜 뿌릴 적마다 이쪽 누이는 흠칫흠칫 물러나며 말소리가 줄고, 뒷집 계집애의 말소리는 더욱 잦아갔다. 그러자 아이는 저도 깨닫지 못하고 대문을 나서 그리로 걸어갔다. 아이를 보자 뒷집 계집애의 남동생이 우선 흙 뿌리기를 멈추고, 다음에 뒷집 계집애가 다가오기를 멈추고, 다음에 계집애의 말소리가 늦추어지고, 다음에 누이가 뒷걸음치던 걸음을 멈추었다. 그리고 누이는 뒷집 계집애의 남동생처럼 자기의 남동생도 역성을 들러 오는 것으로만 안 모양이어서 차차 기운을 내어 다가나가며, 안 맞디 않구, 안 맞디 않구, 하는 소리를 점점 빠르게 회복하고 있었다. 거기 따라 뒷집 계집애는 도로 물러나며 점차, 그래 안 맞았단 말이가? 하는 소리를 늦추고 있고, 뒷집 계집애의 남동생도 한옆으로 아이를 피하고 있었다. 그러나 아이는 싸움터로 가까이 가자 누이의 흥분된 얼굴이 전에없이 더 흉하게 느껴지면서, 어디 어머니가 저래서야 될 말이냐는 생각에, 냉연하게 그곳을 지나쳐 버리고 말았다. 그리고 등 뒤로 도로 빨라 가는 뒷집 계집애의 말소리와 급작스레 떠가는 누이의 말소리를 들으면서도 아이는 누이보다 이쁜 뒷집 계집애가 싸움에 이기는 게 옳다고 생각하며 저만큼 골목 어귀에서 여물을 먹고 있는 당나귀에게로 걸어갔다.

열네 살의 소년이 된 아이는 뒷집 계집애보다 더 이쁜 소녀와 알게 되었다. 검고 맑고 깊은 눈하며, 개끗하고 건강한 볼, 그리고 약간 노란 듯한 머리카락에서 풍기는 숱한 향기. 아이는 소녀와 함께 있으면서 그 맑은 눈과 건강한 볼과 머리카락 향기에 온전히 홀린 마음으로 그네를 바라보기만 하면 그만이었다. 그러나 소녀 편에서는 차차 말없이 자기를 쳐다보기만 하는 아이에게 마음 한구석으로 어떤 부족감을 느끼는 듯했다. 하루는 아이와 소녀는 모란봉 뒤 한 언덕에 대동강을 등지고 나란히 앉아 있었다. 언덕 앞 연보랏빛 하늘에는 희고 산뜻한 구름이 빛나며 떠가고 있었다. 아이가 구름에 주었던 눈을 소녀에게로 돌렸다. 그리고는 소녀의 얼굴을 언제까지나 들여다보기 시작했다. 소녀의 맑은 눈에도 연보랏빛 하늘이 가득 차 있었다. 이제 구름도 피어나리라. 그러나 이때 소녀는 또 자기만 말끄러미 바라보고 있는 아이에게 느껴지는 어떤 부족감을 못 참겠다는 듯한 기색을 떠올렸는가 하면, 아이의 어깨를 끌어당기면서 어느 새 자기의 입술을 아이의 입에다 갖다 대고 비비었다. 아이는 저도 모르게 피하는 자세를 취하였으나 서로 입술을 비비고 난 뒤에야 소녀에게서 물러났다. 벌떡 일어났다. 그리고 아이는, 거친 숨을 쉬면서 상기돼 있는 소녀를 내려다보았다. 이미 소녀는 아이에게 결코 아름다운 소녀는 아니었다, 얼마나 **추잡스러운** 눈인가. 이 소녀도 어머니가 아니라는 생각이 불현듯 떠올랐다. 아이는 소녀에게서 돌아섰다. 소녀는 실망과 멸시로 찬 아이의 기색을 느끼며 아이를 붙들려 했으나 아이는 쉽게 그네를 뿌리치고 무성한 여름의 언덕길을 뛰어내릴 수 있었다.

　　하늘에 별이 별나게 많은 첫가을 밤이었다. 아이는 전에 땅 위의 이슬같이만 느껴지던 별이 오늘 밤엔 그 어느 하나가 꼭 어머니일 것 같은 생각이 들어, 수많은 별을 뒤지고 있었다. 그러나 아이는 곧 안에서 누구를 꾸짖는 듯한 아버지의 음성에 정신을 깨치고 말았다. 아이는 다시 하늘로 눈을 부었으나 다시는 어느 별 하나가 어머니라는 환상을 붙들 수는 없었다. 아쉬웠다. 다시 아버지의 누구를 꾸짖는 듯한 음성이 들려 나왔다. 아이는 아쉬운 마음으로 아버지의 음성이 들려 오는 창 가까이로 갔다. 안에서는 아버지가 두 번 다시 그런 눈치만 뵀단 봐라, 죽여 없애구 말 테니, 꼭대기 피두 안 마른 년이 누굴 망신 시킬려구, 하는 품이 누이 때문에 여간 노한 게 아닌 것 같았다. 좀한 일에는 노하는 일이 없는 아버지가 이렇도록 노함에는 심상치 않은 일이 일어났음에 틀림없었다. 의붓어머니의 조심스런 음성으로, 좌우간 그편 집안을 알아보시구레, 하는 말이 들려 나왔다. 이어서 여전히 아버지의, 알아보긴 쥐뿔을 알아봐! 하는 노기찬 음성이 뒤따랐다. 이번엔 누이의 **나직이** 떨리는 음성이 한 번, 동무의 오래비야요, 했다. 이젠 학교두 고만둬라, 하는 아버지의 고함에, 누이 아닌 아이가 등골이 서늘해짐을 느꼈다. 그러면서 얼마 전에 누이가 호리호리한 키에 흰 얼굴을 한 청년과 과수 노파가 살고 있는 골목 안에 마주 서 있는 것을 본 일이 생각났다. 그 때 누이는 청년이 한반 동무의 오빠인데 심부름을 왔었다고 변명하듯 말했고, 아이는 아이대로 그저 모른 체하고 있었으나, 속으로는 누이 같은 여자와 좋아하는 청년의 마음을 정말 모르겠다고 생각했었다. 그 청년과 누이가 만나는 것을 집안에서도 알았음에 틀림없었다. 지금 안에서 의붓어머니의 낮으나 힘이 든 음성으로, 얘 넌 또 웬 성냥 장난이가! 하는 것만은 이제는 유치원에 다니게 된 이복 동생을 꾸짖는 소리리라. 요사이 차차 의붓어머니가 어렵고 두렵기만 한 게 아니고 진정으로 자기네를 골고루 위해 주고 있다는 것을 깨닫게 된 아이는, 동복인 누이의 일로 의붓어머니를 걱정시키는 것이 아버지에게보다 더 안됐다고 생각됐다. 다시 의붓어머니의 조심성 있고 은근한 음성으로, 넌두 생각이 있겠디만 이제 네게 잘못이라두 생기믄 땅 속에 있는 너의 어머니한테 어떻게 내가 낯을 들겠니, 자 이젠 네 방으루 건너가그라, 함에 아이는 이번에는 의붓어머니의 애정에 얼굴이 달아오르면서, 정말 누이가 돌아간 어머니까지 들추어내게 하는 일을 저질렀다가는 용서 않는다고 절로 주먹이 쥐어졌다. 어디서 스며오듯 누이의 흐느끼는 소리가 들려 왔다. 두 번 다시 그런 일만 있었단 봐라, 초매(치마)루 묶어서 강물에 집어 넣구 말디 않나, 하는 아버지의 약간 노염은 풀렸으나 아직 엄한 음성에, 아이는 이번에는 또 밤바람과 함께 온몸을 한 번 부르르 떨었다.

꽤 쌀쌀한 어떤 날 밤이었다. 의붓어머니가 아버지에게 애걸하다시피 하여 학교만은 그냥 다니게 된 누이보고 아이가, 우리 산보가, 했다. 누이는 먼저 뜻하지 않았던 일에 놀란 듯 흐린 눈을 크게 떠 보이고 나서 곧 아이를 따라 나섰다. 밖은 조각달이 달려 있었다. 그리고 수많은 별들이 빛나고 있었다. 싸늘한 바람이 불어 왔다. 바람이 불어 올 적마다 별들은 빛난다기보다 떨고 있는 것만 같았다. 아이는 앞서 대동강 쪽으로 난 길을 접어들었다. 누이는 그저 아이를 따랐다. 어둑한 속에서도 이제 누이를 놀래어 주리라는 계교 때문에 아이의 얼굴은 미소가 떠올라 있었다. 강둑을 거슬러 오르니까 더 써느러웠다. 전에없이 남동생이 자기를 밖으로 이끌어 낸 것을 의아하게 여기는 눈치로, 그러나 즐거운 듯이 누이가 아이에게, 춥디 않니? 했다. 아이는 거칠게 머리를 옆으로 저었다. 젓고 나서 어둠으로 해서 누이가 자기의 머리 저음을 분간치 못했으리라고 깨달았으나 아이는 그냥 잠자코 말았다. 누이가 돌연 혼잣말처럼, 사실 나 혼자였다믄 벌써 죽구 말았어, 죽구 말디 않구, 살믄 멀 하노……. 그래두 네가 있어 그렇디, 둘이 있다 하나가 죽으믄 남는 게 더 불쌍할 것 같애서……. 난 정말 그래, 하며 바람 때문인지 약간 느끼는 듯했다. 아이는 혹시 집에서 누이의 연애 사건을 알게 된 것이 자기가 아버지나 의붓어머니에게 **고자질한** 것으로 잘못 알고 있지나 않나 하는 생각이 들자, 누이를 쓸어안고 변명이나 할 듯이 홱 돌아섰다. 누이도 섰다. 그러나 아이는 계획해 온 일을 실현할 좋은 계기를 바로 붙잡았음을 기뻐하며 누이에게, 초매 벗어라! 하고 고함을 치고 말았다. 뜻밖에 당하는 일로 잠시 어쩔 줄 모르고 섰다가 겨우 깨달은 듯이 누이는 어둠 속에서 조용히 저고리를 벗고 어깨치마를 머리 위로 벗어 냈다. 아이가 치마를 빼앗아 땅에 길게 폈다. 그리고 아이는 아버지처럼 엄하게 가루 눠라! 했다. 누이는 또 곧 순순히 하라는 대로 했다. 그러나 아이는 치마로 누이를 묶어 강물에 집어 넣는 차례에 이르러서는 자기의 하는 일이면 누이가 죽는 한이 있더라도 아무 항거 없이 도리어 어머니다운 애정으로 따라 할 것만 같은 생각이 들며, 누이가 돌아간 어머니와 같은 애정을 베풀어서는 안 된다고 치마 위에 이미 죽은 듯이 누워 있는 누이를 그대로 남겨 둔 채 돌아서 그곳을 떠나고 말았다.

누이는 시내 어떤 실업가의 막내아들이라는 작달막한 키에 얼굴이 검푸른, 누이의 한 반 동무의 오빠라는 청년과는 비슷도 안한 남자와 아무 불평 없이 혼약을 맺었다. 그리고 나서 얼마 안 되어 결혼하는 날, 누이는 가마 앞에서 의붓어머니의 팔을 붙잡고는 무던히 슬프게 울었다. 아이는 골목에 몸을 숨기고 있었다. 누이는 동네 아낙네들이 떼어놓는 대로 가마에 오르기 전에 젖은 얼굴을 들었다. 자기를 찾고 있음에 틀림없다고 생각하면서도, 아이는 그냥 몸을 숨기고 있었다. 그리고 누이가 시집간 지 또 얼마 안 되는 어느 날, 별나게 빨간 놀이 진 늦저녁 때 아이네는 누이의 부고를 받았다. 아이는 언뜻 누이의 얼굴을 생각해 내려 하였으나 도무지 떠오르지가 않았다. 슬프지도 않았다. 그러다가 아이는 지난 날 누이가 자기에게 만들어 주었던, 뒤에 과수 노파가 사는 골목 안에 묻어 버린 인형의 얼굴이 떠오를 듯함을 느꼈다. 아이는 골목으로 뛰어갔다. 거기서 아이는 인형 묻었던 자리라고 생각키우는 곳을 손으로 팠다. 흙이 단단했다. 손가락을 세워 힘껏힘껏 파 댔다. 없었다. 짐작되는 곳을 또 파 보았으나 없었다. 벌써 썩어 흙과 분간치 못하게 된 지가 오래리라. 도로 골목을 나오는데 전처럼 당나귀가 매어 있는 게 눈에 띄었다. 그러나 전처럼 당나귀가 아이를 차지는 않았다. 아이는 달구지채에 올라서지도 않고 전보다 쉽사리 당나귀 등에 올라탔다. 당나귀가 전처럼 제 꼬리를 물려는 듯이 돌다가 날뛰기 시작했다. 그리고 아이는 당나귀에게나처럼, 우리 널 왜 쥑엔! 왜 쥑엔! 하고 소리질렀다. 당나귀가 더 날뛰었다. 당나귀가 더 날뛸수록 아이의, 왜 쥑엔! 왜 쥑엔! 하는 지름 소리가 더 커갔다. 그러다가 아이는 문득 골목 밖에서 누이의, 데런! 하는 부르짖음을 들은 거로 착각하면서, 부러 당나귀 등에서 떨어져 굴렀다. 이번에는 어느 쪽 다리도 삐지 않았다. 그러나 아이의 눈에는 그제야 눈물이 괴었다. 어느 새 어두워지는 하늘에 별이 돋아났다가 눈물 괸 아이의 눈에 내려왔다. 아이는 지금 자기의 오른쪽 눈에 내려온 별이 돌아간 어머니라고 느끼면서, 그럼 왼쪽 눈에 내려온 별은 죽은 누이가 아니냐는 생각에 미치자 아무래도 누이는 어머니와 같은 아름다운 별이 되어서는 안 된다고 머리를 옆으로 저으며 눈을 감아 눈 속의 별을 내몰았다.

소나기

황순원

소년은 개울가에서 소녀를 보자 곧 윤 **초시**네 증손녀(曾孫女)딸이라는 걸 알 수 있었다. 소녀는 개울에다 손을 잠그고 물장난을 하고 있는 것이다. 서울서는 이런 개울물을 보지 못하기나 한 듯이.

벌써 며칠째 소녀는 학교에서 돌아오는 길에 물장난이었다. 그런데 어제까지는 개울 기슭에서 하더니 오늘은 **징검다리** 한가운데 앉아서 하고 있다.

소년은 개울둑에 앉아 버렸다. 소녀가 비키기를 기다리자는 것이다. 요행 지나가는 사람이 있어 소녀가 길을 비켜 주었다.

다음 날은 좀 늦게 개울가로 나왔다.

이 날은 소녀가 징검다리 한가운데 앉아 세수를 하고 있었다. 분홍 스웨터 소매를 걷어 올린 팔과 목덜미가 마냥 희었다.

한참 세수를 하고 나더니 이번에는 물 속을 빤히 들여다 본다. 얼굴이라도 비추어 보려는 것이리라. 갑자기 물을 움켜 낸다. 고기 새끼라도 지나가는 듯.

소녀는 소년이 개울 둑에 앉아 있는 걸 아는지 모르는지 그냥 날쌔게 물만 움켜 낸다. 그러나 번번이 **허탕**이다. 그대로 재미있는 양 자꾸 물만 움킨다. 어제처럼 개울을 건너는 사람이 있어야 길을 비킬 모양이다.

그러다가 소녀가 물 속에서 무엇을 하나 집어낸다. 하얀 조약돌이었다. 그리고는 벌떡 일어나 팔짝팔짝 징검다리를 뛰어 건너간다.

다 건너가더니만 횎 이리로 돌아서며,

"이 바보."

조약돌이 날아왔다.

소년은 저도 모르게 벌떡 일어섰다.

단발 머리를 나풀거리며 소녀가 막 달린다. 갈밭 사잇길로 들어섰다. 뒤에는 청량한 가을 햇살 아래 빛나는 갈꽃 뿐.

이제 저쯤 갈밭머리로 소녀가 나타나리라. 꽤 오랜 시간이 지났다고 생각됐다. 그런데도 소녀는 나타나지 않는다. 발돋움을 했다. 그러고도 상당한 시간이 지났다고 생각됐다.

저 쪽 갈밭머리에 갈꽃이 한 움큼 움직였다. 소녀가 갈꽃을 안고 있었다. 그리고 이제는 천천한 걸음이었다. 유난히 맑은 가을 햇살이 소녀의 갈꽃머리에서 반짝거렸다. 소녀 아닌 갈꽃이 들길을 걸어가는 것만 같았다.

소년은 이 갈꽃이 아주 뵈지 않게 되기까지 그대로 서 있었다. 문득, 소녀가 던진 조약돌을 내려다 보았다. 물기가 걷혀 있었다. 소년은 조약돌을 집어 주머니에 넣었다.

다음 날부터 좀더 늦게 개울가로 나왔다. 소녀의 그림자가 뵈지 않았다. 다행이었다.

그러나 이상한 일이었다. 소녀의 그림자가 뵈지 않는 날이 계속될수록 소년의 가슴 한 구석에는 어딘가 허전함이 자리잡는 것이었다. 주머니 속 조약돌을 주무르는 버릇이 생겼다.

그러한 어떤 날 소년은 전에 소녀가 앉아 물장난을 하던 징검다리 한가운데에 앉아 보았다. 물 속에 손을 잠갔다. 세수를 하였다. 물 속을 들여다 보았다. 검게 탄 얼굴이 그대로 비치었다. 싫었다.

소년은 두 손으로 물속의 얼굴을 움키었다. 몇 번이고 움키었다. 그러다가 깜짝 놀라 일어나고 말았다. 소녀가 이리로 건너오고 있지 않느냐.

"숨어서 내가 하는 일을 엿보고 있었구나." 소년은 달리기를 시작했다. **디딤돌**을 헛디뎠다. 한 발이 물속에 빠졌다. 더 달렸다.

몸을 가릴 데가 있어 줬으면 좋겠다. 이 쪽 길에는 갈밭도 없다. 메밀밭이다. 전에 없이 메밀꽃 냄새가 짜릿하게 코를 찌른다고 생각됐다. 미간이 아찔했다. 찝찔한 액체가 입술에 흘러들었다. 코피였다.

소년은 한 손으로 코피를 훔쳐내면서 그냥 달렸다. 어디선가 "바보, 바보" 하는 소리가 자꾸만 뒤따라오는 것 같았다.

토요일이었다. 개울가에 이르니 며칠째 보이지 않던 소녀가 건너편 가에 앉아 물장난을 하고 있었다. 모르는 체 징검다리를 건너기 시작했다. 얼마 전에 소녀 앞에서 한 번 실수를 했을 뿐, 여태 큰길 가듯이 건너던 징검다리를 오늘은 조심스럽게 건넌다.

"얘."

못 들은 체했다. 둑 위로 올라섰다.

"얘, 이게 무슨 조개지?"

자기도 모르게 돌아섰다. 소녀의 맑고 검은 눈과 마주쳤다. 얼른 소녀의 손바닥으로 눈을 떨구었다.

"비단조개."

"이름도 참 곱다."

갈림길에 왔다. 여기서 소녀는 아래편으로 한 삼 마장쯤, 소년은 우에로 한 십 리 가까운 길을 가야 한다. 소녀가 걸음을 멈추며,

"너, 저 산 너머에 가 본 일 있니?"

벌 끝을 가리켰다.

"없다."

"우리, 가 보지 않으련? 시골 오니까 혼자서 심심해 못 견디겠다."

"저래 봬도 멀다."

"멀면 얼마나 멀기에? 서울 있을 땐 **사뭇** 먼 데까지 소풍 갔었다."

소녀의 눈이 금새 "바보, 바보" 할 것만 같았다.

논 사잇길로 들어섰다. 벼 가을 걷이 하는 곁을 지났다.

허수아비가 서 있었다. 소년이 새끼줄을 흔들었다. 참새가 몇 마리 날아간다. "참, 오늘은 일찍 집으로 돌아가 텃논의 참새를 봐야 할걸." 하는 생각이 든다.

"야, 재미있다!"

소녀가 허수아비 줄을 잡더니 흔들어 댄다. 허수아비가 자꾸 우쭐거리며 춤을 춘다. 소녀의 왼쪽 볼에 살포시 보조개가 패었다.

저만큼 허수아비가 또 서 있다. 소녀가 그리로 달려간다. 그 뒤를 소년도 달렸다. 오늘 같은 날은 일찍 집으로 돌아가 집안일을 도와야 한다는 생각을 잊어버리기라도 하려는 듯이.

소녀의 곁을 스쳐 그냥 달린다. 메뚜기가 따끔따끔 얼굴에 와 부딪친다. 쪽빛으로 한껏 갠 가을 하늘이 소년의 눈앞에서 맴을 돈다. 어지럽다. 저놈의 독수리, 저놈의 독수리, 저놈의 독수리가 맴을 돌고 있기 때문이다.

돌아다 보니 소녀는 지금 자기가 지나쳐 온 허수아비를 흔들고 있다. 좀 전 허수아비보다 더 우쭐거린다.

논이 끝난 곳에 도랑이 하나 있었다. 소녀가 먼저 뛰어 건넜다. 거기서부터 산 밑까지는 밭이었다.

수숫단을 세워 놓은 밭머리를 지났다.

"저게 뭐니?"

"**원두막**."

"여기 참외, 맛있니?"

"그럼, 참외 맛도 좋지만 수박 맛은 더 좋다."

"하나 먹어 봤으면."

소년이 참외 그루에 심은 무우밭으로 들어가 무우 두 밑을 뽑아 왔다. 아직 밑이 덜 들어 있었다. 잎을 비틀어 **팽개친** 후 소녀에게 한 개 건넨다. 그리고는 이렇게 먹어야 한다는 듯이 먼저 대강이를 한입 베물어 낸 다음 손톱으로 한 돌이 껍질을 벗겨 우쩍 깨문다.

소녀도 따라 했다. 그러나 세 입도 못 먹고,

"아, 맵고 지려."

하며 집어던지고 만다.

"참, 맛없어 못 먹겠다."

소년이 더 멀리 팽개쳐 버렸다.

산이 가까워졌다. 단풍잎이 눈에 따가웠다.

"야아!"

소녀가 산을 향해 달려갔다. 이번은 소년이 뒤따라 달리지 않았다. 그러고도 곧 소녀보다 더 많은 꽃을 꺾었다.

"이게 들국화, 이게 싸리꽃, 이게 도라지꽃, ······."

"도라지꽃이 이렇게 예쁜 줄은 몰랐네. 난 보랏빛이 좋아! ······그런데, 이 양산 같이 생긴 노란 꽃이 뭐지?"

"마타리 꽃."

소녀는 마타리 꽃을 양산 받듯이 해 보인다. 약간 상기된 얼굴에 살포시 보조개를 떠올리며.

다시 소년은 꽃 한 옴큼을 꺾어 왔다. 성성한 꽃가지만 골라 소녀에게 건넨다.

그러나 소녀는

"하나도 버리지 마라."

산마루께로 올라갔다. 맞은편 골짜기에 오순도순 초가집이 몇 모여 있었다.

누가 말할 것도 아닌데 바위에 나란히 걸터 앉았다. 유달리 주위가 조용해진 것 같았다. 따가운 가을 햇살만이 말라가는 풀 냄새를 퍼뜨리고 있었다.

"저건 또 무슨 꽃이지?"

적잖이 비탈진 곳에 칡덩굴이 엉키어 꽃을 달고 있었다.

"꼭 등꽃 같네. 서울 우리 학교에 큰 등나무가 있었단다. 저 꽃을 보니까 등나무 밑에서 놀던 동무들 생각이 난다."

소녀가 조용히 일어나 비탈진 곳으로 간다. 꽃송이가 많이 달린 줄기를 잡고 끊기 시작한다. 좀처럼 끊어지지 않는다. 안간힘을 쓰다가 그만 미끄러지고 만다. 칡덩굴을 그러쥐었다.

소년이 놀라 달려갔다. 소녀가 손을 내밀었다. 손을 잡아 이끌어 올리며 소년은 제가 꺾어다 줄 것을 잘못했다고 뉘우친다. 소녀의 오른쪽 무릎에 핏방울이 내맺혔다. 소년은 저도 모르게 **생채기**에 입술을 가져다 대고 빨기 시작했다. 그러다가 무슨 생각을 했는지 핵 일어나 저 쪽으로 달려간다.

좀 만에 숨이 차 돌아온 소년은
"이걸 바르면 낫는다."
송진을 생채기에다 문질러 바르고는 그 달음으로 칡덩굴 있는 데로 내려가, 꽃 많이 달린 몇 줄기를 이빨로 끊어 가지고 올라온다. 그리고는,
"저기 송아지가 있다. 그리 가 보자."
누렁송아지였다. 아직 **코뚜레**도 꿰지 않았다.
소년이 고삐를 **바투** 잡아 쥐고 등을 긁어 주는 체 훌쩍 올라탔다. 송아지가 껑충거리며 돌아간다.
소녀의 흰 얼굴이, 분홍 스웨터가, 남색 스커트가, 안고 있는 꽃과 함께 범벅이 된다. 모두가 하나의 큰 꽃묶음 같다. 어지럽다. 그러나, 내리지 않으리라. 자랑스러웠다. 이것만은 소녀가 흉내 내지 못할 자기 혼자만이 할 수 있는 일인 것이다.
"너희, 예서 뭣들 하느냐?"
농부(農夫) 하나가 억새풀 사이로 올라왔다.
송아지 등에서 뛰어내렸다. 어린 송아지를 타서 허리가 상하면 어쩌느냐고 꾸지람을 들을 것만 같다.
그런데 나룻이 긴 농부는 소녀 편을 한 번 훑어보고는 그저 송아지 고삐를 풀어 내면서,
"어서들 집으로 가거라. 소나기가 올라."
참, 먹장구름 한 장이 머리 위에 와 있다. 갑자기 사면이 소란스러워진 것 같다. 바람이 우수수 소리를 내며 지나간다. 삽시간에 주위가 보랏빛으로 변했다. 산을 내려오는데 떡갈나무 잎에서 빗방울 듣는 소리가 난다. 굵은 빗방울이었다. 목덜미가 선뜻선뜻했다. 그러자 대번에 눈앞을 가로막는 빗줄기.
비안개 속에 원두막이 보였다. 그리로 가 비를 그을 수밖에.
그러나 원두막은 기둥이 기울고 지붕도 갈래갈래 찢어져 있었다. 그런대로 비가 덜 새는 곳을 가려 소녀를 들어서게 했다.
소녀의 입술이 파랗게 질렸다. 어깨를 자꾸 떨었다.
무명 겹저고리를 벗어 소녀의 어깨를 싸 주었다. 소녀는 비에 젖은 눈을 들어 한 번 쳐다보았을 뿐, 소년이 하는 대로 잠자코 있었다. 그리고는 안고 온 꽃묶음 속에서 가지가 꺾이고 꽃이 일그러진 송이를 골라 발밑에 버린다.
소녀가 들어선 곳도 비가 새기 시작했다. 더 거기서 비를 그을 수 없었다.
밖을 내다 보던 소년이 무엇을 생각했는지 수수밭 쪽으로 달려간다. 세워 놓은 수숫단 속을 비집어 보더니 옆의 수숫단을 날라다 덧세운다. 다시 속을 비집어 본다. 그리고는 이쪽을 향해 손짓을 한다.
수숫단 속은 비는 안 새었다. 그저 어둡고 좁은 게 안 됐다. 앞에 **나앉은** 소년은 그냥 비를 맞아야만 했다. 그런 소년의 어깨에서 김이 올랐다.
소녀가 속삭이듯이, 이리 들어와 앉으라고 했다. 괜찮다고 했다. 소녀가 다시 들어와 앉

으라고 했다. 할 수 없이 뒷걸음질을 쳤다. 그 바람에 소녀가 안고 있는 꽃묶음이 망그러졌다. 그러나 소녀는 상관없다고 생각했다. 비에 젖은 소년의 몸 내음새가 확 코에 끼얹혀졌다. 그러나 고개를 돌리지 않았다. 도리어 소년의 몸기운으로 해서 떨리던 몸이 적이 누그러지는 느낌이었다.

소란하던 수숫잎 소리가 뚝 그쳤다. 밖이 멀개졌다.

수숫단 속을 벗어 나왔다. 멀지 않은 앞쪽에 햇빛이 눈부시게 내리붓고 있었다. 도랑 있는 곳까지 와 보니 엄청나게 물이 불어 있었다. 빛마저 제법 붉은 흙탕물이었다. 뛰어 건널 수가 없었다.

소년이 등을 돌려 댔다. 소녀가 순순히 업히었다. 걷어올린 소년의 **잠방이**까지 물이 올라왔다. 소녀는 "어머나" 소리를 지르며 소년의 목을 끌어안았다.

개울가에 다다르기 전에 가을 하늘이 언제 그랬는가 싶게 구름 한 점 없이 쪽빛으로 개어 있었다.

그 뒤로 소녀의 모습은 뵈지 않았다. 매일같이 개울가로 달려와 봐도 뵈지 않았다.

학교에서 쉬는 시간에 운동장을 살피기도 했다. 남몰래 5학년 여자 반을 엿보기도 했다. 그러나 뵈지 않았다.

그날도 소년은 주머니 속 흰 조약돌만 만지작거리며 개울가로 나왔다. 그랬더니 이 쪽 개울둑에 소녀가 앉아 있는 게 아닌가.

소년은 가슴부터 두근거렸다.

"그 동안 앓았다."

어쩐지 소녀의 얼굴이 해쓱해져 있었다.

"그 날 소나기 맞은 탓 아냐?"

소녀가 가만히 고개를 끄덕이었다.

"인제 다 났냐?"

"아직도……."

"그럼 누워 있어야지."

"하도 갑갑해서 나왔다. ……참, 그 날 재밌었어……. 그런데 그 날 어디서 이런 물이 들었는지 잘 지지 않는다."

소녀가 분홍 스웨터 앞자락을 내려다본다. 거기에 검붉은 진흙물 같은 게 들어 있었다.

소녀가 가만히 보조개를 떠올리며,

"그래 이게 무슨 물 같니?"

소년은 스웨터 앞자락만 바라보고 있었다.

"내 생각해 냈다. 그 날 도랑을 건너면서 내가 업힌 일이 있지? 그 때 네 등에서 옮은 물이다."

소년은 얼굴이 확 달아오름을 느꼈다.

갈림길에서 소녀는

"저, 오늘 아침에 우리 집에서 대추를 땄다. 낼 제사 지내려고……."

121

대추 한 줌을 내준다. 소년은 주춤한다.

"맛봐라. 우리 증조(曾祖)할아버지가 심었다는데, 아주 달다."

소년은 두 손을 오그려 내밀며,

"참, 알도 굵다!"

"그리고 저, 우리 이번에 제사 지내고 나서 좀 있다 집을 내주게 됐다."

소년은 소녀네가 이사해 오기 전에 벌써 어른들의 이야기를 들어서 윤 초시 손자가 서울서 사업에 실패해 가지고 고향에 돌아오지 않을 수 없게 되었다는 걸 알고 있었다. 그것이 이번에는 고향집마저 남의 손에 넘기게 된 모양이었다.

"왜 그런지 난 이사 가는 게 싫어졌다. 어른들이 하는 일이니 어쩔 수 없지만……."

전에 없이 소녀의 까만 눈에 쓸쓸한 빛이 떠돌았다.

소녀와 헤어져 돌아오는 길에 소년은 혼잣속으로 소녀가 이사를 간다는 말을 수없이 되뇌어 보았다. 무어 그리 안타까울 것도 서러울 것도 없었다. 그렇건만 소년은 지금 자기가 씹고 있는 대추알의 단맛을 모르고 있었다.

이 날 밤, 소년은 몰래 덕쇠 할아버지네 호두 밭으로 갔다.

낮에 봐 두었던 나무로 올라갔다. 그리고 봐 두었던 가지를 향해 **작대기**를 내리쳤다.

호두 송이 떨어지는 소리가 별나게 크게 들렸다. 가슴이 선뜩했다. 그러나 다음 순간 굵은 호두야 많이 떨어져라, 많이 떨어져라, 저도 모를 힘에 이끌려 마구 작대기를 내리치는 것이었다.

돌아오는 길에는 열 이틀 달이 지우는 그늘만 골라 디뎠다. 그늘의 고마움을 처음 느꼈다.

불룩한 주머니를 어루만졌다. 호두 송이를 맨손으로 깠다가는 옴이 오르기 쉽다는 말 같은 건 아무렇지도 않았다. 그저 근동에서 제일 가는 이 덕쇠 할아버지네 호두를 어서 소녀에게 맛보여야 한다는 생각만이 앞섰다.

그러다 아차 하는 생각이 들었다. 소녀더러 병이 좀 낫거들랑 이사 가기 전에 한 번 개울가로 나와 달라는 말을 못해 둔 것이었다. 바보 같은 것, 바보 같은 것.

이튿날, 소년이 학교에서 돌아오니 아버지가 나들이 옷으로 갈아입고 닭 한 마리를 안고 있었다.

어디 가시느냐고 물었다.

그 말에는 대꾸도 없이, 아버지는 안고 있는 닭의 무게를 겨냥해 보면서,

"이만하면 될까?"

어머니가 **망태기**를 내주며,

"벌써 며칠째 '걀걀' 하고 알 날 자리를 보던데요. 크진 않아도 살은 쪘을 거여요."

소년이 이번에는 어머니한테 아버지가 어디 가시느냐고 물어 보았다.

"저, 서당골 윤 초시 댁에 가신다. 제삿상에라도 놓으시라고……."

"그럼, 큰 놈으로 하나 가져가지. 저 얼룩수탉으로……."

이 말에, 아버지는 허허 웃고 나서,

"임마, 그래도 이게 실속이 있다."
　소년은 공연히 열적어 책보를 집어 던지고는 외양간으로 가 쇠잔등을 한 번 철썩 갈겼다. 쇠파리라도 잡는 체.
　개울물은 날로 여물어 갔다.
　소년은 갈림길에서 아래쪽으로 가 보았다. 갈밭머리에서 바라보는 서당골 마을은 쪽빛 하늘 아래 한결 가까워 보였다.
　어른들의 말이 내일 소녀네가 양평읍으로 이사 간다는 것이었다. 거기 가서는 조그마한 가겟방을 보게 되리라는 것이었다.
　소년은 저도 모르게 주머니 속 호두알을 만지작거리며, 한 손으로는 수없이 갈꽃을 휘어 꺾고 있었다.
　그 날 밤, 소년은 자리에 누워서도 같은 생각뿐이었다. 내일 소녀네가 이사하는 걸 가 보나 어쩌나. 가면 소녀를 보게 될까 어떨까.
　그러다가 까무룩 잠이 들었는가 하는데,
　"허 참, 세상일도……."
　마을 갔던 아버지가 언제 돌아왔는지,
　"윤 초시 댁도 말이 아니야. 그 많던 **전답**을 다 팔아 버리고 대대로 살아오던 집마저 남의 손에 넘기더니 또 악상까지 당하는 걸 보면……."
　남폿불 밑에서 바느질감을 안고 있던 어머니가,
　"증손(曾孫)이라곤 계집애 그 애 하나뿐이었지요?"
　"그렇지. 사내 애 둘 있던 건 어려서 잃어버리고……."
　"어쩌면 그렇게 자식복이 없을까."
　"글쎄 말이지. 이번 앤 꽤 여러 날 앓는 걸 약도 변변히 못써 봤다더군. 지금 같아서 윤 초시네도 대가 끊긴 셈이지.…… 그런데 참, 이번 계집앤 어린 것이 여간 잔망스럽지가 않아. 글쎄, 죽기 전에 이런 말을 했다지 않아? 자기가 죽거든 자기 입던 옷을 꼭 그대로 입혀서 묻어 달라고……."

[단어 해석/单词解析]

1. 과수 : 과부 **寡妇**
2. 저자 : 시장에서 물건을 파는 가게 **集市里的店铺**
3. 인두질 : 인두(불에 달구어 천의 구김살을 펴는 기구)로 다리는 일 **熨衣服**
4. 란도셀 : 일본의 소학교 아이들이 메고 다니는 가죽 가방 **日本小学生背的书包**
5. 낭자 : 여자의 예장에 쓰는 딴 머리의 하나. 쪽 진 머리에 덧대어 얹고 긴 비녀를 꽂음 **女人的发髻**
6. 사금파리 : 사기 그릇의 깨어진 조각 **碎瓷器片**

7. 이악스레 : 기세가 굳세고 끈덕지게 **坚韧地**
8. 추잡스럽다 : 말이나 행동 따위가 지저분하고 잡스러운 데가 있다 **龌龊，肮脏**
9. 나직하다 : 소리가 꽤 낮다 **低沉**
10. 고자질하다 : 남의 잘못이나 비밀을 일러바치다 **告状，打小报告**
11. 초시 : 예전에, 한문을 좀 아는 유식한 양반을 높여 이르던 말 **员外**
12. 징검다리 : 개울이나 물이 괸 곳에 돌이나 흙더미를 드문드문 놓아 만든 다리 **过河时用的垫脚石**
13. 허탕 : 어떤 일을 시도하였다가 아무 소득이 없이 일을 끝냄 **白费，落空**
14. 디딤돌 : 디디고 다닐 수 있게 드문드문 놓은 평평한 돌 **垫脚石**
15. 사뭇 : 거리낌 없이 마구 **一个劲儿地，使劲地**
16. 원두막 : 오이, 참외, 수박, 호박 따위를 심은 밭을 지키기 위해 밭머리에 지은 막 **窝棚**
17. 팽개치다 : 물건 따위를 내던지거나 내버리다 **扔，甩**
18. 생채기 : 손톱 따위로 할퀴어지거나 긁히어서 생긴 작은 상처 **划破的小伤口**
19. 코뚜레 : 소의 코청을 꿰뚫어 끼는 나무 고리. 좀 자란 송아지 때부터 고삐를 매는 데 쓴다 **牛鼻环，鼻圈**
20. 바투 : 두 대상이나 물체의 사이가 썩 가깝게 **紧靠，靠近**
21. 나앉다 : 어떤 곳으로 나가거나 물러나서 자리를 잡다 **向前或退后**
22. 잠방이 : 가랑이가 무릎까지 내려오도록 짧게 만든 홑바지 **裤子**
23. 작대기 : 긴 막대기 **长杆，棍**
24. 망태기 : 물건을 담아 들거나 어깨에 메고 다닐 수 있도록 만든 그릇 **网兜**
25. 전답 : 논밭 **田地**

[연습 문제/练习]

1. 「별」에서 '별'은 어떤 의미를 가지고 있는지 생각해 보십시오.
2. 누이의 죽음 이후에 소년이 "일부러 당나귀 등에서 떨어져 구르는" 행동을 하는 이유는 무엇입니까?
3. 「소나기」의 주제를 토론해 보십시오.

제 11 과　소설 : 「실비명(失碑銘)」

[작가 소개/作家介绍]

　　김이석(金利錫, 1914—1964년)은 평양에서 태어나 연희전문학교 문과를 중퇴하였다. 1937년 김조규 등과 함께 평양에서 동인지 『단층』을 발간하고 여기에 단편소설 「감정세포(感情細胞)의 顚覆」과 「환등(幻燈)」 등을 발표하였다. 1938년에 「동아일보」에 단편소설 「부어(腐魚)」가 당선되면서 문단에 **데뷔하였다**. 6·25 전쟁 중에 월남하여 종군작가단에서 작품활동을 하기도 하였다.

　　그의 소설은 지식인의 비참한 삶의 모습 같은 개인적 체험을 많이 그려 낸다. 한편, 「실비명」같은 가난한 하층민들의 삶을 따뜻한 연민의 시선으로 그려낸 작품들도 그의 작품 세계에서 또 하나의 영역을 차지한다. 그는 대체로 가난한 지식인들의 삶과 **서민**들의 생활상을 소설 속에 담아 내면서 소박하고 **선의**에 찬 인간상을 추구하는 휴머니즘적 경향을 보여 준다. 대표작 「실비명」은 1957년 자유문협문학상을 받았다. 이외에 「뻐꾸기」, 「기억」, 「허민 선생」 등의 작품도 유명하다.

[단어 해석/单词解析]

1. 데뷔하다 : 일정한 활동 분야에 처음으로 등장하다 **初次登台，亮相**
2. 서민 : 아무 벼슬이나 신분적 특권을 갖지 못한 일반 사람 **庶民，老百姓**
3. 선의 : 착한 마음 **善意**

[작품 해제/作品解析]

「실비명」은 1953년에 발표된 작품으로, 일제강점기에 평양에 사는 어떤 인력거꾼과 딸의 불우한 생활을 그리고 있다. 인력거꾼 덕구는 외동딸을 의사로 만들기 위해 갖은 고생을 다하고 목숨까지 잃은 헌신적인 아버지다. 하지만 딸은 아버지의 바람을 어기고 기생이 된다. 뒤늦게 딸은 아버지가 인력거를 끌고 가다 자동차에 치여 사망한 것을 생각하며 자기에 대한 아버지의 지극한 애정을 깨닫고 **참회하여** 다시는 인력거를 타지 않기로 결심한다.

작가는 아버지의 꿈과 딸의 이상 사이에서 빚어진 용납될 수 없는 갈등 속에 비극적 인간상을 설정해 놓고, 일제시대 때 불우했던 민족적 현실을 보여 준다. 그리고 이 소설은 1920년대 현진건의 「운수 좋은 날」과 같이 작중인물로 인력거꾼을 설정해 놓지만 빈곤의 **암울한** 면을 **내세우기**보다는 인정의 아름다움을 펼쳐간다. 인력거꾼이 보여 주는 인정의 세계와 자식에 대한 헌신 등은 아름다운 가치이기도 하지만 이 작품이 발표된 당시에는 점점 사라져가는 가치였다. 작가는 순수하고 소박한 인정을 그리워하며 이 작품을 통해 순수하고 소박한 인정을 추구한다.

[단어 해석/单词解析]

1. 참회하다 : 자기의 잘못에 대하여 깨닫고 깊이 뉘우치다 **忏悔**
2. 암울하다 : 어두컴컴하고 답답하다 **黑暗，沉闷**
3. 내세우다 : 어떤 일에 나서게 하거나 앞장서서 행동하게 하다 **推出，使……站出**

[작품 원문/作品原文]

평양 모란봉 기슭인 진위대 마당에서 **연년이** 시민 대운동회를 열던 일도 생각해 보면 이미 삼십여 년 전의 옛일이다. 그때 경기 중에선 장애물경기가 제일 볼 만했지만, 역시 인기의 초점은 마라톤이었다. 오색기가 하늘 높이 펼쳐지는 **매화포** 소리가 쾅 하고 울려지면, 그 소리를 따라 백여 명의 건아들이 서로 앞을 다투어서 평양역을 향하여 달리었다. 시가 곳곳에서는 군악이 울려났고, 시민들의 환호 소리는 하늘을 진동했다. 참으로 장관이었다.

그때 어느 핸가 **왼편**의 인력거꾼이 마라톤에 삼등을 했다. 그것이 바로 덕구였다. 그는 상장과 부상으로 광목 세 통을 탔다. 상장보다도 기실 실속 있는 광목을 짊어지고 그의 집에 들어갔을 때, 그의 아내는 딸의 예장이나 받은 것처럼 기뻐했다. 그렇게도 기뻐하던 그의 아내가 그해 겨울에 급성폐렴으로 가스랑거리는 가래와 함께 숨이 넘어가고 말았다. 스물여덟이란 너무나 아까운 나이에, 일곱 살 난 딸 하나를 남겨놓았을 뿐이었다. 덕구는 마라톤에서 탄 광목을 **의롱**에서 꺼내어 아내의 시체를 감아야 했다. 정말 그런 줄은 꿈에도 생각지 못하였던 일이었다.
　그는 꽁꽁 언 땅에 아내를 묻고 돌아서면서 눈물 대신 일생을 딸과 함께 독신으로 살겠다고, 손가락을 깨물어 피를 내었다. 그의 딸인 도화는 그때부터 조석으로 쌀을 일어야 했다. 이를테면 도화는 글보다도 부엌일을 먼저 배운 것이다. 뿐만 아니라 집의 일이라면 무엇이나 아버지의 상대역이 돼야 했다. 아버지의 말이라면, 웃음부터 웃는 도화는 귀엽다기보다도 제법 모두가 어른 같은 짓이었다.
　덕구는 추석이며 으레 도화를 데리고 아내의 무덤을 찾았다. 그러고는 들고 간 토꾸리 한 병의 소주를 벌컥벌컥 혼자서 다 마시었다. 올 때는, 언제나 도화는 한 손엔 빈 **토꾸리**를 들고 또 한 손엔 취한 아버지를 끌고 와야 했다. 어머니의 생각보다도 술 취한 아버지가 더 걱정되고 슬펐다.
　이렇게도 추석을 해마다 보내면서, 덕구는 날마다 하루에도 몇 차례씩 기생아씨들을 싣고 대동강 강변길을 달리는 동안에, 날이 가고 또 날이 가 어느덧 도화도 소학교 졸업반이 되었다. 하나 남보다도 이태나 학교를 늦게 다닌 도화는 기실 나이로 보아서도 그랬거니와 티로 보아서도 여학생이라 해야 했다. 더욱이 그의 조숙하고도 탐스러운 얼굴은 풋된 중학생 놈들의 가슴을 울렁거리게 하기에도 충분했다. 덕구는 밤마다 여드름투성이들이 집 담밑에서 휘파람을 획획 부는 줄도 모르고 기생아씨들을 막차까지 실어다 주기에 언제나 자정이 넘어서야 집에 들어왔다.
　어느 날 밤, 덕구는 술이 약간 취해서 들어오다 이불을 걷어차고 자는 딸을 보고 "망할 놈의 게집애"하고 이불을 끌어 덮어주었다. 그러고는 무심코 토실토실한 딸의 얼굴을 들여다보다 문득 죽은 아내의 얼굴이 번개처럼 솟구침을 느끼었다.
　불을 끄고 자리에 누운 그는, 그제는 부질없는 숨결이 지나가고 쌔근거리는 딸의 숨소리를 따라 지금까지 눈앞에 그려만 보던 행복이 벅차게 닥쳐진 것만같이 느껴졌다.
　그가 딸에게 바라는 것은 의사였다. 그것은 그가 오래전부터 그의 가슴속에 간직해둔 결심이었다. 자기가 인력거를 끄는 것도, 독신으로 사는 것도, 그렇게 먹고 싶은 술을 절주하는 것도, 그리고 다달이 저금해 나가는 것도 그 때문이라고, 하여튼 자기의 소원은 전부가 그것만이라고 생각했다. 그가 밤마다 자리에 눕기가 무섭게 생각하는 것도 그것뿐이었다. 그 생각만 하면 피곤도 잊어버리고 그저 즐겁기만 했다. 그렇다고 그는 딸을 의사 공부를 시켜 호강을 사겠다는 그런 마음에서 그런 것도 아니었다. 그저 지금 기생의 인력거를 끄는 대신, 의사가 된 딸의 인력거를 끌어보겠다는 단순한 그 마음이었다. 그는 때때로 혼자서 잠꼬대를 하듯
　"원장님, 어서 올라타시오."
　익살을 부려 중얼거려보기까지 했다. 그러고는 자기 딸이 탄 인력거를 끌고 신이 나게 달아나는 자기의 모양을 그려보곤 어쩔 수 없는 듯이 입가에 미소를 흘려놓고야 마는 것이었다.
　요정에서 돌아오는 기생을 싣고 밤늦게 청루벽 아래 같은 호젓한 길을 지나올 때면,
　"아주바닌 정말 혼자서 무슨 재미루 살아요. 내 고운 과부나 하나 중매하라우?"

하고 기생들이 **심심파적**으로 이런 조롱도 곧잘 끄집어냈다. 그럴 때면 그는 으레,

"사는 거야 다 제 맛인걸, 혼자 사는 것두 한 재미지."

그러면서도 정말 도화년이 없었더라면 자기는 외로워서 어떻게 살 수 있었느냐고 딸의 얼굴 같은 달을 쳐다보는 것이었다. 달이 없으면 별을 쳐다보고, 그 많은 별 중에서 도화의 눈처럼 총총한 별을 찾기도 했다.

때로 덕구는 술에 취한 기생들의 푸념도 들어야 했다.

"아주바니, 난 무슨 팔자를 타구나서 되는 게 해필 사나이의 조롱감이오."

하고 팔자타령의 한숨을 풀어놓기도 했다. 그럴 때면,

"난 무슨 팔자루 인력거꾼이 됐겠나. 사람 사는 게 다 그렇지."

하고 자기의 신세타령으로 기생의 입을 막아주기도 했다. 이런 때도 덕구는 도화가 없었더라면 달빛에 출렁거려 야단치는 저 백은탄(白銀灘)의 물소리도 그저만 자기의 한숨소리로 들릴 것이라고 생각했다.

술은 또한 기생들의 마음을 헐떡하게 하기도 했다. 마음이 커지면 손님들의 흉내도 피워보고 싶은 모양인지,

"정말 욕하지 말구 밤참이라두 가 잡수라구요."

하고 인력거에서 내리기가 바쁘게 핸드백을 열어 오십 전 한 닢을 끄집어내기도 했다. 그러나 덕구는 이런 때면 언제나 선뜻 손이 나가지를 못하고 인력거 채부터 잡았다.

"그러면 아주바닌 날 욕하는 거애요. 난 정말 그렇게 생각하갔수다."

하고 기생은 기어코 따라오며 돈을 쥐여주었다. 덕구는 하는 수 없이 기생의 손목도 쥐어야 하고 돈도 받아야 했다. 그러고는 이것도 결국 도화의 앞날을 위해서라고 낯을 붉히며 생각했다.

도화가 다니는 학교는 학교 이사(理事)들도 자기 딸은 안 보내는 장로교 계통의 인가도 없는 학교였다. 물론 운동회니 학예회니 그런 것은 생각지도 않는 학교였다. 그래도 학생들은 자기네끼리 연년이 크리스마스의 축하회를 지내왔다. 말하자면 자기들의 재롱을 크리스마스를 이용해서 학부형들 앞에 보여주는 셈이었다. 졸업하던 해, 도화는 한 동네 사는 연실이와 함께 춘향이와 몽룡이가 이별하는 춤을 추었다. 제법 소리판에 맞추어 홍치마를 잘잘 끄는 춘향이와 전복을 떨쳐 입은 몽룡이가 애타고도 안타까운 눈길을 서로 주고받는 꼴이란, 보는 사람마다 간지러운 미소를 저절로 흘려놓게 하였다. 더군다나 인력거를 쉬고 딸을 보러 갔던 덕구는 어떠했으랴, 그저 입을 반만치 펑 벌린 채 몽룡이로 분장한 딸을 바라보며 저것이 정말 내 딸인가, 내 딸이라면 딸에 아까울 것이 무엇이냐고 평시에 서운턴 생각도 잊어지고 그저 황홀경에 취했을 뿐이었다.

도화는 공부도 우등이었다. 천자(千字)를 떼려다 기어코 못 뗀 덕구는 도화의 통신부를 받을 때마다 자기를 닮지 않은 것이 얼마나 다행인가고 생각하곤 했다. 그러기에 도화는 졸업하던 그해에 남과도 달리 다섯 가지의 시험을 봐야 하는 소위 검정시험이라는 것도 모른 척하고 여학교에 입학할 수 있었다.

도화가 입학되자 덕구는 학부형회를 참석하려면 으레 양복을 입어야 하겠다고 신사가 '로씨아' 양복상을 찾았다. 그러기 위하여 그는 지금까지의 저금에서 처음으로 십 원을 찾아야 했다. 그러나 아깝지를 않았다. 그저 딸에게 넥타이를 매달리는 것이 귀찮다고 생각했다.

그날 밤 덕구는 양복을 입고 딸의 인력거를 끄는 꿈을 꾸고 나서, 혼자서 벙실벙실 웃었다.

도화는 여학교 간 첫날로 생각지도 않았던 언니가 하나 났다. 백 미돌 선수라는, 얼굴이 말갈이 생긴 상급반 학생이었다. 그의 집은 큰 정미소라고도 했다. 도화는 백 미돌 선수도, 부잣집 딸이라는 것도 귀찮고, 배운다는 언니가 어째서 그런가고, 그를 어째서 언니라고 해야 하는가고 생각할 수록 슬프고 답답했다. 이튿날 언니라는 사람으로부터 꽃종이로 싼 예물이 왔다. 집에 가서 펼쳐보니 찻종지가 차곡이 들어 있는 곽이었다. 도화는 언니라는 사람이 찻종지만큼 예뻤으면 하고 생각하다 못해, 다음 날 찻종지 곽을 언니라는 그의 교실에 갖다 놓았다.

그날부터 도화는 백 미돌 선수처럼 대번에 유명해졌다. 유명해졌대야 인력구꾼 딸이라는 것밖에 드러날 것이 없었다. 어느덧 도화의 별명은 '찌링'이 되고 말았다. '찌링'이라는 그의 별명은 짓궂게 남학생에게까지 알려졌다. 학교 가는 길에서 조석으로 만나는 그들은

"찌링 찌링 비껴나시오, 빨리빨리 장춘관으로 헤이."

마치 무슨 응원가처럼 곡조를 붙여 지근거렸다. 도화는 그 소리를 들을 때면 울고 싶게 골이 났고 울고 싶은 눈으로 그들을 흘겨주었다.

그러나 그것도 한두 번일 수밖에 없었다. 도화는 학교에서 돌아와 책보를 던지고 빈방에서 혼자서 우는 날이 많았다. 아버지를 원망하는 것도 아니었다. 오히려 아버지가 미안하고 불쌍하다고 생각했다. 그럴 수록 눈물은 더욱 북받쳐 나왔다. 이런 때에 연실이가 찾아주는 것처럼 또한 고마운 일은 없었다.

"울긴 왜 또 우니."

기생학교에 다니는 연실이는 하루하루 다르게 예뻐만 갔다. 도화는 연실이 저고리가 오늘도 또 다른 저고리라는 것을 알아내며,

"난 학교가 칵 싫어졌다. 나두 기생이나 될까 봐."

그러나 연실이는 도화의 심정은 알아줄 생각도 않고,

"날 놀리는 셈이가."

하고 샐쭉했다.

도화는 그것이 더욱 슬퍼지며,

"그건 내 속 모르고 하는 소리야. 정말이야."

하고 흐느끼면 연실이도 불시에 자기의 설움이 느껴지며,

"누군 기상이 되구파서 되는 줄 알구."

하고 옷고름으로 눈물을 짜내고야 말았다. 그러면 도화는 또한 연실에게 미안스러운 생각이 들며, 나도 기생학교나 다녔으면 마음 편했을 것이 아닌가고 생각했다. 그럴 수록 그런 마음은 더욱 간절해지며,

"나두 꼭 기상이 되고 말 테야. 그땐 너두 내 진정을 알아줄 테지."
하고 연실이 목을 쓸어안고 한참이나 울어댔다. 그러고는 누가 먼저
"이젠 시원하지."
"응, 그래."
하고 그들은 벌써 우는 얼굴이 아니고 웃는 얼굴이었다. 그들의 우는 얼굴보다는 역시 웃는 얼굴이 더 귀엽다고 해야 했다.

그들은 밤거리를 잘 싸다녔다. 음산한 방구석에서 키들거리기보다는, 물론 그것이 신선하고 즐거웠다. 그들은 불이 환한 야시장에 가서 비좁은 틈을 비벼대며 **늑거리 '구리무'**를 고르는 재미도 알았다. 이애리수(李愛利秀)의 노래는 꼭 들어야 했고, 때때로 나운규의 영화도 봐야 하는 그들은 극장의 마지막 나팔 소리도 분간하게 되었다. 그러자니 약간의 돈도 필요했다. 언니가 기생인 연실이는 그것이 어떻게 되는 모양이었다. 그러나 도화는 사지도 않는 공책을 사야 한다고 아버지를 속이는 수밖에 없었다. 그런 땐 정말 자기는 못된 년이라고 생각하면서도 하는 수가 없었다.

어느 날 그들은 연극을 보고 오던 길에 빙수가게에서 여배우를 모집하는 광고를 보고, 가슴을 울렁거렸다. 열여섯 살 이상이라야 한다는 연령 제한이 걱정돼서 그런 것도 아니었다. 이튿날 그들은 아마추어협회라는 곳을 찾았다. 설마 그런 창고인 줄은 몰랐다. 그러나 저렁저렁 울리는 탬버린 소리를 들었을 때, 그들은 다른 것을 더 생각할 여유도 필요도 없었다. 돌아오는 길에 그들은 배우가 되기가 그렇게도 쉬우냐고 서로 웃었다.

그날부터 도화와 연실이는 저녁마다 그 창고를 찾곤 했다. 그러는 사이에 어느덧 그들도 제법 탬버린을 울린 줄 알게 되었고, 그러는 사이에 또한 도화는 연실에게도 숨겨야 할 비밀이 생기었다. 비밀의 상대자가 협회에서 늘 같이 콤박을 추는 길고 가늘게 생긴 허신이라는 중학생이었다. 그는 어느 날 학교에서 돌아오는 도화를 담모퉁이에 지켜섰다가 부드러운 눈웃음으로 잡아내어 제일과 뒷골목에 있는 양식당으로 끌고 갔다. 그곳에서 도화는 처음으로 달콤한 잼을 입에 대면서 키스 맛도 알았다. 도화는 쓰지도 않고 달지도 않은 생생한 그 기억이 입술에 남은 채, 눈에 보이는 것은 모두가 행복스럽기만 했다. 그러면서도 연실에겐 어쩐지 미안스럽고 그럴 수록 허신이가 더욱 간절히 그리워지는 것도 어쩌는 수가 없었다. 그들이 손을 쥐고 어두운 강변길을 걷는 사이에 어느덧 여름방학도 지났다.

구월이 잡히자 아마추어협회에서는 첫 공연의 준비로 부산하였다. 그레고리 부인의 「달 뜨는 무렵」과 춤을 올리는, 말하자면 평양서는 처음 보는 **보드빌**로서, 토요일과 일요일의 이틀 동안을 긴찌요자에서 동라(銅羅)를 울리게 되었다.

그날 도화와 허신이는 콤박을 추었다. 막이 오르자 그들은 음악 소리를 따라 푸른빛 붉은빛이 흘러지는 무대로 뛰쳐나갔다. 휘젓는 탬버린 소리가 한껏 즐거운 대로 그들의 즐거운 눈길이 몇 번인가 서로 부딪쳤다. 집시의 춤을 처음 보는 광중들은 미친 듯이 박수를 펴부었다. 재청 재청, 그때마다 그들은 무대를 뛰어 오르내리기에 숨을 채우기가 가빴다.

그러나 그렇던 흥분도 결국 첫날뿐이었다. 이튿날 아마추어협회의 남자들은 연극의 내용이 **불온**하다는 이유로 고스란히 잡혀갔다. 또한 도화는 도화대로 이튿날 밥알수염이라는

제11과 소설 : 「실비명(失碑銘)」
한국 현대문학 작품 선독

담임선생에게 창가교실로 끌려들어가,
　"너 같은 불량소녀는 우리 학교에 둘 수가 없다."
하고 단 한마디의 선언을 받아야 했다. 순간에 도화는 전신에 뜨거운 것이 한꺼번에 치밀어올라 목구멍이 메어짐을 느끼었다. 학교에 미련이 있어서 그런 것도 아니었다. 아버지가 미안스럽고 한편 무섭기까지 한 때문이었다.
　다음 날도 아버지 앞에서 여전히 책보만은 싸가지고 나와야 하는 도화는 하릴없이 거리의 상점 진열장을 기웃거리다 허신이가 갇혀 있는 붉은 벽돌집인 경찰서 앞까지 와서는 그곳을 몇 번인가 빙빙 돌기만 했다. 그러나 그것뿐으로 자기로서는 어떻게 할 수 없는 일이었다. 도화는 가슴이 아프고 쓰리고 또한 안타까운 대로 그와 같이 걷던 길을 혼자 더듬어보며, 울적한 마음을 풀어본다고 쓸쓸하게 노래도 불러보았다.
　이렇게 며칠을 보내는 동안에 잡혀갔던 중에 몇 사람은 먼저 나왔다는 기사가 신문에 났다. 그곳에 허신이도 끼여 있었다. 도화는 물론 허신이가 나오는 길로 자기부터 찾으리라고 믿고 있었다. 하나 그에게서는 아무런 소식도 없었다. 도화는 오늘이나 내일이나 가슴을 태워가며 그의 여윈 얼굴을 기다리고 있던 자기가 미련하다고 생각하게 되었다.
　그러던 어느 날 허신에게서 짧은 편지가 왔다.

　　이 편지를 도화씨가 받을 때에는 아마 저는 북국 나라로 정처 없이 떠났을
　　때입니다. 떠나기 전 뵈옵고 싶은 마음 간절하였사오나 즐거운 추억마저
　　구태여 이별의 눈물로……운운.

　도화는 읽던 편지를 집어던지고 말았다. 눈물은 안 나면서도 하늘이 무너진 듯 허전한 그 무엇이 가슴에 느껴졌다. 도화는 다시 찢어진 편지를 붙여보았다. 그러나 역시 허전한 마음은 마찬가지였다.

　덕구는 도화가 퇴학당한 이야기를 처음으로 연실이 언니에게 듣고 말았다. 바로 연실이 언니를 태우고 그의 집을 바래다주는 길에서였다.
　"그럼 그것도 여태 모르구 있었수다례. 도화가 긴찌요자서 춤을 수고 그렇게 된 걸……"
　덕구는 초롱불의 어두운 불빛 속에서 인력거 채를 돌려 쥔 채 멍하니 연실이 언니의 얼굴만 쳐다보고 있어야 했다.
　"글쎄, 우리 연실이년이란……그것들이 정말 그러구 밀려다니는 줄야 누가 알았겠수."
　연실이 언니는 언니다운 한숨을 지었다. 하나 덕구의 아픈 가슴에 비할 바는 아니었다.
　덕구는 그날 밤 아직도 몇 차례 더 끌어야 할 인력거를 그만두고 주차소(駐車所)를 나왔다. 몸이 떨려서 그대로 집에 들어갈 수가 없었다. 그는 계물전에 들러서 **고뿌** 술을 두 잔이나 단숨에 들이켰다. 마음을 진정하려는 술이 급기야 격분으로 터져, 눈에는 불이 벌긋벌긋했다.
　"그저 그년을, 그년을……"

입술을 깨물다 못해, 석 잔째의 밀잔을 벌컥 들이켜고 난 그는, 단 걸음으로 집으로 달려가 대문을 차고 미닫이를 젖혔다. 그러나 방에는 텅 빈 채 십 촉 등불만이 홀로 졸고 있었다. 참으로 다행한 일이라고 해야 했다. 덕구는 숨이 넘어갈 듯 허덕이다 그만 자리에 쓰러지고 말았다. 전신이 노곤해지며, 뺨 위에는 걷잡을 수 없는 눈물까지 쭈룩 흘러지었다.

그날도 연실이와 같이 구경갔던 도화는 열두시가 거의 가까워서 들어오다 문득 아버지가 드러누운 것을 보고 가슴이 털썩했다. 학교가 그렇게 된 후부터는 아버지의 얼굴만 대해도 놀라는 버릇이 생긴 도화는 떨리는 손으로 전등부터 끄고 나서 자리에 누웠다. 그러고는 가늘게 한숨을 섞어가며,

"아버지도 그 일을 끝내 알고야 말겠지. 그럼 아버진……"

그러자 무서운 공기가 방 안에 가득 차지며 옆집에서 들려오는 다듬이 소리가 자기 가슴 속에 울려지는 것만 같았다. 그때에 자는 줄만 알았던 아버지가

"어디 갔댄."

하고 얼굴을 벽에 댄 채 물었다. 도화는 급작스럽게 가슴이 울렁거리며 대답이 선뜻 나오지 않았다.

"저 연…… 연실네 집에서 놀다가……"

덕구는 뒤이어

"연실의 집에……"

하고 반문하고는 잠깐 공간을 두었다가,

"난 그래두 널 의사 공불 시킨다구 술두 안 먹었단다."

하고 이제는 더 나올 한숨도 없는 듯이 담배를 찾아 물었다. 아버지의 담배가 절반도 타기 전에 도화는 어둠 속에서 어깨를 들먹여 쿨쩍쿨쩍 울기 시작했다.

"듣기 싫구나."

역시 비통한 소리였다. 그날 밤 덕구는 담배로 밤을 새우고 도화는 눈물에 불은 눈으로 밤을 밝혔다.

다음 날 아침 덕구는 양복을 꺼내 입고 혼자서 넥타이를 묶다 못해 종시 도화에게 목을 내밀었다. 도화는 아버지가 학교를 찾아가려는 것을 알았다. 가야 쓸데없는 것도 알고 있었다. 그러면서도 그것을 말릴 수 없는 것이 자기라고 생각했다. 학교를 찾아간 덕구는 언제인지 학부형회에서 본 도화의 담임선생인 밥알수염 앞에 가서 머리부터 굽실굽실 숙이었다. 밥알수염은

"기상만 데리구 다니는 양반이 돼서 자기 딸 같은 것은 잊구 다니니까 그렇지요."

첫마디가 이런 조롱이었다. 그래도 덕구는 딸의 복교를 애원해보았다. 종이 울리자 밥알수염은 더 말할 필요가 없다는 듯이 분필갑을 들고 나가버리었다. 그래도 덕구는 주저앉아서 기다리었다. 시간을 끝내고 다시 들어오던 그는 화를 발칵 내며,

"이 영감이 미쳤나? 어서 가. 인력거나 끌지 않고……"

덕구는 그제야 밸이 꾸불거리는 것을 느끼고 일어섰다. 포플러 잎이 휘날리는 학교 문을 나서면서 그의 마음은 한없이 허전했다.

덕구는 그날부터 매일 밤 술이었다. 주차소는 밤 두시가 거의 가까워서야 문을 닫았다. 그제야 동료들은 명태대가리를 놓고 둘러앉아서 대폿술을 마시었다. 술이 시원치 않으면 그들은 고뿌를 둘러엎고 설수당골 색주가 집으로 가자고 소리치곤 했다. 전엔 전혀 없던 덕구도 먼저 고함치는 날이 많았다.

덕구는 술에 취하면 더욱 마음이 허전해지었다. 이제는 별을 보아도 도화의 눈을 찾는 버릇도 없어지고 자동적으로 꺼져나오는 한숨을 따라,

"간밤에 부던 바람 눈서리 치단 말가."

하고 노랫가락을 외면서 비뚝거리며 집을 찾아오곤 했다.

어느 날 덕구는 자기와 같이 권번에 있던 친구를 만나 술을 먹다, 시험을 쳐서 의사가 되는 이야기를 들었다. 그는 일본인 산부인과 병원에서 인력거를 끌기 때문에 그런 일을 좀 알았다. 그의 말에 의하면 간호부로 들어가 이삼 년 공부하다 의사시험을 치고 나면 대번에 의사가 될 수 있다는 것이었다. 덕구는 한꺼번에 마음이 밝아졌다.

"의사 시험이 아무리 힘든단들 네 재간 가지고 못할 것이 뭐냐."

딸을 대하고서 그는 오래간만에 화기를 띠었다. 도화는 실상 남의 피고름을 짜내야 하는 간호부가 마음에 당기는 일은 아니었다. 차라리 기생이 되면 되었지, 그의 본심은 그러면서도 아버지의 기뻐하는 얼굴을 거역할 수는 없었다.

도화는 아버지의 친구라는 사람을 따라가 간호부가 되었다. 간호부 생활도 당해놓고 보니 생각보다는 몇 갑절 고된 일이었다. 이섭여 명이나 되는 환자의 체온을 재야 했고, 밥시중을 해야 했고, 때로는 조산(助産)도 해야 했고, 그러고도 병원 소제까지 해야 했고, 그것도 단 셋이서 해야 했다.

도화는 한종일 이 방에서 저 방으로 뛰어다니다 밤이 되면 솜처럼 풀어진 채 옷도 못 벗고 쓰러져 자는 날이 많았다. 의사시험은 고사하고 책을 한번 들어볼 짬도 어림없었다. 이렇게 석 달을 지내는 동안 도화의 탐스럽던 얼굴은 다 어디로 가고 해말쑥한 얼굴이 되고 말았다.

함박눈이 펑펑 쏟아지는 어느 날 밤, 덕구는 신시가 일본 요정에 기생을 태워다주고 오던 길에, 오랫동안 보지 못한 도화가 그날만은 자꾸 보고 싶어졌다. 그는 길을 돌아 병원을 찾았다. 바로 그때 도화는 병원 앞에서 눈을 쓸고 있었다. 덕구는 도화의 여윈 얼굴을 보고 눈을 슴벅거려가며 놀랐다. 아버지를 대하자 눈물부터 터지려는 도화의 얼굴은 병원에서 흘러지는 불빛에 반사되어 더한층 창백하게 보이었다. 덕구는 애처로운 마음이 뭉클하고 치밀어오르는 대로 당장에 들어가서 짐을 싸게 하고 끌고 나왔다.

어두운 숫눈길을 한참이나 말없이 걸어나오다 문득 덕구는 뒤돌아서며,

"그렇게도 맹추가, 제 몸 생각할 줄도 모르고."

하고 처음으로 입을 열었다. 인력거 뒤에서 잠잠히 따라오는 도화의 눈에는 수정 같은 방울이 힐끔 띄었다. 덕구는 못 본 척하고 다시금 인력거를 끌었다. 눈 위로 굴러가는 바퀴 소리만 또 한참 계속되었다. 덕구는 얼마큼 가다가 서서 도화에게 고개를 돌려,

"타간."

했다. 도화는 이번에도 말없이 고개만 흔들었다. 좀더 가다가 덕구는 불이 환한 게물전 앞에 다시 서서,

"눈도 오는데 타려무나."

했다. 도화는 싫다고 좀 전보다도 고개를 더 흔들었다. 얼마 안 가서 큰거리로 나서자 이번에는 인도 옆으로 인력거를 대놓으며,

"어서 올라타구 빨리 가자꾸나."

했다. 도화는

"싫다는데두."

하고 울상을 지었다. 덕구는 다시 인력거 채를 쥐고 묵묵히 걸었다. 얼마 동안 가서 남문 거리로 들어서자 갑자기 인력거를 놓고 나서,

"정말 못 타간."

하고 씨근거리던 숨소리가 벌컥 소리를 질렀다. 도화는 더욱 울상이 되어 움츠러들자, 덕구의 손은 와락 달려들어 도화의 머리채를 그러잡고 인력거에 올려놓았다. 도화는 무서워선지 어째선지 얼굴을 손에 묻고 흐느끼기 시작했다. 행길의 사람들이 모두들 이상스럽게 힐끔힐끔 쳐다보고 지나갔다. 그러나 덕구는 태연스럽게 종을 헌번 '찌링' 하고 울리고 나서 달리기 시작했다. 눈과 마찰되는 바퀴 소리가 점점 더욱 요란스럽게 요동침을 따라 인력거의 속도는 가속도로 빨라졌다.

어느덧 그의 이마에는 땀방울이 떨어지고 입에서는 입김이 퍽퍽 쏟아졌다. 왕년에 마라톤을 뛰던 그 기세랄까, 걸핏걸핏 순식간에 서문 거리를 지나고, 대동문 앞을 지나고, 다시금 신창리 팔각집 모퉁이를 돌아들던 바로 그때였다. 달려드는 헤드라이트에 악 소리로 칠 사이 없이 자동차에 깔린 덕구는 네 활개를 벌리고 피를 물었고, 공중에 튀어난 도화는 눈 위에 떨어진 채 정신을 잃었다. 참으로 눈 깜짝할 동안의 일이었다.

병원 침대에서 정신이 깨어난 도화는, 순간부터 전신이 쑤셔 들어오는 아픔을 느꼈다. 좌골이 부러진 아픔이었다. 이튿날 도화는 깁스를 하고 나서 아버지의 죽음을 알았다. 그저 자기도 따라 죽고만 싶은 심정이었다. 하나 침대에 들러붙어 몸도 마음대로 뒤칠 수 없는 자기였다. 하는 수 없이 아버지의 장례도 친구들에게 맡기고 자기는 침대에서 울고만 있어야 했다.

이듬해 한식(寒食)을 맞이하여 도화는 아버지의 성분(成墳)을 하고 나서 뒤이어 남 보기에도 좋지 않게 오석으로 비를 해 세웠다. 비문에 딸의 이름은 밝히지 않는 것이 도화로서는 슬펐다. 도화는 그날 아버지의 친구들을 청하여 술대접하는 일도 잊지 않았다. 아버지의 친구들은 도화의 칭찬이 많았고, 또한 도화는 연실의 수고가 고마웠다.

그러고도 아버지가 놓고 간 저금통장엔 오백 원 남짓이 남아 있었다. 그것으로 도화는 더 생각하지도 않고 평상 연실이와의 약속대로 기생학교에 들어갔다. 여학교에 다녔다는 덕분에 도화도 연실이와 같은 반인 졸업반에 편입되었다. 도화는 일 년 동안 가무(歌舞)에 열중했다. 소리는 본시 성대를 타고나지 못하였지만, 그래도 제법 장구를 끼고서 흉내는 피웠다.

역시 그의 장기는 춤이었다. 춤이라면 검무로 승무로 모두가 뛰어나 언제나 선생의 고(鼓)채를 흥분케 했다. 도화가 즐겨 추는 춤은 승무였다. 승무에는 역시 북 치는 것이 중요했기 때문에 그는 늘 그 연습을 게을리하지 않았다. 마음이 울적할 때도 고채를 들고 가서 북을 꽝꽝 울리었다. 북소리에 열중하면 때로는 탬버린의 방울소리가 뒤따르며 가슴속에 스며 있던 첫 정이 그리워지기도 했다.

그해 추석날, 도화는 아버지의 뫼를 보러, 연실의 집에서 보낸 떡과 그리고 술을 한 병 사서 들고 나섰다. 외롭기가 한이 없었다. 그저만, 아버지와 같이 어머니의 무덤을 찾던 것이 즐겁던 것만같이 생각되었다.

무척 맑은 날씨였다. 그러면서도 상복의 치맛자락을 날리는 바람은 벌써 산드러운 맛이었다. 벼가 누렇게 익은 최뚝길에는 음식을 짊어지고 뫼를 보러 가는 사람으로 줄을 지어 연달렸다. 도화는 문득 어렸을 때 어머니에게 들은 타박네의 이야기가 떠올랐다. 정말 아버지의 뫼가 험한 산이 있고 깊은 물이 있어, 차라리 못 갈 곳이기나 되었으면 하고 생각도 해보았다. 그러나 멀리 벌판 건너 바라보이는 산 모퉁이를 돌면 아버지의 무덤이 보이리라고 생각하니 마음이 느슨했다.

아버지의 뫼를 찾아 올라간 도화는 먼저 무덤의 잡초를 뽑아주고 나서 떡과 술을 부어놓았다. 언제나 아버지는 어머니의 무덤 옆에서 한 되 되는 이 술을 다 마시었거니 하고 생각하니 설움은 더욱 북받쳐 나왔다. 비(碑)를 쓸어보아도 자식의 이름 하나 없는 아버지의 비가 허전하기만 했다. 낮닭의 긴 울음소리가 서로서로 어울리듯이 바람을 타고 들려왔다. 멀리 바라보이는 마을의 지붕마다 널어놓은 빨간 고추들이 눈부시게 빛나면서도 가을의 짙은 햇빛은 어쩐지 애타고 야속한 것만 같았다.

도화는 무심히 앉아서 아버지의 무덤을 지켜주는 듯이 무덤 앞에 홀로 서 있는 소나무를 바라보고 있었다. 바람이 획 하고 스쳐갈 때마다 솔가지들은 나부끼며 흡사 춤을 추는 것 같았다.

"저 늘어진 소나무 가지 아래 북이라도 매어달렸다면."

문득 도화는 이런 생각을 하다 당황히 일어나 술병을 들어 아버지 무덤에 쭉 뿌려주었다. 그러고는 잠시 동안 푸른 하늘을 향하여 옷깃을 고치었다. 다시금 솔잎을 치는 바람소리가 울리자, 불시에 그는 그 소리를 따르듯 활개를 벌려 허공에 던지었다. 순간에 그의 얼굴에는 인(燐) 같은 불빛과 함께 엄숙한 긴장이 흘러들며 허공에 놓인 비조(飛鳥)처럼 허망한 공간을 찾아 몸을 움직이었다. 무덤과 소나무의 잔디밭을 헤매던 그는 다시 들었던 팔을 하늘 위로 매지를 접으며 전신이 부드럽게 휘돌면서 소나무 아래로 달려갔다. 산을 타고 넘어가는 바람소리가 다시금 '획' 하고 지나가자 그의 눈에는 더 한층 무서운 광채가 번뜩이며 가슴속에서 울려나오는 북소리를 따라 소나무를 북으로 삼고 부러나케 뚜드리기 시작했다. 고채도 없이 쥐었다 폈다 맨손으로 치는 그 북소리가 점점 더 커지고 빨라지자 불현듯 그의 가슴속엔 눈 위를 달리는 인력거의 바퀴소리가 또 하나의 북처럼 울려지었다. 그럴 수록 그는 소리를 잊으려는 듯이 주먹을 힘껏 쥐고 때리었다. 그의 이마에서는 땀이 빗발치고 가쁜 숨이 터져나왔다. 그래도 그는 손이 터져 찢어져라고 소나무 북을 두드리며,

"이대로 그만 스러졌으면."

　문득 이런 생각을 하고서는 다시 무엇을 잡을 것이 없어 허공에 손을 벌리고 돌아가다 아버지의 무덤 앞에 그대로 쓰러진 채 급기야 울음이 터지었다. 뭉쳤던 설움이 터지면서 어리광도 부려보고 싶은 울음이었다.

　이듬해 봄에 기생이 된 도화는 인력거를 타지 않기로 결심했다. 비가 악스럽게 퍼붓는 밤에도 그는 옷을 적시면서 혼자 걸어왔다. 때때로 동무들이 그럴 것이 무엇이냐고 하면 더욱 매섭게 고집을 부렸다.

　도화는 달도 없는 강변길을 혼자 돌아올 때면 호젓한 대로 아버지는 이 길을 몇 번이나 오르내렸을까 하고 생각해보다가는 강 건너편 어둠 속에 그어진 반월도(半月島)의 윤곽이 갑자기 무서워지기도 했다. 그럴 때면 아버지가 잘 부르던 수심가를 중얼거려보기도 하며, 내년 한식에는 어머니와 아버지의 무덤을 합장하리라고 생각했다.

[단어 해석/单词解析]

1. 연년이 : 해마다 **连年**
2. 매화포 : 종이로 만든 딱총의 하나. 불똥 튀는 모양이 매화꽃이 떨어지는 것과 비슷하다 **花炮的一种, 甩炮**
3. 권번 : 일제 때 기생들의 조합을 이르는 말 **日本殖民统治时期的妓女工会**
4. 의롱 : 옷을 넣어두는 농짝 **衣服箱子, 衣柜**
5. 토꾸리 : 일본말로, "병(瓶)의 목"이라는 뜻임 **瓶颈**
6. 심심파적 : 심심풀이 **消遣, 消磨时光**
7. 눅거리 : '싼거리'의 사투리. 싸게 팔거나 산 물건 **便宜货, 廉价货**
8. 구리무 : 화장품, 크림 **润肤霜, 面霜**
9. 보드빌 : 춤과 노래 따위를 곁들인 가볍고 풍자적인 통속 희극 **轻歌舞剧, 歌舞杂耍表演**
10. 불온 : (일부 명사 앞에 쓰여) 사상이나 태도 따위가 통치 권력이나 체제에 순응하지 않고 맞서는 성질이 있음 **不稳, 危险**
11. 고뿌 : 컵 **杯子**
12. 쵀뚝길 : 밭두둑에 난 길 **田埂上的路**

[연습 문제/练习]

1. 이 작품에 나타난 비극과 갈등의 양상에 대해 생각해 보십시오.
2. 주인공 '덕구'의 성격을 분석해 보십시오.
3. 기생이 된 도화가 인력거를 타지 않는 이유를 말해 보십시오.

제 12 과 시 : 「국화 옆에서」 외 5편

[작가 소개/作家介紹]

　　서정주(徐廷柱, 1915~2000년)는 호 미당(未堂), 전라북도 고창군에서 출생했다. 1936년 『동아일보』 신춘문예에 시 「벽」이 **당선되어** 문단에 등단했다. 1936년에 김광균 등과 함께 잡지 『시인부락』을 창간했고 해방 후 서라벌예술대학 등 대학에서 **교편을 잡았다**. 토속적, 불교적 내용을 주제로 한 시를 많이 쓴 시인이고 시 단계별로 **정열적**이고 **관능적**인 생명의식, 동양적인 내면과 감성의 세계에 대한 탐구, 신라의 정신과 새로운 동양사상의 탐구가 각각 중심을 이룬다.

　　박목월(朴木月, 1916~1978년), 1916년 경북 경주에서 태어나 그곳에서 성장하였다. 1946년부터 이화여자고등학교 교사로 근무했고, 1962년 한양대학교 교수로 취임하였다. 1973년 시전문지 「심상」을 펴냈다. 청록파의 대표적인 시인으로 시적 **완결성**을 적극 추구한다. 한국시단에서 김소월과 김영랑을 잇는 시인, 향토적 서정을 민요**가락**에 소박하게 담아낸 시인으로 평가된다.

　　김춘수(金春洙, 1922~2004년)는 1922년 경상남도 통영에서 태어났다. 1940년~ 1943년까지 니혼대학교에서 공부를 하였다. 귀국 후 고등학교와 중학교 교사로 일했다. 1946년에 시 「애가」를 발표하면서 공식적으로 시를 발표하기 시작했다. 김춘수는 서정적인 바탕 위에 **주지적**인 시풍을 이루는 데 힘썼고, 시적 대상의 **존재론**적 의미를 언어를 통해 찾고자 하였다.

　　신경림(申庚林, 1936~)은 충청북도 충주시에서 태어나 충주고등학교를 졸업하였다. 1956년 『문학예술』 잡지에 「갈대」가 발표되어 문단에 나왔다. 한때 고향에 내려가 지내며 시작을 중단했으나, 1971년 『창작과 비평』에 「농무」 등을 발표하여 다시 주목을 끌면서 시를 쓰기 시작했다. 그의 시들은 '시골의 흙냄새에 묻어서 풍기는 생활의 땀냄새와 한과 의지 등'이 짙게 풍긴 민중시로 평가된다.

[단어 해석/单词解析]

1. 당선되다 : 심사나 선발에서 뽑힘 **当选**
2. 교편을 잡다 : 학교에서 교사 생활을 하다 **执教**
3. 정열적 : 정열에 불타는 또는 그런 것 **激情澎湃**
4. 관능적 : 성적인 감각을 자극하는. 또는 그런 것 **官能的**
5. 완결성 : 완전히 끝을 맺은 상태나 특성 **完结性，完整性，完美性**
6. 가락 : 소리의 높낮이가 길이나 리듬과 어울려 나타나는 음의 흐름 **曲调**
7. 주지적 : 이성, 지성, 합리성 따위를 중히 여기는. 또는 그런 것 **理性的，知性的**
8. 존재론 : 존재 그 자체, 즉 모든 실재의 기본 특성에 대한 이론이나 연구 **存在论**

[작품 해제/作品解析]

「나그네」: 1946년 『상아탑』 5호에 발표된 작품이다. 이 시는 **체념**과 **달관**의 경지를 향토적 정서와 민요의 가락으로 읊고 있다. 작품에 사용된 '나그네, 강나루, 밀밭 길, **술 익는** 마을' 등 시어는 한국적 서정이 함축된 어휘들로 그리움과 고독의 정서를 환기시킨다. 명사형을 많이 사용하여 압축미와 간결미를 살리고 **서경**과 서정의 조화를 이루고 있다. 또한 7.5조의 한국적 가락, **주제연**의 반복을 통하여 음악성을 강화시키고 있다.

「국화 옆에서」: 1947년 『경향신문』 11월 9일에 발표된 작품이다. 이 작품은 국화의 개화 과정을 통하여 어떠한 생명체라도 치열한 생명 창조의 역정을 밟고 태어난다는 것을 선명히 보여 주고 있다. '소쩍새의 울음'과 '천둥 소리', '무서리' 등은 모두 국화의 개화에 참여하는 전 우주의 협동 과정을 상징한다. 이러한 우주적 협동 과정을 통해 태어난 국화는 오랜 **인고**와 방황의 젊은날을 거치고 난 성숙한 중년 여성의 이미지와 결합하면서 성숙한 자기 인식과 아름다움의 상징물이 된다.

「불국사」: 1954년 발표된 작품이다. 이 시는 달빛 내려 비치는 불국사의 고요한 정경을 지극히 절제된 언어와 교묘한 시행 배열로 은은하게 그려낸 작품이다. 시 속에서 시각적 이미지와 청각적 이미지의 **교감**, 극도의 압축과 생략이 **빚어내는** 동양화적 여백의 미, 그리고 명상적 서정이 **물아일체**의 경지를 창출해 낸다. 서술적 표현을 배제한 명사 위주로 이루어진 것이 이 시의 특징이다.

「꽃」: 1955년 『현대문학』에 발표된 김춘수의 대표작이다. 이 시는 **호명** 행위에 의한 인식을 바탕으로 하는 관념적인 시이다. 이름이 불리지 않은 상태 즉 존재를 인식하기 전에 '나'와 '그/너'는 고독하고 의미가 있는 존재가 아니다. '이름을 불러 주는' 과정을 통해, 비로소 **부재**와 허무에서 벗어나 서로가 서로에게 '꽃'으로 상징되는 아름답고 소중한 존재로 변모하게 되고, '잊혀지지 않는 하나의 의미' 있는 존재가 될 수 있음을 말하고 있다.

「갈대」: 1956년 「문학예술」에 발표된 시경림의 초기 대표작이다. 이 시는 인간 존재의 비극적인 생명 인식을 '갈대'의 울음을 통해 형상화한 작품이다. 갈대는 **미미한** 공기에도 흔들린다. 그러나 시인은 그러한 갈대의 흔들림이 외부의 다른 자극이 아니라 자연 안의 슬픔으로 인한 것임을 이야기 함으로써, 삶에서의 슬픔이란 다른 것에서 오는 것이 아니라 결국 내면적 요소인 자신의 울음 때문에 이렇게 힘들다는 것을 나타낸다. 서정성을 바탕으로 인간 존재의 본질 탐구에 주력하는 특징을 갖는다.

[단어 해석/单词解析]

1. 상아탑 : 학문이나 예술지상주의를 뜻하는 단어 **象牙塔**
2. 체념 : 도리를 깨닫는 마음 **谛念**
3. 달관 : 사소한 사물이나 일에 얽매이지 않고 세속을 벗어난 활달한 식견이나 인생관에 이름. 또는 그 식견이나 인생관 **达观**
4. 술 익다 : 술 맛이 들다 **酒酿熟**
5. 서경 : 자연의 경치를 글로 나타냄 **写景**
6. 주제연 : 주제가 드러나는 연 **表现主题的章节**
7. 인고 : 괴로움을 참음 **忍受痛苦**
8. 교감 : 서로 접촉하여 따라 움직이는 느낌 **沟通**
9. 빚어내다 : 조성하다 **造成, 引起**
10. 물아일체 : 외물과 자아, 객과과 주관, 또는 물질계와 정신계가 어울려 하나가 됨 **物我一体**
11. 호명 : 이름을 부름 **呼名, 叫名**
12. 부재 : 그곳에 있지 아니함 **不在**
13. 미미하다 : 보잘것없이 아주 작다 **轻微**

[작품 원문/作品原文]

나그네

박목월

강나루 건너서
밀밭 길을

구름에 달 가듯이

가는 나그네.

길은 **외줄기**
남도 삼백리.

술 익는 마을마다
타는 저녁놀.

구름에 달 가듯이
가는 나그네.

국화 옆에서

서정주

한 송이의 국화꽃을 피우기 위해
봄부터 **소쩍새**는
그렇게 울었나 보다.

한 송이의 국화꽃을 피우기 위해
천둥은 **먹구름** 속에서
또 그렇게 울었나 보다.

그립고 아쉬움에 가슴 조이던
머언 먼 젊음의 **뒤안길**에서
인제는 돌아와 거울 앞에 선
내 누님같이 생긴 꽃이여.

노오란 네 꽃잎이 피려고
간밤엔 **무서리**가 저리 내리고
내게는 잠도 오지 않았나 보다.

불국사

박목월

흰 달빛
자하문(紫霞門)

달 안개
물 소리

대웅전(大雄殿)
큰 보살

바람 소리
솔 소리

범영루(泛影樓)
뜬 구름

흐는히
젖는데

흰 달빛
자하문

바람 소리
물 소리

꽃

김춘수

내가 그의 이름을 불러 주기 전에는
그는 다만
하나의 **몸짓**에 지나지 않았다.

내가 그의 이름을 불러 주었을 때
그는 나에게로 와서
꽃이 되었다.

내가 그의 이름을 불러준 것 처럼
나의 이 빛깔과 향기에 알맞는
누가 나의 이름을 불러다오.
그에게로 가서 나도

그의 꽃이 되고 싶다.

우리들은 모두
무엇이 되고 싶다.
너는 나에게 나는 너에게
잊혀지지 않는 하나의
눈짓이 되고 싶다.

갈대

신경림

언제부턴가 갈대는 속으로 조용히 울고 있었다.
그런 어느 밤이었을 것이다.
갈대는 그의 온몸이 흔들리고 있는 것을 알았다.

바람도 달빛도 아닌 것,
갈대는 저를 흔드는 것이
제 조용한 울음인 것을 **까맣게** 몰랐다.

산다는 것은
속으로 이렇게 조용히 울고 있는 것이란 것을
그는 몰랐다.

[단어 해석/单词解析]

1. 외줄기 : 단 한 가닥으로 된 줄기, 가지가 없이 뻗은 줄기 **单根,单条**
2. 남도 : 경기도 이남의 충청도와 전라도, 경상도, 제주도를 통틀어 이르는 말 **南道, 南方**
3. 소쩍새 : 올빼미목 올빼미과에 속하는 작은 맹금 **杜鹃鸟**
4. 천둥 : 뇌성과 번개를 동반하는 대기 중의 방전 현상 **雷电**
5. 먹구름 : 몹시 검은 구름 **黑云**
6. 뒤안길 : 늘어선 집들의 뒤쪽으로 나 있는 길 **小路**
7. 무서리 : 늦가을에 처음 내리는 묽은 서리 **初霜**
8. 솔 : 소나무 **松树**
9. 흐븐히 : 흔흔히, 매우 기쁘고 만족스럽게 **欣然**

10. 몸짓 : 몸을 놀리는 모양 **动作**
11. 눈짓 : 눈을 움직여서 상대편에게 어떤 뜻을 전달하거나 암시하는 동작 **眼色**
12. 까맣다 : 기억이나 아는 바가 전혀 없다 **完全(忘记)**

[연습 문제/**练习**]

1.「나그네」와「불국사」의 표현에 있어서 어떤 공통점을 지니고 있는지 말해 보십시오.
2.「국화 옆에서」에서의 '국화'가 무엇을 상징하는지 생각해 보십시오.
3.「꽃」에서 '꽃'의 의미가 무엇인지 설명해 보십시오.

제 13 과 소설 : 「수난이대」

[작가 소개/作家介紹]

　　하근찬(河瑾燦, 1931~2007년)은 경상북도 영천에서 태어나 1954년 부산 동아대학교에 입학했지만 1957년 중퇴하였다. 1957년 아버지와 아들 이대가 겪은 세계대전과 6·25 전쟁을 그린 단편소설「수난 이대」가 『한국일보』에 당선되어 등단하였다. 그는 농촌 생활을 소재로 한 작품을 많이 썼다. 1959년에 「흰 종이 수염」, 1963년에 「왕릉과 주둔군」 등을 발표하여 농민 생활과 농촌 현실에 대한 관심을 보여 준다. 당시 대부분의 전후작가들이 전쟁 때문에 **황폐해진** 도시 소시민에 관심을 기울이는 것과 달리, 그는 농촌을 배경으로 농민들이 겪는 수난을 묘사하는 데 주력하였다. 1970년대에 그는 한국 민족의 수난사를 장편의 형태로 **시도하였다**. 한 시골 여인의 일생의 수난을 다룬 「야호」는 1972년에 발표되었는데 이는 작가가 한국 전통과 풍속에 대한 관심을 집중적, 총제적으로 보여 준 작품이다. 그 이후 일제의 교활함을 **조롱하고** 국권상실의 비애를 그린 「족제비」, 「일본도」, 「기울어지는 강」 등을 발표하였고 고통스러운 기숙사 생활을 다룬 「삼십이 매의 엽서」, 「죽창을 버리던 날」 등 자전적인 성격이 강한 작품도 발표하였다. 그는 1970년에 대한민국문학상을 수상하고 1983년 조연현문학상, 1984년 요산문학상, 1988년 유주현문학상 등을 받았다.

[단어 해석/単词解析]

1. 황폐하다 : 집, 토지, 삼림 따위가 거칠고 못 쓸 상태에 있다 荒废, 凋敝
2. 시도하다 : 어떤 것을 이루어 보려고 계획하거나 행동하다 试图
3. 조롱하다 : 비웃거나 깔보면서 놀리다 嘲弄

[작품 해제/作品解析]

「수난 이대」는 아버지인 만도가 6·25전쟁에 나간 아들을 고향 역으로 마중 나가는 것으로 시작한다. 만도는 일제 강점기에 징용에 끌려갔다가 팔을 하나 잃어 버렸고, 전쟁에 돌아온 아들은 한쪽 다리를 잃었다. 이 작품은 일제시대와 6·25를 거치면서 아버지와 아들이 모두 불구자가 되어 버린 한 가족의 비극을 그리면서 민족의 수난사를 **집약한다**.

작가는 이 부자의 아픔을 통해 수난의 시대를 살았던 민족 전체의 아픔을 보여 준다. 하지만 작품은 비애와 아픔으로만 끝난 것이 아니다. 부자가 집으로 돌아가는 길에 외나무다리를 건너야 한다는 장면에 대한 묘사는 그들에게 **위태로운** 현실과 험난한 미래를 예시하는 동시에 극복의 가능성을 보여 주기도 한다. 앞으로의 삶이 결코 쉽지는 않겠지만 둘이 힘을 합하면 고난을 이겨낼 수 있다는 극복 의지를 보여 준다. 한편, 역사가 안겨 준 상처를 운명적인 것으로 받아들인 부자에 대한 묘사를 통해 순박한 농민의 모습을 **실감**나게 보여 준다.

[단어 해석/单词解析]

1. 집약하다 : 한데 모아서 요약하다 **集中, 汇集**
2. 위태롭다 : 어떤 형세가 마음을 놓을 수 없을 만큼 위험한 듯하다 **危险**
3. 실감 : 실제로 체험하는 느낌 **真实感**

[작품 원문/作品原文]

진수가 돌아온다. 진수가 살아서 돌아온다. 아무개는 전사했다는 통지가 왔고, 아무개는 죽었는지 살았는지 통 소식이 없는데, 우리 진수는 살아서 오늘 돌아오는 것이다. 생각할수록 **어깻바람이 날** 일이다. 그래 그런지 몰라도 박만도는 여느때 같으면 아무래도 한두 군데 앉아 쉬어야 넘어설 수 있는 용머리재를 단숨에 올라채고 만 것이다. 가슴이 펄럭거리고 허벅지가 뻐근했다. 그러나 그는 고갯마루에서도 쉴 생각을 하지 않았다. 들 건너 멀리 바라보이는 정거장에서 연기가 물씬물씬 피어오르며 삐익 기적 소리가 들려 왔기 때문이다. 아들이 타고 내려올 기차는 점심때가 가까워 도착한다는 것을 모르는 바 아니다. 해가 이제 겨우 산등성이 위로 한 뼘 가량 떠올랐으니, 오정이 되려면 아직 차례 멀은 것이다. 그러나 그는 공연히 마음이 바빴다. 까짓것, 잠시 앉아 쉬면 뭐할 기고.

손가락으로 한쪽 콧구멍을 누르면서 팽! 마른 코를 풀어 던졌다. 그리고 휘청휘청 고갯길을 내려가는 것이다.

내리막은 오르막에 비하면 아무것도 아니었다. 대고 팔을 흔들라치면 절로 굴러 내려가는 것이다. 만도는 오른쪽 팔만을 앞뒤로 흔들고 있었다. 왼쪽 팔은 조끼 주머니에 아무렇게

나 쑤셔 넣고 있는 것이다. 삼대 독자가 죽다니 말이 되나. 살아서 돌아와야 일이 옳고 말고. 그런데 병원에서 나온다 하니 어디를 좀 다치기는 다친 모양이지만, 설마 나같이 이렇게나 되지 않았겠지. 만도는 왼쪽 조끼 주머니에 꽂힌 소맷자락을 내려다보았다. 그 소맷자락 속에는 아무것도 든 것이 없었다. 그저 소맷자락만이 어깨 밑으로 덜렁 처져 있는 것이다. 그래서 노상 그쪽은 조끼 주머니 속에 꽂혀 있는 것이다. 볼기짝이나 **장딴지** 같은 데를 총알이 약간 스쳐갔을 따름이겠지. 나처럼 팔뚝 하나가 몽땅 달아날 지경이었다면 그 엄살스런 놈이 견뎌 냈을 턱이 없고 말고. 슬며시 걱정이 되기도 하는 듯 그는 속으로 이런 소리를 주워섬겼다.

내리막길은 빨랐다. 벌써 고갯마루가 저만큼 높이 쳐다보이는 것이다. 산모퉁이를 돌아서면 이제 들판이다. 내리막길을 쏘아 내려온 기운 그대로, 만도는 들길을 **잰걸음** 쳐 나가다가 개천 둑에 이르러서야 걸음을 멈추었다. 외나무다리가 놓여 있는 조그마한 시냇물이었다. 한여름 장마철에는 들어설라치면 배꼽이 묻히는 수도 있었지마는 요즈막엔 무릎이 잠길 듯 말 듯한 물인 것이다. 가을이 깊어지면서부터 물은 밑바닥이 환히 들여다보일 만큼 맑아져 갔다. 소리도 없이 미끄러져 내려가는 물을 가만히 내려다보고 있으면 절로 잇속이 시려 온다.

만도는 물 기슭에 내려가서 쭈그리고 앉아 한 손으로 **고의춤**을 뜯어 헤쳤다. 오줌을 찌익 갈기는 것이다. 거울면처럼 맑은 물위에 오줌이 가서 부글부글 끓어오르며 뿌우연 거품을 이루니 여기저기서 물고기 떼가 모여든다. 제법 엄지손가락만씩한 **피리**도 여러 마리다. 한 바가지 잡아서 회쳐 놓고 한잔 쭈욱 들이켰으면……. 군침이 목구멍에서 꿀꺽했다. 고기 떼를 향해서 마른 코를 팽팽 풀어 던지고, 그는 외나무다리를 조심히 디뎠다.

길이가 얼마 되지 않는 다리었으나 아래로 몸을 내려다보면 제법 아찔했다. 그는 이 외나무다리를 퍽 조심한다.

언젠가 한번, 읍에서 술이 꽤 되어 가지고 **흥청거리며** 돌아오다가, 물에 굴러 떨어진 일이 있었던 것이다. 지나치는 사람이 없었기에 망정이지, 누가 보았더라면 큰 웃음거리가 될 뻔했었다. 발목 하나를 약간 접쳤을 뿐, 크게 다친 데는 없었다. 이른 가을철이었기 때문에 옷을 벗어 둑에 널어놓고 말릴 수는 있었으나 여간 창피스러운 것이 아니었다. 옷이 말짱 젖었다거나 옷이 마를 때까지 발가벗고 기다려야 한다거나 해서가 아니었다. 팔뚝 하나가 몽땅 잘라져 나간 흉측한 몸뚱이를 하늘 앞에 드러내 놓고 있어야 했기 때문이었다. 지나치는 사람이 있을라치면, 하는 수없이 물 속으로 뛰어 들어가서 얼굴만 내놓고 앉아 있었다. 물이 선뜩해서 아래턱이 덜덜거렸으나, 오그라 붙는 **사타구니**를 한 손으로 꽉 움켜쥐고 버티는 수밖에 없었다.

"흐흐흐……."

그때 일을 생각하면 지금도 곧 웃음이 터져 나오는 것이다. 하늘로 쳐들린 콧구멍이 연방 벌름거렸다.

개천을 건너서 논두렁길을 한참 부지런히 걸어가노라면 읍으로 들어가는 한길이 나선다. 도로변에 먼지를 부옇게 덮어쓰고 **도사리고** 앉아 있는 초가집은 주막이다. 만도가 읍네로 나올 때마다 꼭 한번씩 들르곤 하는 단골집인 것이다. 이 집 눈썹이 짙은 여편네와는 예사로 농을 주고받는 사이다.

술방 문턱을 들어서며 만도가,

"서방님 들어가신다."

하면, 여편네는,

"아이, 문둥아. 어서 오느라."

하는 것이 인사처럼 되어 있었다. 만도는 여간 언짢은 일이 있어도 이 여편네의 궁둥이 곁에 가서 앉으면 속이 절로 쑥 내려가는 것이었다.

주막 앞을 지나치면서 만도는 술방 문을 열어 볼까 했으나, 방문 앞에 신이 여러 켤레 널려 있고, 방안에서 웃음소리가 요란하기 때문에 돌아오는 길에 들르기로 했다. 신작로에 나서면 금시 읍이었다. 만도는 읍 들머리에서 잠시 망설이다가, 정거장 쪽과는 반대되는 방향으로 걸음을 옮겼다. 장거리를 찾아가는 것이었다. 진수가 돌아오는데 고등어나 한 손 사 가지고 가야 될 거 아닌가, 싶어서였다. 장날은 아니었으나, 고깃전에는 없는 고기가 없었다. 이것을 살까 하면 저것이 좋아 보이고 그것을 사러 가면 또 그 옆의 것이 먹음직해 보였다. 한참 이리저리 서성거리다가 결국은 고등어 한 손이었다. 그것을 달랑달랑 들고 정거장을 향해 가는데, 겨드랑 밑이 간질간질해 왔다. 그러나 한쪽밖에 없는 손에 고등어를 들었으니 참 딱했다. 어깻죽지를 연방 위아래로 움직거리는 수밖에 없었다.

정거장 대합실에 들어선 만도는 먼저 벽에 걸린 시계부터 바라보았다. 두 시 이십 분이었다. 벌써 두 시 이십 분이니 내가 잘못 보나? 아무리 두 눈을 씻고 보아도 시계는 틀림없는 두 시 이십 분이었다. 한쪽 걸상에 가서 궁둥이를 붙이면서도 곧장 **미심쩍어했다**. 두 시 이십 분이라니, 그럼 벌써 점심때가 지났단 말인가? 말도 아닌 것이다. 자세히 보니 시계는 유리가 깨어졌고 먼지가 꺼멓게 앉아 있었다. 그러면 그렇지. 엉터리였다. 벌써 그렇게 되었을 리가 없는 것이다.

"여보이소. 지금 몇 싱교?"

맞은편에 앉은 양복장이한테 물어 보았다.

"열 시 사십 분이오."

"예, 그렁교."

만도는 고개를 굽실하고는 두 눈을 연방 껌벅거렸다. 열 시 사십 분이라, 보자……그럼 아직도 한 시간이나 넘어 남았구나. 그는 안심이 되는 듯 후유 숨을 내쉬었다. 궐련을 한 개 빼물고 불을 댕겼다. 정거장 대합실에 와서 이렇게 도사리고 앉아 있노라면, 만도는 곧잘 생각키는 일이 한 가지 있었다. 그 일이 머리에 떠오르면 등골을 찬 기운이 쫙 스쳐 내려가는 것이었다. 손가락이 시퍼렇게 굳어진 이끼 낀 나무토막 같은 팔뚝이 지금도 저만큼 눈앞에 보이는 듯했다.

바로 이 정거장 마당에 백 명 남짓한 사람들이 모여 웅성거리고 있었다. 그 중에는 만도도 섞여 있었다. 기차를 기다리고 있는 것이었으나, 그들은 모두 자기네들이 어디로 가는 것인지 알지를 못했다. 그저 차를 타라면 탈 사람들이었다. 징용에 끌려나가는 사람들이었다.

그러니까, 지금으로부터 십이삼 년 옛날의 이야기인 것이다.

북해도 탄광으로 갈 것이라는 사람도 있었고 틀림없이 남양군도로 간다는 사람도 있었다. 더러는 만주로 가면 좋겠다고 하기도 했다. 만도는 북해도가 아니면 남양군도일 것이고, 거기도 아니면 만주겠지, 설마 저희들이 하늘 밖으로사 끌고 가겠느냐고 아무렇지도 않은 듯이 그 **들창코**로 담배 연기를 푹푹 내뿜고 있었다. 그러나 마음이 좀 덜 좋은 것은 마누라가 저쪽 변소 모퉁이 벗나무 밑에 우두커니 서서 한눈도 안 팔고 이쪽만을 바라보고 있는 때문이었다. 그래서 그는 주머니 속에 성냥을 두고도 옆사람에게 불을 빌리자고 하며 슬며시 돌아서 버리곤 했다.

플랫폼으로 나가면서 뒤를 돌아보니 마누라는 울 밖에 서서 수건으로 코를 눌러대고 있는 것이었다. 만도는 코허리가 쨍했다. 기차가 팩팩 소리를 지르면서 덜커덩! 하고 움직이기 시작했을 때는 정말 덜 좋았다. 눈앞이 뿌우옇게 흐려지는 것을 어쩌지 못했다. 그러나 정거장이 까맣게 멀어져 가고 차창 밖으로 새로운 풍경이 휙휙 날라들자, 그만 아무렇지도 않아지는 것이었다. 오히려 기분이 유쾌해지는 것 같기도 했다.

바다를 본 것도 처음이었고, 그처럼 큰 배에 몸을 실어 본 것은 더구나 처음이었다. 배 밑창에 엎드려서 팩팩 게워내는 사람들이 많았으나, 만도는 그저 골이 좀 띵했을 뿐 아무렇지도 않았다. 더러는 하루에 두 개씩 주는 뭉치밥을 남기기도 했으나, 그는 한꺼번에 하룻것을 뚝딱해도 시원찮았다.

모두들 내릴 준비를 하라는 명령이 떨어진 것은 사흘째 되는 날 황혼 때였다. 제가끔 봇짐을 챙기기에 바빴다. 만도도 호박덩이만한 보따리를 옆구리에 덜렁 찼다. 갑판 위에 올라가 보니 하늘은 활활 타오르고 있고, 바닷물은 불에 녹은 쇠처럼 벌겋게 출렁거리고 있었다. 지금 막 태양이 물위로 **뚝딱** 떨어져 가는 것이었다. 햇덩어리가 어쩌면 그렇게 크고 붉은지 정말 처음이었다. 그리고 바다 위에 주황빛으로 번쩍거리는 커다란 산이 둥둥 떠 있는 것이었다. 무시무시하도록 황홀한 광경에 모두들 딱 벌어진 입을 다물 줄 몰랐다. 만도는 어깨마루를 버쩍 들러 올리면서, '히야' 고함을 질러댔다. 그러나, 섬에서 그들을 기다리고 있는 것은 숨막히는 더위와 강제 노동과 그리고, 잠자리만씩이나 한 모기 떼……그런 것뿐이었다.

섬에다가 비행장을 닦는 것이었다. 모기에게 물려 혹이 된 자리를 벅벅 긁으며, 비오듯 쏟아지는 땀을 무릅쓰고, 아침부터 해가 떨어질 때까지 산을 허물어 내고, 흙을 나르고 하기란, 고향에서 농사일에 뼈가 굳어진 몸에도 이만저만한 고역이 아니었다. 물도 입에 맞지 않았고, 음식도 이내 변하곤 해서 도저히 견디어 낼 것 같지가 않았다. 게다가 병까지 돌았다. 일을 하다가도 벌떡 자빠지기가 예사였다. 그러나 만도는 아침저녁으로 약간씩 설사를 했을 뿐, 넘어지지는 않았다. 물도 차츰 입에 맞아갔고, 고된 일도 날이 감에 따라 몸에 배어드는 것이었다. 밤에 날개를 차며 몰려드는 모기떼만 아니면 그냥저냥 배겨내겠는데, 정말 그놈의 모기들만은 질색이었다.

사람의 일이란 무서운 것이었다. 그처럼 험난하던 산과 산 틈바구니에 비행장을 다듬어 내고야 말았던 것이다. 허나 일은 그것으로는 끝나는 것이 아니고, 오히려 더 벅찬 일이 닥치는 것이었다. 연합군의 비행기가 날아들면서부터 일은 밤중까지 계속되었다. 산허리에 굴을 파들어 가는 것이었다. 비행기를 집어 넣을 굴이었다. 그리고 모든 시설을 다 굴속으로 옮겨야 하는 것이었다.

여기저기 **다이너마이트** 튀는 소리가 산을 흔들어댔다. 앵앵앵 하고 공습경보가 나면 일을 하던 손을 놓고 모두가 굴 바닥에 납작납작 엎드려 있어야 했다. 비행기가 돌아갈 때까지 그러고 있는 것이었다. 어떤 때는 근 한 시간 가까이나 엎드려 있어야 하는 때도 있었는데 차라리 그것이 얼마나 편한지 몰랐다. 그래서 더러는 공습이 있기를 은근히 기다리기도 했다. 때로는 공습 경보의 사이렌을 듣지 못하고 그냥 일을 계속하는 수도 있었다.

그럴 때면 모두 큰 손해를 보았다고 야단들이었다. 어떻게 된 셈인지 사이렌이 미처 불기 전에 비행기가 산등성이를 넘어 달려드는 수도 있었다. 그럴 때는 정말 질겁을 하는 것이었다. 가장 많은 손해를 입는 것도 그런 경우였다. 만도가 한쪽 팔뚝을 잃어버린 것도 바로 그런 때의 일이었다.

여느 날과 다름없이 굴 속에서 바위를 **허물어** 내고 있었다. 바위 틈서리에 구멍을 뚫어서 다이너마이트를 장치하는 것이었다. 장치가 다 되면 모두 바깥으로 나가고, 한 사람만 남아서 불을 당기는 것이다. 그리고 그것이 터지기 전에 얼른 밖으로 뛰어나와야 되었다. 만도가 불을 당기는 차례였다. 모두 바깥으로 나가 버린 다음 그는 성냥을 꺼냈다. 그런데 웬 영문인지 기분이 **께름직했다**. 모기에게 물린 자리가 자꾸 쑥쑥 쑤시는 것이다. 걱죽걱죽 긁어댔으나 도무지 시원한 맛이 없었다. 그는 이맛살을 찌푸리면서 성냥을 득 그었다. 그래 그런지 몰라도, 불은 이내 픽 하고 꺼져 버렸다. 성냥 알맹이 네 개째에서 겨우 심지에 불이 당겨졌다. 심지에 불이 붙는 것을 보자 그는 얼른 몸을 굴 밖으로 날렸다. 바깥으로 막 나서려는 때였다. 산이 무너지는 소리와 함께 사나운 바람이 귓전을 후려갈기는 것이었다. 만도는 정신이 아찔했다. 공습이었던 것이다. 산등성이를 넘어 달려든 비행기가 머리 위로 아슬아슬하게 지나가는 것이었다. 미처 정신을 차리기도 전에 또 한 대가 뒤따라 날아드는 것이 아닌가. 만도는 그만 넋을 잃고 굴 안으로 도로 달려들었다. 달려들어가서 굴 바닥에 아무렇게나 팍 엎드러져 버리고 말았다. 고 순간이었다. 꽝! 굴 안이 미어지는 듯하면서 다이너마이트가 터졌다. 만도의 두 눈에서 불이 번쩍 났다.

만도가 **어렴풋이** 눈을 떠보니, 바로 거기 눈 앞에 누구의 것인지 모를 팔뚝이 하나 아무렇게나 던져져 있었다. 손가락이 시퍼렇게 굳어져서, 마치 이끼 낀 나무 토막처럼 보이는 것이었다. 만도는 그것이 자기의 어깨에 붙어 있던 것인 줄을 알자, 그만 으악! 하고 정신을 잃어버렸다. 재차 눈을 떴을 때는 그는 폭삭한 담요 속에 누워 있었고, 한쪽 어깻죽지가 못 견디게 쿡쿡 쑤셔댔다. 절단 수술(切斷手術)은 이미 끝난 뒤였다.

쾌액—기차 소리였다. 멀리 산모퉁이를 돌아오는가 보았다. 만도는 앉았던 자리를 털고 벌떡 일어서며, 옆에 놓아두었던 고등어를 집어들었다. 기적 소리가 가까워질수록 그의 가슴은 울렁거렸다. 대합실 밖으로 뛰어나가 홈이 잘 보이는 울타리 쪽으로 가서 발돋움을 하였다. 째랑째랑 하고 종이 울자, 한참만에 차는 소리를 지르면서 달려들었다. 기관차의 옆구리에서는 김이 픽픽 풍겨 나왔다. 만도의 얼굴은 바짝 긴장되었다. 시꺼먼 열차 속에서 꾸역꾸역 사람들이 밀려 나왔다. 꽤 많은 손님이 쏟아져 내리는 것이었다. 만도의 두 눈은 곧장 이리저리 굴렀다. 그러나 아들의 모습은 쉽사리 눈에 띄지 않았다. 저쪽 출찰구로 밀려가는 사람의 물결 속에, 두 개의 지팡이를 의지하고 절룩거리며 걸어 나가는 상이 군인이 있었으나, 만도는 그 사람에게 주의를 기울이지는 않았다. 기차에서 내릴 사람은 모두 내렸는가 보다. 이제 미처 차에 오르지 못한 사람들이 플랫폼을 이리저리 서성거리고 있을 뿐인 것이다. 그 놈이 거짓으로 편지를 띄웠을 리는 없을 건데……. 만도는 자꾸 가슴이 떨렸다. 이상한 일이다, 하고 있을 때였다. 분명히 뒤에서,

"아부지!"

부르는 소리가 들렸다. 만도는 깜짝 놀라며, 얼른 뒤를 돌아보았다. 그 순간, 만도의 두 눈은 무섭도록 크게 떠지고 입은 딱 벌어졌다. 틀림없는 아들이었으나, 옛날과 같은 진수는 아니었다. 양쪽 겨드랑이에 지팡이를 끼고 서 있는데, 스쳐가는 바람결에 한쪽 바짓가랑이가 펄럭거리는 것이 아닌가. 만도는 눈앞이 노오래지는 것을 어쩌지 못했다. 한참 동안 그저 멍멍하기만 하다가, 코허리가 찡해지면서 두 눈에 뜨거운 것이 핑 도는 것이었다.

"에라이, 이놈아!"

만도의 입술에서 모지게 튀어나온 첫마디였다. 떨리는 목소리였다. 고등어를 든 손이 불끈 주먹을 쥐고 있었다.

"이기 무슨 꼴이고, 이기."

"아부지!"

"이놈아, 이놈아……."

만도의 들창코가 크게 벌름거리다가 훌쩍 물코를 들이마셨다. 진수의 두 눈에서는 어느 결에 눈물이 꾀죄죄하게 흘러내리고 있었다. 만도는 모든 게 진수의 잘못이기나 한 듯 험한 얼굴로,

"가자, 어서!"

무뚝뚝한 한 마디를 내던지고는 성큼성큼 앞장을 서 가는 것이었다. 진수는 입술에 내려와 묻는 **짭짤한** 것을 혀끝으로 날름 핥아 버리면서, 절름절름 아버지의 뒤를 따랐다. 앞장서 가는 만도는 뒤따라오는 진수를 한 번도 돌아보지 않았다. 한눈을 파는 법도 없었다. 무겁디무거운 짐을 진 사람처럼 땅바닥만을 내려다보며, 이따금 끙끙거리면서 부지런히 걸어만 가는 것이다. 지팡이에 몸을 의지하고 걷는 진수가 성한 사람의, 게다가 부지런히 걷는 걸음을 당해 낼 수는 도저히 없었다. 한 걸음 두 걸음씩 뒤지기 시작한 것이, 그만 작은 소리로 불러서는 들리지 않을 만큼 떨어져 버리고 말았다. 진수는 목구멍을 왈칵 넘어오려는 뜨거운 기운을 꾹 참노라고 어금니를 야물게 깨물어 보기도 하였다. 그리고 두 개의 지팡이와 한 개의 다리를 열심히 움직여대는 것이었다. 앞서 간 만도는 주막집 앞에 이르자, 비로소 한 번 뒤를 돌아보았다. 진수는 오다가 나무 밑에 서서 오줌을 누고 있었다. 지팡이는 땅바닥에 던져 놓고, 한쪽 손으로는 볼일을 보고, 한쪽 손으로는 나무 둥치를 감싸 안고 있는 모양이 을씨년스럽기 이를데 없는 **꼬락서니**였다. 만도는 눈살을 찌푸리며, 으음! 하고 신음 소리 비

숫한 무거운 소리를 내었다. 그리고 술방 앞으로 가서 방문을 왈칵 잡아당겼다.

기역자판 안에 도사리고 앉아서 속옷을 뒤집어 까고 이를 잡고 있던 여편네가 킥하고 웃으며 후닥딱 옷섶을 여몄다. 그러나 만도는 웃지를 않았다. 방 문턱을 넘어서면서도 서방님 들어가신다는 소리를 지르지 않았다. 아마 이처럼 무뚝한 얼굴을 하고 이 술방에 들어서기란 처음일 것이다. 여편네가 멋도 모르고,

"오늘은 서방님 아닌가배."

하고 킬킬 웃었으나, 만도는 으음! 또 무거운 신음 소리를 했을 뿐 도시 기분을 내지 않았다. 기역자판 앞에 가서 쭈그리고 앉기가 바쁘게,

"빨리 빨리."

재촉을 하였다.

"핫다나, 어지간히도 바쁜가배."

"빨리 꼬빼기로 한 사발 달라니까구마."

"오늘은 와 이카노?"

여편네가 쳐주는 술 사발을 받아 들며, 만도는 휴유—하고 숨을 크게 내쉬었다. 그리고 입을 얼른 사발로 가져갔다. 꿀꿀꿀, 잘도 넘어가는 것이다. 그 큰 사발을 단숨에 말려 버리고는, 도로 여편네 눈 앞으로 불쑥 내밀었다. 그렇게 거듭빼기로 석 잔을 해치우고사 으으윽! 하고 개트림을 하였다. 여편네가 눈을 휘둥글해 가지고 혀를 내둘렀다. 빈 속에 술을 그처럼 때려 마시고 보니, 금새 눈두덩이 확확 달아오르고, 귀뿌리가 발갛게 익어 갔다. 술기가 얼큰하게 돌자, 이제 좀 속이 풀리는 성 싶어 방문을 열고 바깥을 내다보았다. 진수는 이마에 땀을 척척 흘리면서 다 와 가고 있었다.

"진수야!"

버럭 소리를 질렀다.

"이리 들어와 보래."

"……"

진수는 아무런 대꾸도 없이 어기적어기적 다가왔다. 다가와서 방 문턱에 걸터앉으니까, 여편네가 보고,

"방으로 좀 들어오이소."

하였다.

"여기 좋심더."

그는 **수세미** 같은 손수건으로 이마와 코 언저리를 싹싹 닦아냈다.

"마 아무데서나 묵어라. 저——국수 한 그릇 말아 주소."

"야."

"꼬빼기로 잘 좀…… 참지름도 치소, 알았능교?"

"야아."

여편네는 코로 히죽 웃으면서 만도의 옆구리를 살짝 꼬집고는, 소쿠리에서 삶은 국수 두 뭉텅이를 집어들었다.

진수가 국수를 훌훌 끌어넣고 있을 때, 여편네는 만도의 귓전으로 얼굴을 갖다 댔다.

"아들이가?"

만도는 고개를 약간 앞뒤로 끄덕거렸을 뿐, 좋은 기색을 하지 않았다. 진수가 국물을 훌쩍 들어마시고 나자, 만도는,

"한 그릇 더 묵을래?"

하였다.

"아니 예."

"한 그릇 더 묵지 와."

"고만 묵을랍니더."

진수는 입술을 싹 닦으며 뿌시시 자리에서 일어났다.

주막을 나선 그들 부자는 논두렁길로 접어들었다. 아까와 같이 만도가 앞장을 서는 것이 아니라, 이번에는 진수를 앞세웠다. 지팡이를 짚고 찌긋둥찌긋둥 앞서 가는 아들의 뒷모습을 바라보며, 팔뚝이 하나밖에 없는 아버지가 느릿느릿 따라가는 것이다. 손에 매달린 고등어가 대고 달랑달랑 춤을 추었다. 너무 급하게 들어마셔서 그런지, 만도의 뱃속에서는 우글우글 술이 끓고, 다리가 휘청거렸다. 콧구멍으로 더운 숨을 훅훅 내불어 보니 정신이 **아른해서** 역시 좋았다.

"진수야!"

"예."

"니 우째다가 그래 됐노?"

"전쟁하다가 이래 안 됐심니꼬. 수류탄 쪼가리에 맞았심더."

"수류탄 쪼가리에?"

"예."

"음."

"얼른 낫지 않고 막 썩어 들어가기 땜에 군의관이 짤라 버립디더. 병원에서예. 아부지!"

"와?"

"이래 가지고 우째 살까 싶습니더."

"우째 살긴 뭘 우째 살아? 목숨만 붙어 있으면 다 사는 기다. 그런 소리하지 말아."

"······."

"나 봐라. 팔뚝이 하나 없어도 잘만 안 사나. 남 봄에 좀 덜 좋아서 그렇지, 살기사 왜 못 살아."

"차라리 아부지같이 팔이 하나 없는 편이 낫겠어예. 다리가 없어놓니, 첫째 걸어댕기기에 불편해서 똑 죽겠심더."

"야야. 안 그렇다. 걸어댕기기만 하면 뭐하노, 손을 지대로 놀려야 일이 뜻대로 되지."

"그러까예?"

"그렇다니, 그러니까 집에 앉아서 할 일은 니가 하고, 나댕기메할 일은 내가 하고, 그라면 안 대겠나, 그제?"

"예."

진수는 아버지를 돌아보며 대답했다. 만도는 돌아보는 아들의 얼굴을 향해 지긋이 웃어 주었다. 술을 마시고 나면 이내 오줌이 마려워지는 것이다. 만도는 길가에 아무데나 쭈그리고 앉아서 고기 묶음을 입에 물려고 하였다. 그것을 본 진수는,

"아부지, 그 고등어 이리 주소."

하였다. 팔이 하나밖에 없는 몸으로 물건을 손에 든 채 소변을 볼 수는 없는 것이다. 아버지가 볼일을 마칠 때까지, 진수는 저만큼 떨어져 서서 지팡이를 한쪽 손에 모아 쥐고, 다른 손으로 고등어를 들고 있었다. 볼일을 다 본 만도는 얼른 가서 아들의 손에서 고등어를 다시 받아 든다.

개천 둑에 이르렀다. 외나무다리가 놓여 있는 그 시냇물이다. 진수는 슬그머니 걱정이 되었다. 물은 그렇게 깊은 것 같지 않지만, 밑바닥이 모래흙이어서 지팡이를 짚고 건너가기가 만만할 것 같지 않기 때문이다. 외나무다리는 도저히 건너갈 재주가 없고…… 진수는 하는 수 없이 둑에 퍼지고 앉아서 바짓가랑이를 걷어올리기 시작했다. 만도는 잠시 멀뚱히 서서 아들의 하는 양을 내려다보고 있다가,

"진수야, 그만두고, 자아 업자."

하는 것이었다.

"업고 건느면 일이 다 되는 거 아니가. 자아, 이거 받아라."

고등어 묶음을 진수 앞으로 민다.

"……"

진수는 펵 난처해하면서, 못 이기는 듯이 그것을 받아 들었다. 만도는 등허리를 아들 앞에 갖다 대고, 하나밖에 없는 팔을 뒤로 버쩍 내밀며,

"자아, 어서!"

진수는 지팡이와 고등어를 각각 한 손에 쥐고, 아버지의 등허리로 가서 슬그머니 업혔다. 만도는 팔뚝을 뒤로 돌리면서, 아들의 하나뿐인 다리를 꼭 안았다. 그리고

"팔로 내 목을 감아야 될 끼다."

했다. 진수는 무척 황송한 듯 한쪽 눈을 찍 감으면서, 고등어와 지팡이를 든 두 팔로 아버지의 굵은 목줄기를 부둥켜안았다. 만도는 아랫배에 힘을 주며, '끙!' 하고 일어났다. 아랫도리가 약간 후들거렸으나 걸어갈 만은 했다. 외나무다리 위로 조심조심 발을 내디디며 만도는 속으로, 이제 새파랗게 젊은 놈이 벌써 이게 무슨 꼴이고. 세상을 잘못 만나서 진수 니 신세도 참 똥이다, 똥. 이런 소리를 주워섬겼고, 아버지의 등에 업힌 진수는 곧장 미안스러운 얼굴을 하며, '나꺼정 이렇게 되다니, 아부지도 참 복도 더럽게 없지, 차라리 내가 죽어 버렸더라면 나았을 낀데……' 하고 중얼거렸다.

만도는 아직 술기가 약간 있었으나, 용케 몸을 가누며 아들을 업고 외나무다리를 조심조심 건너가는 것이었다. 눈앞에 우뚝 솟은 용머리재가 이 광경을 가만히 내려다보고 있었다.

[단어 해석/单词解析]

1. 어깻바람이 나다 : 신이 나서 어깨를 으쓱거리며 활발히 움직이다 **兴冲冲地抖动肩膀，来劲**
2. 장딴지 : 종아리 뒤쪽의 살이 불룩한 부분 **腿肚**
3. 잰걸음 : 보폭이 짧고 빠른 걸음 **小碎步**
4. 고의춤 : 고의나 바지의 허리를 접어서 여민 사이 **裤腰**
5. 피리 : '송사리'의 사투리. 민물고기중의 하나 **青鳉，丁斑鱼**
6. 흥청거리다 : 흥에 겨워서 마음껏 거드럭거리다 **喜形于色**
7. 사타구니 : '샅'을 낮잡아 이르는 말 **裆，胯**
8. 도사리다 : 두 다리를 모아 꼬부려 왼쪽 발을 오른쪽 무릎 아래에 괴고 오른쪽 발을 왼쪽 무릎 아래 괴고 앉다 **盘腿坐**
9. 미심쩍다 : 분명하지 못하여 마음이 놓이지 않다 **鬼祟，可疑**
10. 들창코 : 코끝이 위로 들려서 콧구멍이 드러나 보이는 코 **朝天鼻**
11. 플랫폼 : 역이나 정거장에서 기차를 타고 내리는 곳 **月台，站台**
12. 뚝딱 : 일을 거침없이 손쉽게 해치우는 모양 **形容事情很顺手**
13. 다이너마이트 : 폭약 **炸药**
14. 허물다 : 쌓이거나 짜이거나 지어져 있는 것을 헐어서 무너지게 하다 **拆，拆除**
15. 께름직하다 : '꺼림칙하다', 마음에 걸려 언짢은 느낌이 있다 **心里不舒服，忌讳**
16. 어렴풋하다 : 기억이나 생각 따위가 뚜렷하지 아니하고 흐릿하다 **模模糊糊**
17. 짭짤하다 : 감칠맛이 있게 조금 짜다 **稍咸，有点儿咸**
18. 꼬락서니 : '꼴'을 낮잡아 이르는 말 **熊样，鬼样**
19. 수세미 : 설거지할 때 그릇을 씻는 데 쓰는 물건 **刷碗的丝瓜瓢子，刷子**
20. 아른하다 : 무엇이 희미하게 보이는 듯 마는 듯하다 **隐隐约约，闪现**

[연습 문제/练习]

1. 이 작품의 시간적 배경을 말해 보십시오.
2. 사람들에게 전쟁의 아픔을 어떻게 극복할 수 있는지 토론해 보십시오.
3. 작중 아버지가 아들에 대한 사랑을 나타낸 표현을 찾아 보십시오.

제 14 과 소설 : 「젊은 느티나무」

[작가 소개/作家介绍]

강신재(康信哉, 1924~2001년)는 1943년 이화여자전문학교에 입학했으나 1944년 재학중 결혼함으로써 중퇴하였다. 이후 그녀는 소설 창작에 **몰두하여** 1949년 김동리의 추천으로『문예』에 단편소설「얼굴」과「정순이」를 발표하여 등단하였다. 1960년대에「젊은 느티나무」등 애정소설을 발표하여 대표적인 여성작가로서의 위치를 굳혔다. 그녀는 여성의 운명과 여성적 사랑의 심리를 섬세하고 감각적인 문체로 묘사했다.「젊은 느티나무」는 부모의 재혼으로 오누이 아닌 오누이 관계에 놓인 두 남녀가 순수한 사랑을 느끼게 되는 과정을 그렸고,「임진강의 민들레」는 전쟁의 **시련** 속에 고뇌하는 젊은이의 비극적인 애정을 그렸다. 그 이후로 주로 장편 소설을 창작하는 데 **주력하였다**. 1963년 장편소설「파도」, 1964년「그대의 찬 손」, 1965년「신설」등을 발표하였다. 그녀는 오랜 세월 창작에 힘써 약 80여 편의 작품을 발표하였다.

[단어 해석/单词解析]

1. 몰두하다 : 어떤 일에 온 정신을 다 기울여 열중하다 **埋头苦干, 专心**
2. 시련 : 겪기 어려운 단련이나 고비 **考验**
3. 주력하다 : 어떤 일에 온 힘을 기울이다 **致力**

[작품 해제/作品解析]

이 작품은 어머니의 재혼으로 이복 오빠를 만나고 사랑하게 되는 고등학생 숙희의 이야기를 그려낸다. 두 사람은 혈연적인 관계가 아니지만 법률적으로 **엄연히** 남매간이기 때문에 둘의 사랑은 사춘기 소녀가 감당하기에 매우 무겁다. 그래서 그녀는 이런 감정을 **자제하고** 스스로 정신적 시련을 극복하기 위해 노력한다.

작품 첫머리의 문장 "그에게는 언제나 비누 냄새가 난다"는 이 작품의 주제를 단적으로 요약한 것이다. 이는 소설 주인공의 민감한 감수성, **산뜻한** 감각을 암시하는 표현이다. 이 소설은 맨 앞의 이 한 줄을 위해 쓰여졌다고 해도 과언이 아니다. 사춘기 소녀의 예민한 **후각**에 **포착된** 이 아름다움이 작품 전면의 분위기로 흘러 주제 역할을 하고 있다. 둘의 사랑에는 오직 비누 향기와 같은 감각만이 모호하게 존재할 뿐이다. 소설은 이후를 약속하면서 서로의 사랑을 지켜가기로 한 결말을 통해 현실과 만나면서 겪는 자아의 변화와 성장을 보여 준다. 이 작품은 작가의 작품이 대부분 비극적 결말로 마무리되는 것과 달리 희망적이고 낙관적인 여운을 남겨놓아 주인공들의 낭만성을 나타낸다.

[단어 해석/单词解析]

1. 엄연히 : 어떠한 사실이나 현상이 부인할 수 없을 만큼 뚜렷히 **俨然**
2. 자제하다 : 자기의 감정이나 욕망을 스스로 억제하다 **克制, 压抑**
3. 산뜻하다 : 기분이나 느낌이 깨끗하고 시원하다 **轻松, 清爽**
4. 후각 : 냄새를 맡는 감각 **嗅觉**
5. 포착되다 : 꼭 붙잡다 **捕捉, 抓住**

[작품 원문/作品原文]

1

그에게서는 언제나 비누 냄새가 난다.

아니 그렇지는 않다. 언제나라고는 할 수 없다.

그가 학교에서 돌아와 욕실로 뛰어가서 물을 뒤집어쓰고 나오는 때면 비누 냄새가 난다. 나는 책상 앞에 돌아앉아서 꼼짝도 하지 않고 있더라도 그가 가까이 오는 것을 ―그의 표정이나 기분까지라도 넉넉히 미리 알아차릴 수 있다.

티셔츠로 갈아입은 그는 성큼성큼 내 방으로 걸어 들어와 아무렇게나 안락의자에 주저앉든가, 창가에 팔꿈치를 짚고 서면서 나에게 빙긋 웃어 보인다.

"무얼 해?"

대개 이런 소리를 던진다.

그런 때에 그에게서 비누 냄새가 난다. 그리고 나는 나에게 가장 슬프고 괴로운 시간이 다가온 것을 깨닫는다. 엷은 비누의 향료와 함께 가슴속으로 **저릿한** 것이 퍼져 나간다―이런 말을 하고 싶었던 것이다.

"뭘 해?"

하고 한 마디를 던져 놓고는 그는 으레 눈을 좀더 커다랗게 뜨면서 내 얼굴을 건너다 본다.

그 눈동자는 내 표정을 살피려는 것 같기도 하고 어쩌면 그보다도, 나에게 쾌활하게 웃고 떠들라고 권하고 있는 것 같기도 하다. 또 어쩌면 단순히 그 자신의 명랑한 기분을 나타내고 있는 것에 불과한지도 모른다.

어느 편일까?

나는 나의 슬픔과 괴롬과 있는 대로의 지혜를 일 점에 응집시켜 이 순간 그의 눈 속을 응시하지 않을 수 없다.

나는 알고 싶은 것이다.

그의 눈 속에 과연 내가 무엇으로 비치는가?

하루해와, 하룻밤 사이, 바위를 씻는 파도 소리같이, 가슴에 와 부딪고 또 부딪고 하던 이 한 가지 상념에 나는 일순 전신을 불살라 본다.

그러나 매일 되풀이하며 애를 쓰지만 나는 역시 알 수가 없다. 그의 눈의 의미를 헤아릴 수가 없다. 그래서 나의 괴롬과 슬픔은 좀더 무거운 것으로 변하면서 가슴속으로 가라앉아 버리는 것이다.

그리고 다음 찰나에는 나는 그만 나의 자연스러운 위치—그의 누이 동생이라는, 표면으로 보아 아무 **스스럼도** 불안정함도 **없는** 나의 위치로 돌아가 있지 않으면 안 될 것을 깨닫는다.

"인제 오우?"

나는 이렇게 묻는다. 그가 원한 듯이 아주 쾌활한 어투로. 이 경우에 어색하게 군다는 것이 얼마만한 추태인가를 나는 알고 있다.

내 목소리를 듣고는 그도 무언지 마음 놓였다는 듯이,

"응, 고단해 죽겠어. 뭐 먹을 거 좀 안 줄래?"

두 다리를 쭈욱 뻗고 기지개를 켜면서 대답을 한다.

"에에, 성화라니깐, 영작 숙제가 막 멋지게 씌어져 나가는 판인데……"

나는 그렇게 투덜거려 보이면서 책상 앞에서 물러난다.

"어디 구경 좀 해. 여류 작가가 될 가망이 있는가 없는가 보아줄게."

그는 손을 내밀며 몸까지 앞으로 썩하니 기울인다.

"어머나, 싫어!"

나는 노트를 다른 책들 밑에다 잘 감추어 놓고 아래층으로 내려가서 냉장고 문을 연다.

뽀오얗게 얼음을 내뿜은 코카콜라와 크래커, 치즈 따위를 쟁반에 집어 얹으면서 내 가슴은 비밀스런 즐거움으로 높다랗게 고동치기 시작한다.

그는 왜 늘 내 방에 와서 먹을 것을 달라고 할까? 언제나 냉장고 앞을 그냥 지나 버리고는 나에게 와서 달라고 조른다.

어떤 게으름뱅이라도 냉장고 문을 못 열 까닭은 없고, 또 누구를 시키는 것이 좋겠다면 부엌 사람들께 한마디하는 편이 나을 것이다.

군소리를 지껄대거나 오래 기다리게 하거나 그렇지 않더라도 줄곧 먹을 것을 엎지르거나 내려뜨리거나 하는 나를 움직이기보다는 쉬울 것이 확실하다.

(어쩐 셈인지 나는 이런 따위 일이 참말 서툴다. 좀 얌전하고 재빠르게 보이려고 하여도 도무지 그렇게 되질 않는다.)

쟁반을 들고 돌아와 보면 그는 창 밖의 덩굴장미께로 시선을 던지고 옆얼굴을 보이며 앉아 있다.

무엇을 생각하는지, 내가 곁에 있을 때는 보이지 않는 조용히 가라앉은 눈초리를 하고 있다. 까무레한 피부와 꽤 센 윤곽을 가진 그의 얼굴을 이런 각도에서 볼 때 나는 참 좋아진다. 나에게는 보이려 하지 않는, 혼자만의 표정도 무언지 가슴에 와 부딪는다.

그의 머리통은 아폴로의 그것처럼 모양이 좋다. 아주 조금 곱슬거리는 머리카락이 몇 올 앞이마에 드리워 있다.

"곱슬머리는 사납다던데."

언젠가 그렇게 말하였더니,

"아니, 그렇지 않아. 숙희, 정말 그렇지 않아."

하고 그는 진심으로 변명을 하려 드는 것이었다. 나는 그저 농담을 하였을 뿐이었는데…….

오늘도 그는 그렇게 내 방에서 쉬고 나더니,

"정구 칠까?"

하며 자리에서 일어섰다.

"응."

"아니 참, 내일부터 중간 시험이라구 하잖았든가?"

"괜찮아. 그까짓 거…….”

사실 시험이고 무엇이고 없었다. 나는 옷 서랍을 덜컹거리며 흰 쇼츠와 감색 셔츠를 끄집어내었다.

"괜히 낙제하려구."

하면서도 그는 이내 라켓을 가지러 방을 나갔다.

햇볕은 따가웠으나 나뭇잎들의 성성한 초록 사이로 서늘한 바람이 지나가곤 한다. 우리는 뒷산 밑 담장께로 걸어갔다. 낡은 돌담의 좀 허수룩한 귀퉁이를 타고 넘어서 옆집 코오트로 미끄러져 들어간다.

옆집이라고 하는 것은 구왕가에 속한다는 토지의 일부인데 기실 집이라고는 까마득히 떨어져서 기와집이 두어 채 늘어서 있고 이쪽은 휘영하니 비어 있는 공터였다. 그 낡은 기와집에 사는 사람들은 이 공터를 무슨 뜻에선지 매일 쓸고 닦고 하여서 장판처럼 깨끗이 거두어 오고 있었다.

제14과 소설 : 「젊은 느티나무」
한국 현대문학 작품 선독

"아깝게시리……테니스 코트나 만들면 좋겠는데. 응, 그러면 어떨까?"
어느 날 돌담에 가 걸터앉아서 내려다보던 끝에 그런 제의를 했다.
처음에는 그는 움직이려 하지 않았으나 결국 건물께로 걸어가서 이야기를 해 보았다.
이튿날 우리는 석회를 들고 가 금을 그었다. 또 며칠 후에는 네트를 치고 땅을 깎아내어서 아주 정식으로 코트를 만들어 버렸다.
그렇게까지 할 줄은 몰랐을 주인이 야단을 치면 걷어 버리자고 주춤거리며 일을 했는데 호호백발의 할아버지인 그 집주인은 호령을 하지 않을 뿐더러 가끔 지팡이를 끌고 나와 플레이를 구경하는 것이었다.
이렇게 나이 많은 노인네의 표정은 언제나 나에게는 판정하기 어려운 것이지만 특히 이 할아버지의 경우는 그러하였다. 구태여 말한다면 웃고 있는 것 같기도 하고 신기해하고 있는 것 같기도 했지만 또 동시에 하늘 밖의 일을 생각하는 듯 아득해 보이기도 하였으니 기묘했다.
한두 번은 담을 넘는 나의 기술을 적이 바라보고 분명히 무슨 말을 할 듯이 하더니 그만 입을 봉하고 말았다. 말을 했자 들을 법하지도 않다고 짐작을 대었는지 알 수 없었다. 어쨌든 그곳은 아주 좋은 우리의 놀이터인 것이다.
물리학 전공의 그는 상당히 공부에도 몰리고 있는 눈치였으나 운동을 싫어하는 샌님도 아니었다.
테니스를 나는 여기 오기 전에도 하고 있었지만 기술이 부적 는 것은 대부분 그의 덕분이다. 그가 내 시골 학교의 코우치보다도 더 훌륭한 솜씨를 갖고 있음을 알았을 때의 나의 만족이란 이루 말할 수도 없는 것이었다.
머리가 둔한 사람이 나는 도저히 좋아질 수 없지만 또 운동을 전연 모른다는 사람도 매력적이라고 생각할 수 없다. 스포츠는 삶의 기쁨을 단적으로 맛보여 준다. 공을 따라 이리저리 뛰면서 들이마시는 공기의 감미함이란 아무것에도 비할 수 없다.
나는 오늘 도무지 컨디션이 좋지가 못하였다. 이렇게 엉망진창인 때면 엉망진창인 대로, 또 턱없이 좋으면 좋은 그대로 적당히 이끌고 나가 주는 그의 솜씨가 적이 믿음직해질 따름이었다.
"와아, 참 안된다. 퇴보 일로인가봐."
"괜찮아. 아주 더워지기 전에 지수랑 불러서 한번 시합을 할까?"
하늘이 리라빛으로 물들 무렵 우리는 볼들을 주워들고 약수터께로 갔다.
바위틈으로 뿜어 나오는 물은 이가 시리도록 차갑고 광물질적으로 **쌉쓰름하다**.
두 손으로 표주박을 만들어 떠내가지고는 코를 틀어막고 마신다. 바위 위로 연두색 버들잎이 적이 우아하게 늘어지고, 빨간 꽃을 다닥다닥 붙인 이름 모를 나무도 한 그루 가지를 펼친 것으로 보아, 이런 **마심새**를 하라는 샘터는 아닌 모양 같지만 우리는 늘 그렇게 하여 왔다.
"약수라니 많이 마셔. 약의 효험이나 좀 볼지 아나?"
"뭣 땜에?"

159

"뭣 땜에는? 정구 좀 잘 치게 되나보려구 그러지."
이렇게 시끌덤벙 떠들던 샘가였다.
그런데 오늘 바위 언저리에는 조그만 표주박이 하나 놓여 있었다. 필시 그 할아버지가 갖다 놓아둔 것이 분명하였다.
"오늘부터 얌전히 마셔야 해."
"산신령님이 내려다보신다."
정말 한동안 음전하게 앉아서 쉬었다. 그리고 그는 허리를 굽혀 표주박으로 물을 떴다. 그는 그것을 내 입가에 대어주었다. 조용한, 낯선 표정을 하고 있었다. 나에게는 보이는 일이 없는, 자기 혼자만의 얼굴의 하나인 것 같았다.
나는 아주 조금만 마셨다. 그리고 얼굴을 들어 그를 바라다보고 있었다. 그는 나머지를 천천히 자기가 마셨다.
그리고 표주박을 있던 자리에 도로 놓았으나 아주 짧은 사이 어떤 강한 감정의 움직임이 그 얼굴을 휘덮은 것 같았다. 그는 내 쪽을 보지 않았다.
나는 돌연 **형언하기** 어려운 혼란 속에 빠져들어 갔으나 한 가지의 뚜렷한 감각을 놓쳐 버리지는 않았다. 그것은 기쁨이었다.
나는 라켓을 둘러메고 담장께로 걸어갔다.
"오빠."
그는 나에게는 그런 명칭을 가진 사람이었다.
"오빠."
그것은 나에게 있어 무리와 부조리의 상징 같은 어휘이다.
그 무리와 부조리에 얽힌 존재가 나다.
나는 키보다 높은 담장 위에서 뛰어내렸다. 그리고 뒤도 안 돌아보고 정원 안을 걸어갔다.
운동화를 벗어 들고 맨발로 걷는다. 까실까실하면서도 부드러운 잔디의 촉감이 신이나 양말을 신고 디딜 생각은 나지 않게 한다.
"발바닥에 징을 박아 줄까? 어디든지 구두 안 신고 다니게 말야."
그는 옆에 있는 때면 이런 소리를 한다.
"맨발로 풀 위를 걸으면 고향에 온 것 같아. 아니 내가 나 자신에게 돌아온 것 같은 그런 말이 드는 걸……"
나는 중얼중얼 그런 소리를 지껄이는 것이나 저녁 이맘때가 되면 별안간 거의 수습할 수 없을 만큼 감정이 엉클리곤 하므로 그 뒤로는 완고덩어리 할멈처럼 입을 봉하고 아무런 대꾸도 하질 않는다.
시무룩해 가지고 테라스 앞에 오면—그 안 넓은 방에 깔린 자색 양탄자, 여기저기에 놓인 육중한 가구, 그 속에 깃들인 신비한 정적, 이런 것들을 넘겨다보면—그리고 주위에 만발한 작약, 라일락의 향기, 짙어진 풀내가 한데 엉켜 풋풋한 이 곳에 와서 서면—나는 내 존재의 의미가 별안간 아프도록 뚜렷이 보랏빛 공기 속에 떠 있는 것을 보는 것이다.

제14과 소설:「젊은 느티나무」
한국 현대문학 작품 선독

내가 잠시 지녔던 유쾌함과 행복은 끝내 나의 것일 수는 없고, 그것은 그대로 실은 나의 슬픔과 괴로움이었다는 기묘한 도착(倒錯)을, 나는 어떻게도 처리할 길이 없다.

오누이……

동생……

이런 말은 내 맘속에서 혐오와 공포를 자아낸다.

싫다.

확실히 내가 느껴온 기쁨과 즐거움은 이런 범주 내에서 허용될 수 있는 것이 아니었다.

날마다 경험하는 이 보랏빛 공기 속에서의 도착은 참 서글픈 감촉을 갖고 있었다. 나는 그의 곁에 더 오래 머무를 용기조차 없어진다.

검은 눈을 끔껌벅이면서 그는 또 농담이라도 할 것이다. 내게 더 웃고 더 쾌활해지라고 무언중에 명령할 것이다.

그가 내게 해 줄 수 있는 일은 그것뿐이다.

오늘 나는 가슴속에 강렬한 기쁨을 안았던 까닭에 비참함도 더 한층 큰 것만 같았다.

나는 그곳에 한동안 서 있었다. 그리고 볼을 불룩하니 해 가지고 마루로 올라갔다.

번들거리는 마룻바닥에 부연 발자국이 남아난다. 그렇게 마루가 더럽혀지는 것이 어쩐지 약간 기분 좋다. 몸을 씻고 옷을 갈아입으면서 창으로 힐끗 내다보았더니 그는 등나무 밑 걸상에 앉아 있었다. 무릎 위에 팔꿈을 짚고 월계 숲께로 시선을 던진 모양이 무언지 고독한 자세 같아 보였다. 그도 조금은 괴로운 것일까? 흠, 그러나 무슨 도리가 있담? 까닭 없이 그에 대해 잔인해지면서 나는 그렇게 혼자말을 하였다.

나는 방에 불도 켜지 않고 밖에서 보이지 않을 구석에 가만히 앉아 내다보고 있었다. 주위가 훨씬 어두워진 연에 그는 벤치에서 일어났다. 그리고 사라지기 전에 한참 내 창문께를 보며 서 있었다.

나는 어느 때까지나 불을 켜지 않았다.

저녁을 먹으러 내려가지도 않았다.

그 대신에 그가 마시다 둔 코크의 잔을 집어들었다. 그리고 가만히 입술을 대었다. 아까 그가 내가 마신 표주박에 입술을 대었듯이……

2

'그'를 무어라고 부르면 마땅할까.

오빠라고 불러야 한다는 것이 나의 운명이다.

재작년 늦겨울 새하얀 눈과 얼음에 뒤덮여서 서울의 집들이 마치 얼음 사탕처럼 반짝이던 날 므슈 리에게 손목을 끌리다시피 하며 이곳에 도착한 나에게 엄마는 그를 이렇게 소개했다.

"숙희의 오빠애요. 인사를 해. 이름은 현규라고 하고."

저 진보랏빛 양탄자 위에 서서 나는 그의 얼굴을 바라보았다.

"이과 대학의 수재란다. 우리 숙희두 시골서는 꽤 재원이라고들 하지만 서울 왔으니까 좀 어리벙벙할 테지. 사이좋게 해 줘요."

엄마의 목소리는 가벼웠으나 눈에는 두려움이 어려 있는 것 같았다. 엄마는 열심히 청년의 두 눈을 주시하고 있었다.

V네크의 다갈색 스웨터를 입고 그보다 엷은 빛깔의 셔츠 깃을 내보인 그는, 짙은 눈썹과 미간 언저리에 약간 위압적인 느낌을 갖고 있었으나 큰 두 눈은 서늘해 보였고, 날카로움과 동시에 자신(自信)에서 오는 너그러움, 침착함 같은 것을 갖고 있는 듯해 보였다. 전체의 윤곽이 단정하면서도 억세고, 강렬한 성격의 사람일 것 같았다. 다만 턱과 목 언저리의 선이 부드럽고 델리킷하여 보였다.

"키도 어깨폭도 표준형인 듯하고……흐응, 우선 수재 비슷해 보이기는 하는걸……하고 나는 마음속으로 채점을 하였다. 물론 걸보매만으로 사람을 평가할 만큼 나는 어리석은 계집애는 아니었지만."

내가 그의 눈을 쏘아보자, 그는 눈이 부신 사람 같은 표정을 하면서 입술 한쪽으로 조금 웃었다. 그것은 약간 **겸연쩍은** 것 같기도 하였지만, 혼자 고소하고 있는 것 같이도 보였다. 자기를 재어 보고 있는 내 맘속을 환히 들여다보는 때문일까? 그러자 나는 반대로 날카로운 관찰을 당하고 있는 듯한 긴장을 느꼈다.

그러나 그는 지극히 단순한 태도로,

"참 잘 왔어요. 집이 이렇게 너무 쓸쓸해서 아주 좋지 못했는데……"

하고 한 손을 내밀어서 내 손을 잡았다.

나를 도무지 어린애로만 보았다는 증거일 게고 또 아마 엄마의 감정을 존중한 결과였을 것이다.

아닌게 아니라 엄마의 얼굴에는 일순 안도와 만족의 표정이 물결처럼 퍼져 갔다. 나는 이 청년이 엄마에게 어떤 존재인지를 짐작하였다. 말하자면 그들 인공적(?) 모자 관계에 있어서는 항상 세심한 배려가 상호간에 베풀어져야 하는 것이다.

므슈 리는 매우 **대범한** 성질이어서 만사를 복잡하게 받아들이지는 않는 것 같았다. 그는 그저 미소를 띠고 우리를 바라다볼 뿐이고, 내가 고단할 게라는 소리를 몇 번이나 하였다.

어쨌든 그는 그로부터 나를 숙희라고, 쉽고도 간단하게 불러오고 있다.

"헤이, 숙!"

하기도 한다. 그리고 나에게 무조건 관대하였다. 지나칠 만큼. 그래서 때로는 섭섭할 만큼.

그러므로 그가 이즈음 내 방에 와서 배가 고프다고 한다거나 손 같은 데에 약을 발라 달라고 하게 된 것은 나에게는 대단히 귀중한 변화인 것이다.

그것은 어쨌든 내 편에서는 그를 오빠라고는 도저히 부를 수 없었다. 처음에는 너무 생소하여서, 그리고 나중에는 또 다른 이유들로.

이것은 므슈 리를 아버지라고 부르기 어렵기보다는 몇 갑절이나 힘든 일이었다. 나는 자기가 대단한 고집쟁이인지, 또는 부끄럼쟁이인지 분간할 수 없다. 나의 이런 곤란을 그도 엄마도 어느 정도 알고 있는 모양으로 요즈음은 내가 그 말을 피하려고 이리저리 애를 쓰지 않고도 적당한 대답을 할 수 있도록 저편에서 고려하여 말을 걸어 준다. 이런 의미에서 사양 없이 나를 곤경에 몰아넣곤 하는 것은 그러니까 므슈 리 한 사람뿐이다.

서울 와서 일 년 남짓 지내는 새에 나는 여러 모로 조금씩 달라진 것 같다. 멋을 내는 방법도 배웠고 키가 커지고 살결도 희어졌다. 지난 사월에는 '미스 E여고'에 당선되어서 하룻동안 학교의 퀴인 노릇을 하였다. 바스트가 약간 모자랄 거라고 나는 생각하고 있었는데 압도적으로 표가 많이 나와서 내가 오히려 놀랐다. 엄마는 좋아서 어쩔 줄 몰랐고 므슈 리는 기막히게 비싼 팔목시계를 사 주었다.

그(현규)는 별 말을 하지 않았다. 농담조차 하지 않았다. 축하한다고 한번 그것도 아주 거북살스런 투로 말하고는 무언지 수줍은 것 같은 얼굴을 하고 있었다. 그런 것을 보니까 나는 썩 기분이 좋았다.

나는 성질도 조금 달라져온 것 같다. 동무도 많았고 노래도 잘 부르던 시골 시절보다 조용한 이곳에서 더 감정이 격렬해진 것 같다.

삶의 기쁨이란 말을 나는 이제 이해한다.

이 집의 공기는 안락하고 쾌적하고, 엄마와 므슈 리와의 관계로 하여 약간 로맨틱한 색채가 감돌고 있기도 하다. 서울의 중심에서 떨어진 S촌의 숲속의 환경도 내 마음에 들고, 므슈 리가 오래전부터 혼자 살아 왔다는 담쟁이덩굴로 온통 뒤덮인 낡은 벽돌집도 기분에 맞는다.

그는 엄마에게 예절 바르고 친절하고, 므슈 리는 내가 건강하고 행복스런 얼굴만 하고 있으면 어느 때고 지극히 만족해하고 있다. 그는 어느 사립대학의 경제학 교수인데 약간 뚱뚱하고 약간 호인다워 보인다. 불란서와 아무 관계도 없는 그를 므슈라고 속으로 부르고 있는 까닭은 어느 불란서 영화에서 본 한 불쌍한 아버지의 모습과 그가 닮아 있기 때문이다. 므슈 리는 불쌍하지 않다. 오히려 지금은 참 행복하다. 그러나 이렇게 호의 덩어리 같은 사람은 자칫하면—주위가 나쁘면—엉망으로 불행해질 것같이 보이는 것이다.

괴테의 베르테르 같은 청년의 비극에는 날카로운 아름다움이 있다. 그러나 우리 므슈 리 같은 타입의 슬픔에는 오직 비참만이 있을 듯하다……(우리 엄마가 그의 곁에 와 준 것은 얼마나 다행한 일이었을까!)

엄마는 줄곧 집에만 들어앉아 있으나 행복해 보였고 예부터 특징이던 부드러운 목소리가 한층 더 부드러워진 것 같다. 다만 엄마는 엄마의 행복에 대해서 한편으로 죄스러움 같은 것을 느끼고 있는 듯한 눈치로서, 그래서 바깥으로 나다니지도 않고 큰 소리로 웃는 일도 없는 것 같았다. 그러나 그는 늘 고운 옷을 입고 있었고 엷게 화장을 하고 있었다. 이 일도 내 마음에 흡족하였다.

그러나 이곳에는 뜻하지 않은 괴로움이 또한 있었다. 현규에 대한 감정은 언제나 내 맘을 무겁게 하고 있다. 너무나 고통스럽게 여겨질 때에는 여기 오지를 말았더면 하고 혼자 중얼대는 일도 있다. 그러나 그 생각은 오래 가지 않는다. 나는 만약 내 생애에서 한번도 그를 만나는 일이 없이 죽고 말 경우라는 것을 생각해 보면 가슴이 서늘해지기까지 한다. 아무 일도 이루어지지 않아도 좋았다. 나는 그를 만났다는 일만으로 세상의 어느 여자보다도 행복한 것이다. 그의 곁에서 호흡하고 있는 기쁨을 무엇을 바꿀 수 있을까?

그러나 나는 여전히 슬프고 초조한 것도 사실이다. 정직히 말한다면 내 기분은 일분마다 달라진다.

므슈 리가 요즘 외국을 여행 중인 것은 내게는 하나의 구원과도 같다.

아침마다 행복 그것 같은 얼굴로 인사를 하지 않아도 좋고 저녁마다 시간에 식당에 내려가지 않아도 좋기 때문이다.

"돌아오실 때까지 눈감아 줘, 응 엄마. 시간 지키는 거 나 질색인 줄 알잖우? 먹고 싶은 때 먹고 안 먹고 싶은 때 안 먹고 그럴께, 응?"

므슈 리가 떠나는 즉시로 나는 엄마에게 이렇게 교섭을 하였다. 사실 현규의 얼굴을 보는 일이 두려운 때가 점점 잦아오는 것만 같다.

그는 대개 엄마와 함께 저녁을 드는 모양이었다.

3

예절 바른 그가 식당에서 엄마의 상대를 하고 있을 동안 나는 멍하니 창가에 앉아서 저물어 가는 하늘을 바라다보고 있다.

군데군데 작은 집들이 몰려 있는 촌락과, 풀숲과 번득이는 연못 같은 것들이 있는 넓은 들판 너머에, 무디게 빛나며 강이 흐르고 있다. 강은 날씨와 시간에 따라 **플래티나** 반짝이기도 하고 안개처럼 온통 보얗게 흐려 버리기도 한다. 하늘이 보랏빛으로부터 연한 잿빛으로 변하여가는 무렵이면 그 강도 부드러운 회색 구름과 한덩이가 되었다.

나는 여러 가지 감정이 뒤범벅이 된 혼란 상태에서 자기를 건져내야 한다고 어두운 강물을 바라보며 늘 생각하는 것이었다. 마음 가는 대로 몸을 내맡길 수 없는 것이 나의 입장이고 또 그 마음 가는 일 자체에 대해서도 분열된 생각을 수습할 수가 없었다.

현규를 사랑한다는 일 가운데 죄의식은 없었다. 그런 것은 있을 수 없었다. 그러나 엄마와 므슈 리를 그런 의미에서 배반하는 것은 곧 네 사람 전부의 파멸을 의미하는 것이었다. 파멸이라는 말의 캄캄하고 무서운 음향 앞에 나는 떨었다.

이곳에 오기 전에 나는 시골 외할아버지의 집에 있었다. 삼사 년 전까지는 엄마와도 함께, 그리고 그 후로는 할머니 할아버지와 단 셋이서. 일하는 사람들은 여럿 있었고 과수원을 지키는 개도 여러 마리, 그 중에는 내가 특별히 귀여워한 진돗개 복동이도 있었지만 나는 언제나 못 견딜 만큼 적적하였다. 엄마가 서울로 떠난 후에는 마음이 막 쓰라린 것을 참아야 했지만 그 엄마가 같이 있었을 때에라도 나는 우리의 생활에서 마음 든든하다거나 정말로 유쾌하다거나 하는 느낌을 가져 본 일은 없다.

젊고 아름다운 엄마가 언제나 조용히 집 안에서 세월을 보내고 있는 일은 내게 어떤 고통을 주었다. 그 무릎 위에는 늘 내게 지어 입힐 고운 헝겊 조각이나 털실 같은 것이 얹혀 있었지만, 그리고 그 입에서는 늘 나에 관한 이야기가 흘러나왔지만 나는 그것이 불만이고 불안하기조차 하였다.
　　그런 걸 만들어 주지 않아도 좋으니 다른 애들 엄마처럼 집안 살림에 볶이어서 때로는 악도 쓰고 나더러 야단도 치고 어린애도 둘러 업고 다니고—말하자면 그녀 자신의 생활을 하고 있으면 나도 흐뭇할 것 같았다. 할아버지도 나에게와 마찬가지로 엄마에게도 그저 유하고 부드럽기만 하였다.
　　엄마의 그림자 같은 생활은 언제부터 시작되었는지 기억할 수 없다. 사변과 함께 우리가 시골 할아버지 댁으로 내려가던 때 그러니까 지금부터 십 년쯤 전에도 이미 그랬었고 또 그보다 전 서울서 국민학교에 입학하던 즈음에도 역시 그런 느낌이던 것을 잊지 않고 있다.
　　'아버지'에 관하여 나는 아무것도 모른다. "돌아가셨다"는 설명을 언젠가 들은 적이 있었으나 어쩐지 정말 같지 않다는 인상으로 남아 있었다. 사변 후에,
　　"너의 아버지는 돌아가셨다."
　　하고 할머니가 일러 주셨는데 이때의 말투에는 특별한 것이 깃들여 있어서 그 후로는 그것이 진심이거니 여기고 있다. 아마 나의 엄마와 아버지는 내가 아주 어릴 때부터 별거하고 있었고 그러는 사이 그들은 다시 만나는 일도 없이 사별하고 만 모양이었다. 어쨌든 나는 내 부친에 관해서 아무런 지식도 감정도 갖고 있지 않다. '윤'이라는 내 성이 그로부터 물려받은 유일의 것이지만 흔한 성이라고 느낄 뿐이다.
　　므슈 리가 피난지에서 할아버지의 과수원을 찾아온 것은 어떤 경위를 거친 뒤였는지 나는 알 수 없다. 그날 나뭇가지에 걸터앉아서 사과를 베어먹고 있노라니까 좀 뚱뚱한 낯선 신사가 걸어왔다. 대문 앞에서 망설이듯이 멈추었다가 모자를 벗어 들고 걸어 들어왔다. 나무 밑을 지나갈 적에 사과씨를 떨구었더니 발을 멈추고 쳐다보았으나 웃지도 않고 그냥 가 버렸다. 도무지 어수선하기만 하다는 얼굴이었다. 나중에 방 안에서 정식으로 인사를 하였는데 그때의 판단으로는 나무 위로부터 환영받은 일은 까맣게 기억하지 못하는 것 같았다.
　　그는 하룻밤 체류하지도 않고 되돌아갔다. 그리고 할아버지와 할머니에게는 대단히 중요한 의논거리가 생긴 모양이었다. 밤에 가끔 사과밭 사이를 혼자 걷는 엄마를 보게 되었다.
　　므슈 리는 한번 더 다녀갔다. 그리고 얼마 후에 엄마는 상경하였다.
　　"애초에 그렇게 혼인을 정했더면 애 고생을 안 시키는 걸……"
　　어느날 옆방에서 할머니가 우시며 수군수군 그런 소리를 하시는 걸 듣고 놀랐다.
　　"그럼 우리 숙희는 안 태어났을 것 아뇨? 공연한 소릴……"
　　"그저 팔자 소관이죠. 경애가 생각을 잘못 먹었다느니보다도……"
　　애어멈이라고 하지 않고 그렇게 엄마의 이름을 대는 것을 듣고 나는 엄마의 젊은 시절을 생각하며 미소 지었다.
　　그림자처럼 앉아서 내 블라우스 같은 것을 매만지는 엄마를 보는 서글픔은 이제 없어졌다. 엄마가 그럭저럭 행복해진 듯한 것은 기뻤으나 뼈저리게 쓸쓸한 것도 사실이었다. 나는 밤낮 커다란 소리로 노래를 부르고 있었다. 산모퉁이 길을 학교에서 돌아오는 때에도 사과나무의 흰 꽃 밑에서도, 또 빨간 봉선화가 핀 마당에서도,
　　"이애야, 그렇게 큰 소릴 내면 남들이 웃는다."

할머니는 가끔 진정으로 그런 소리를 하셨다. 재작년 늦은 겨울 므슈 리가 내려와서 나를 데려가겠다고 우겨댔을 때에 제일 놀란 사람은 나 자신이었다. 두 분 노인네도 더러 망설였다. 그러나 므슈 리의 끈기 있는 태도에 양보를 하는 수밖에 없는 눈치여서, 노인네들은 그만 풀이 없었다. 나는 므슈 리가 할머니 할아버지에게,

"무엇보다 엄마가 그걸 원하고 있으니까요. 말은 안 하지만 절실히 바라고 있는 걸 내가 아니까요."

하고 열심히 이야기하는 것을 보다가 그만 싱그레 웃고 말았다. 나 보기에 할아버지 할머니는 이미 설복되어서, 므슈 리가 만약 그 연설을 잠시 끊기만 한다면 이내 대답을 할 것 같은데 그는 마치 그들이 결단코 나를 놓지는 않으리라고 굳이 믿는 사람처럼 **애걸복걸**을 하는 것이었다. 그가 말을 하면서 나를 힐끗 보았을 때 나는 조그맣게 끄덕여 보였다. 그랬더니 그는 말을 뚝 끊고 벙글 웃더니 손수건을 꺼내서 이마를 닦았다.

이래서 나는 서울 E여고로 전학을 하였다.

나는 생각한다.

므슈 리와 엄마는 부부이다. 내가 그를 아버지라고 부르기 어려운 것은 거의 그런 말을 발음해 본 적이 없는 습관의 탓이 크다.

나는 그를 좋아할 뿐더러 할아버지 같은 이로부터 느끼던 것의 몇 갑절이나 강한 보호 감정―부친다움 같은 것도 느끼고 있다.

그러나 나는 그의 혈족은 아니다.

현규와도 마찬가지다. 그와 나는 그런 의미에서는 순전한 타인이다. 스물 두 살의 남성이고 열 여덟 살의 계집아이라는 것이 진실의 전부이다. 왜 나는 이 일을 그대로 알아서는 안 되는가?

나는 그를 영원히 아무에게도 주기 싫다. 그리고 나 자신을 다른 누구에게 바치고 싶지도 않다. 그리고 우리를 비끄러매는 형식이 결코 '오누이'라는 것이어서는 안 될 것을 알고 있다.

나는 또 물론 그도 나와 마찬가지로 같은 일을 생각하고 있기를 바란다. 같은 일을―같은 즐거움일 수는 없으나 같은 이 괴로움을.

이 괴롬과 상관이 있을 듯한 어떤 조그만 기억, 어떤 조그만 표정, 어떤 조그만 암시도 내 뇌리에서 사라지는 일은 없다. 아아, 나는 행복해질 수는 없는 걸까? 행복이란 사람이 그것을 위하여 태어나는 그 일을 말함이 아닌가?

초저녁의 불투명한 검은 장막에 싸여 짙은 꽃향기가 흘러든다. 침대 위에 엎드려서 나는 마침내 느껴 울고 만다.

4

"숙희야, 나 이런 것 주웠는데……"

일요일 아침 아래층으로 내려가니까 소파에 앉아 있던 엄마가 손에 쥐었던 봉투 같은 것을 들어 보였다.

"뭔데?"
나는 가까이 갔다.
그리고 좀 겸연쩍어졌지만 하는 수 없이,
"어디서 주웠소, 이걸?"
하면서 손을 내밀어 그것을 잡으려고 하였다.
"잠깐…… 거기 좀 앉아 보아."
엄마는 짐짓 긴장한 낯빛을 감추려고 하면서 앞의 의자를 가리켰다.
나는 속으로 픽 하고 웃음이 나왔으나 잠자코 거기에 가 걸터앉았다.
지수는 K장관의 아들이다. 언덕 아래 만리 장성 같은 우스꽝한 담을 둘러친 저택에 살고 있다. 현규랑 함께 정구를 치는 동무이고 어느 의과대학의 학생인데 큼직큼직하고 단순하게 생겨 있었다. 지프차에다가 유치원으로부터 고등학교까지의 동생들을 그득 싣고 자기가 운전을 하여 가곤 한다.
나도 두어 번 그 차를 얻어 탄 일이 있다. 한번은 현규와 함께였으니까 사양할 것도 없었고 다른 한번은 시내에서 돌아오는 길목이라 굳이 싫다는 것도 이상할 것 같아서 탔다.
"작은 학생들이 오늘은 하나도 없군요."
"나 있는 데까지 시간 안에 오는 놈은 태워 가지고 오고 그 밖엔 뿔뿔이 재주대로 돌아 오깁니다. 기차나 마찬가지죠."
그러한 그가 걸맞지 않게 적이 섬세한 표현으로 러브 레터를 써 보냈다고 해서 나는 우습게 생각하는 것은 아니다. 그러나 엄마의 엄숙한 표정은 역시 약간 **넌센스**가 아닐 수 없었다.
"글쎄 이게 어디서 났을까?"
"등나무 밑 걸상에서."
"오오라, 참 게다 놨었군."
"오오라, 참이 아니야. 숙희는 만사에 좀더 조심성이 있어야 해요. 운동을 하구 난 담에 두 그게 뭐야? 라켓은 밤낮 오빠가 치워놓던데."
흐흥 하고 나는 웃었다.
"편지 보낸 사람에게 첫째 미안한 일 아니야?"
"참 그래. 엄마 말이 옳아."
그리고 나는 편지를 잡아채었다.
"귀중한 물건인가? 엄마 좀 읽어 봄 안되나?"
"읽어 봐두 괜찮아. 안되는 거라면 게다 놔둘까? 감추지."
나는 조금 **성가셔졌다**.
"그럼 안심이군. 사실은 벌써 읽어 봤어."
"아이, 엄마두."
"그런데 엄마가 얘기하고 싶은 건 숙희가 자기 주위에 일어나는 일들을—이런 편지에 관한 거라든지 또 그 밖의 일들을, 혼자 처리하지 말고 그 요점만이라도 엄마한테 의논해 주었으면 좋겠어. 그런 그렇게 해야만 하는 거야."

듣고 있는 사이에 나는 점점 우울해져서 잠시라도 속히 이 자리에서 떠나고 싶은 생각밖에는 없어졌다.

"엄마가 언제나 숙희 편에 서서 생각하리라는 건 알고 있겠지?"

"응."

나는 선 대답을 해 놓고 천천히 밖으로 걸어나갔다.

"엄마의 아들을 사랑하고 있어요."

이렇게 말한다면 엄마는 어떤 모양으로 내 편에 서 줄까?

엄마 힘에는 미치지 않는 일이었다. 므슈 리의 힘에도 미치지 않는 일이었다.

나는 편지를 주머니에 구겨 넣고 아침 이슬로 무릎까지 폭삭 적시면서 경사진 풀밭을 걸어 내려갔다. 되도록 사람을 만나지 않을 방향으로—멀리 늪이 바라다 보이는 쪽으로 천천히 걸음을 옮겨갔다. 아카시아의 숲이니 보리밭이니 잡목 곁을 지나갔다.

현규와의 사이는 요즘 어느 때보다도 비관적인 상태에 놓여 있는 것 같았다. 나는 그와 마주치기를 피하고 있었다. 웃고 농담을 하고 아무것도 아닌 체 헤어지는 고통이 참기 어려운 것이다. 그가 예사얘기를 해도 나는 공연히 화를 냈다. 그러면 그는 상태를 안해주었다.

머리 위에서 새들이 우짖었다. 하늘은 깊은 바닷물 속같이 짙푸르고 나무 잎새들은 빛났다. 여름이 무르익어가고 있었다. 상수리 숲이 늪의 방향을 가려 버렸으므로 나는 풀 위에 앉아 턱을 괴고 생각에 잠겼다.

세계적인 발레리나가 되어 보석처럼 번쩍이면서 무대 위에서 그를 노려보아 줄까? (한번도 귀담아들은 적은 없지만 내 발레 선생은 늘 나에게 야심을 가지라고 충동을 한다.) 그러면 그는 평범한 못생긴 와이프를 데리고 보러 왔다가 가슴이 아파질 터이지. 아주 짧은 동안 그것은 썩 좋은 생각인 듯 내 맘속에 머물렀다. 그러고는 물거품처럼 사라져 없어졌다. 그러고는 이어 그에게 아무것도 바라지를 말고 식모처럼 그저 봉사만 하는 일에 감사를 느끼자는 생각이 떠올랐다. 그러자 슬픈 마음이 들기도 전에 발등 위로 눈물이 한 방울 굴러 떨어졌다.

나는 일어나서 돌아가려고 하였다. 그때 와삭거리고 풀 헤치는 소리가 등 뒤에서 나며 늘씬하게 생긴 세터가 한 마리 나타났다. 그 줄을 쥐고 지수가 걸어왔다. 건장한 체구에 연회색 스포츠웨어가 잘 어울린다. 그의 뒤에서 열 살 전후의 사내애와 계집아이가 둘 장난을 치면서 달려나왔다. 지수는 나를 보고 좀 당황한 듯하였으나 이내 흰 이를 보이고 웃으면서 다가왔다.

"안녕하셨어요? 산봅니까?"

"네, 돌아가는 길이에요."

아이들은 우리를 새에 두고 떠들어대면서 잡기 내기를 한다. 지수는 한 아이를 붙들어 세터를 맨 줄을 들려주고는 어서 앞으로들 가라고 손짓하였다.

우리는 잠자코 한동안 함께 걸었다. 아카시아의 숲 새 길에서 그는 앞을 향한 채 불쑥,

"편지 보아 주셨소?"

하고 겸연쩍은 듯한 소리를 내었다.

"네."
"회답은 안 주세요?"
나는,
"네. 어떻게 써야 할지 모르겠어요."
했다.
그는 성급하게 고개를 끄떡거렸다. 귀가 좀 빨개진 것 같았다.
"그러나 여하간 제 의사를 알아주시긴 했겠죠?"
나는 그렇다고 하였다. 그리고 이야기를 끝맺기 위해서 현규가 가까이 또 정구를 치자고 하더라는 말을 했다.
"네, 가죠."
그도 단번에 기운을 회복하며 대답하였다.
그는 휘파람을 불기 시작했다. 그의 휘파람을 들으며 집 가까이까지 왔다.
"오늘 대단히 기뻤습니다. 감사합니다."
그는 조금 슬픈 어조로 인사를 하였다. 그리고 내 어깨로 기어오르는 풀벌레를 떨구어 주었다.
"안녕히 가세요. 그리구 연습 많이 하세요. 저희들 팀은 아주 세졌으니깐요."
그는 다른 일을 생각하고 있는 듯 입술을 문 채 끄떡끄떡하였다.
잡석을 접은 좁단 층계를 뛰어오르자, 나는 곧장 내 방으로 올라갔다. 지수가 한 듯이 휘파람을 불고 있었다. 어쨌건 기운을 잃어서는 안된다는 생각이었다. 내 팔뚝이나 스커트에는 아직도 풀과 이슬의 냄새가 묻어 있는 듯했다. 나는 기운차게 반쯤 열린 도어를 밀치고 들어선다.
뜻밖에도 거기에는 현규가 이쪽을 보며 서 있었다. 내가 없을 때에 그렇게 들어오는 일이 없는 그라 해서 놀란 것은 아니었다. 그는 몹시 화를 낸 얼굴을 하고 있었다. 너무도 맹렬한 기세에 나는 주춤한 채 어떻게 할지를 모르고 있었다.
"어딜 갔다 왔어?"
낮은 목소리에 힘을 주고 말한다.
"……"
"편지를 거기 둔 건 나 읽으라는 친절인가?"
그는 한발 한발 다가와서 내 얼굴이 그 가슴에 닿을 만큼 가까이 섰다.
"……"
"어디 갔다 왔어?"
나는 입을 꼭 다물었다.
죽어도 말을 할까 보냐고 생각했다.
별안간 그의 팔이 쳐들리더니 내 뺨에서 찰칵 소리가 났다.
화끈하고 불이 일었다. 대번에 눈물이 빙글 돌았으나 그는 **거들떠보지도** 않고 방을 나가 버렸다.

나는 **멍청하니** 창 밖으로 시선을 던졌다.

연회색 셔츠를 입은 지수가 숲 새 길을 걸어가고 있는 것이 보였다. 그리고 조금 전에 지수가 풀벌레를 털어 주던 자리도 손에 잡힐 듯이 내려다보였다.

전류 같은 것이 내 몸 속을 달렸다. 나는 깨달았다. 현규가 그처럼 자기를 잃은 까닭을. 부풀어오르는 기쁨으로 내 가슴은 금방 터질 것 같았다. 나는 침대 위에 몸을 내던졌다. 그리고 새우처럼 팔다리를 **꼬부려** 붙였다. 소리내며 흐르는 환희의 분류가 내 몸 속에서 조금도 새어나가지 못하도록.

5

나는 어떻게 하면 좋을까?
밤에 우리는 어두운 숲속을 산보하였다.
어두운 숲속에서 우리는 손을 잡고 걸었다.
그리고 나는 그에게 안겨 버렸다.
나는 어떻게 하면 좋을까?
어떻게 해야 할지 점점 더 알 수 없어진다.
여하간 나는 숲 속에 가는 일을 그만 두어야 한다.
지금 확실히 말할 수 있는 일은 그것뿐이다.

학교에서 돌아오니까 엄마가 기다린다고 안방으로 가라고 했다. 요즈음 인사도 않고 나가고 들어오던 나는 우선 가슴이 철꺽 내려앉았다.

"인제 오니? 그런데 얼굴이 파랗구나. 어디 나쁜 것 아닌가?"

엄마는 내 이마에 손을 얹어 보았다.

"오빠는 밤 늦어야 돌아오고 숙희도 이렇게 부르지 않음 보기 어렵고……"

엄마는 조금 웃었다. 아무것도 알지 못하는 웃음 같았다.

"……편지가 왔는데 어쩌면 엄마가 미국엘 가야 할지 모르겠어. 그렇게 되면 일 년이나 아마 그쯤은 못 돌아올 것 같은데 숙희하고 오빠를 버리고 가기도 어렵고……그래 싫다고 몇 번이나 회답을 냈지만……"

엄마는 조금 외면을 하였다.

"어떨까? 오빠는 찬성을 해 주었는데."

그러면서 내 눈 속을 들여다보았다.

"나도 좋아요."

우리는 그러면 어떻게 되는 걸까 하고 멍하니 생각하면서 나는 대답하였다.

"고맙다. 그럼 구체적으로 어떻게 할지는 내일이라도 또 의논하지. 큰댁 할머니더러 와 계셔 달랄까? 그래도 미덥잖긴 마찬가지고……"

큰댁의 꼬부랑 할머니는 사실 오나마나 마찬가지였다. 엄마가 없는 이 집에서 어떤 일이

제14과 소설 : 「젊은 느티나무」
한국 현대문학 작품 선독

일어나려고 하는 걸까?

현규와 단 둘이 있어야 할 일을 생각하니 얼굴에서 핏기가 가시었다. 아무도 막아낼 수 없는 운명적인 사건이, 이미 숲속에 가지 않는 것쯤으로는 어찌할 수도 없는 벅찬 일이 생기고야 말 것이다.

잠을 잘 수 없었다. 내 온 신경은 가엾은 상처처럼 어디를 조금만 건드려도 피를 흘렸다.

며칠이 지나니까 나는 더 견딜 수 없어졌다. 할머니한테 갔다 온다고 우겨대어 서울을 떠났다.

다시는 그곳에 돌아가지 않으리라고 결심하였다. 다시는 학교에 다니지도 않으리라고 마음먹었다. 내 삶은 일단 여기서 끝막았다고 그렇게 생각을 가져야만 이 모든 일이 수습될 것 같이 여겨졌다.

그것은 칼로 살을 **도려내는** 듯한 아픔이었다. 그러나 다른 무슨 일을 내 머리로 생각해 낼 수 있었을까?

날이면 날마다 나는 뒷산에 올라갔다. 한 시간 남짓한 거리에 여승들의 절이 있다. 나는 절이라는 곳이 몹시 싫었으나 거기를 좀더 지나가면 맘에 드는 장소가 나타났다. 들장미의 덤불과 젊은 나무들의 초록이 바람을 바로 맞는 등성이었다.

바람을 받으면서 앉아 있곤 하였다. 젊은 느티나무의 그루 사이로 들장미의 엷은 훈향이 흩어지곤 하였다.

터키즈 블루의 원피이스 자락 위에 흰 꽃잎을 뜯어서 올려놓았다. 수없이 뜯어서 올려놓았다. 꽃잎은 찬란한 하늘 밑에서 이내 색이 바래고 초라하게 말려들었다.

그러고 있다가 시선을 들었다. 다음 찰나에 나는 나도 모르게 일어서 있었다.

현규였다.

그는 급한 비탈을 올라오고 있었다. 입을 일자로 다물고 언젠가처럼 화를 낸 것 같은 얼굴이었다. 아니 일자로 다문 입은 좀 슬퍼 보여서 화를 낸 것 같은 얼굴은 아니었다.

그가 이삼 미터의 거리까지 와서 멈추었을 때 나는 내 몸이 저절로 그 편으로 내달은 것 같은 착각을 느꼈다. 사실은 그와 반대로 젊은 느티나무 둥치를 붙든 것이었다.

"그래, 숙희, 그 나무를 놓지 말아. 놓지 말고 내 말을 들어."

그는 자기도 한두 걸음 뒤로 물러서면서 말하였다. 그 얼굴에는 무언지 참담한 것이 있었다.

"숙희는 돌아와서 학교에 가야 해. 무엇이고 다 잊고 공부를 해야 해. 나도 그렇게 할 작정이니까. 우리는 헤어져 있어야 해. 헤어져서 공부해야 해. 어머니가 떠나시려면 비용도 들 테니까 집은 남 빌려주자고 말씀드렸어. 내가 갈 곳도 생각해 놓고. 숙희도 어머니 친구 댁에 가 있으면 될 거야. 그렇게 헤어져 있어야 하지만, 숙희, 우리에겐 길이 없는 것은 아니야. 내 말을 알아 들어줄까?"

그는 두 발로 땅을 꾹 딛고 서서 말하였다. 나는 느티나무를 붙들고 가늘게 떨고 있었다.

"그때 숲속에서의 일은 우리에게는 어찌할 수도 없는 진실이었다. 우리는 이 일을 잊을 수도 없고 이제 이 일을 부정하고는 살아가지도 못할 게다. 우리는 만나기 위해서 헤어지는 것이야. 우리에겐 길이 없지 않어. 외국엘 가든지……"

그는 부르쥔 손등으로 얼굴을 닦았다.

"내 말을 알아 줄까, 숙희?"

나는 눈물을 그득 담고 끄덕여 보였다. 내 삶은 끝나 버린 것이 아니었다. 나는 그를 더 사랑하여도 되는 것이었다.

"이제는 집에 돌아오겠다고 약속해 주겠지? 내일이건 모레건 되도록 속히……"

나는 또 끄덕여 보였다.

"고마워, 그럼."

그는 억지로처럼 조금 미소하였다.

그리고 빙글 몸을 돌려 산비탈을 달려 내려갔다.

바람이 마주 불었다.

나는 젊은 느티나무를 안고 웃고 있었다. 펑펑 울면서 온 하늘로 퍼져 가는 웃음을 웃고 있었다. 아아, 나는 그를 더 사랑하여도 되는 것이었다……

[단어 해석/单词解析]

1. 저릿하다 : 심리적 자극을 받아 마음이 순간적으로 약간 흥분되고 떨리는 듯하다 **有些兴奋或激动**
2. 스스럼 없다 : 조심스럽거나 부끄러운 마음이 없다 **亲近, 不分彼此**
3. 쌉쓰름하다 : '씁쓰레하다'의 사투리, 조금 쓴 맛이 있는 듯하다 **有点苦**
4. 마심새 : '마음씨'의 사투리 **心地**
5. 형언하다 : (뒤에 오는 '어렵다, 없다, 못하다' 따위의 부정어와 함께 쓰여) 형용하여 말함 **用言语形容**
6. 겸연쩍다 : 쑥스럽거나 미안하여 어색하다 **羞愧, 害羞**
7. 대범하다 : 성격이나 태도가 사소한 것에 얽매이지 않으며 너그럽다 **大方, 大气**
8. 플래티나 : 백금 **白金**
9. 애걸복걸 : 소원이나 요구 따위를 들어 달라고 애처롭게 사정하며 간절히 빌다 **苦苦哀求**
10. 넌센스 : 허튼 소리; 쓸데없는 소리 **废话**
11. 성가시다 : 자꾸 들볶거나 번거롭게 굴어 괴롭고 귀찮다 **让人讨厌, 令人厌烦**
12. 거들떠보다 : (주로 부정어 앞에 쓰여) 아는 체를 하거나 관심 있게 보다 **瞟, 理睬**
13. 멍청하다 : 자극에 대한 반응이 무디고 어리병병하다 **发傻, 发楞**
14. 꼬부리다 : 한쪽으로 고붓하게 곱히다 **使弯曲**
15. 도려내다 : 빙 돌려서 베거나 파내다 **剜, 挖**

[연습 문제/练习]

1. '젊은 느티나무'는 무엇을 상징합니까?
2. 주인공 숙희가 현규에게 갖은 감정에 대해 생각해 보십시오.
3. 작품의 결말이 갖는 의미는 무엇입니까?

제 15 과　소설 : 「서울, 1964년 겨울」

[작가 소개/作家介绍]

　　김승옥(金承鈺, 1941~)은 1960년대를 대표하는 작가로 1941년 일본 오사카(大阪)에서 태어나 1945년 귀국하여 전남 순천에서 성장하였고, 서울대학교 불문과를 졸업하였다. 1962년 단편소설「생명연습」이 『한국일보』 신춘문예에 당선되어 등단하였다. 같은 해 김현, 최하림 등과 같이 『산문시대』 동인지를 창간하고 거기에 「건」과 「환상수첩」 등의 단편소설을 발표하였다. 1965년 「서울, 1964년 겨울」을 발표하여 동인문학상을 **수상하였다**. 1977년에 발표한 「서울의 달빛 0장」으로 이상문학상을 수상하였다. 이외에는 「강변부인」 등의 장편소설, 「야향」, 「60년대식」 등의 중편소설을 발표하기도 하였다.

　　1960년대는 산업화・근대화가 **본격적**으로 시작된 시기로 이를 계기로 한국 사회는 각 분야에 걸쳐 큰 변화를 이루었다. 그 과정에는 혼란과 불안, 막연한 기대와 동요가 뒤섞여 있었다. 이런 사회 배경 하에 김승옥은 전후의 아픔과 근대화의 혼란이 뒤섞인 불행한 현실 속에서 정신의 자유와 개성적인 자기 세계를 문학적으로 추구해 나가서 그의 소설은 "전후문학의 기적"이라는 평가를 받았다.

[단어 해석/单词解析]

1. 수상하다 : 상을 받다 **获奖**
2. 본격적 : 제 궤도에 올라 제격에 맞게 적극적인. 또는 그런 것 **正式的, 正规的**

[작품 해제/作品解析]

「서울, 1964년 겨울」은 구청 병사계에서 근무하는 나(김), 대학원생 안, 월부책 판매원 사내, 이렇게 세 사람이 등장한다. 이들은 서로 다른 삶을 살고 있지만 한 가지 공통점을 가지고 있다. 그들이 모두 다 도시 문명의 거대한 질서로부터 **소외되어** 있고, 그 소외로부터 짙은 절망감과 **권태**를 느끼고 있다는 것이다. 이들은 누구나 행복한 삶을 살고 싶어하지만 그 소망을 이루지 못한다. 작품이 초점을 맞추고 있는 것은 세 사람이 벌이고 있는 아무 의미 없는 놀이이다. 안은 사소한 사물이나 행동에서 의미를 찾으려고 하는 반면, '나'는 이에 냉소적이고 무관심하다. 월부책 판매원 사내의 비참한 사연을 듣고도 안과 '나'의 태도는 여전히 **냉담할** 정도로 무관심하다. 이처럼 세 사람간의 소통이 거의 불가능할 정도이다. 이 작품은 근대화 과정에서 자기 안에 갇혀 타인에 대한 **지독한** 무관심으로 스스로를 무장하고 상실의 삶을 개인적인 방식으로 견뎌나갈 수 밖에 없는 1960년대 인간관계의 단면을 잘 보여준다.

[단어 해석/单词解析]

1. 소외되다 : 어떤 무리에서 싫어하여 따돌리거나 멀리하다 **疏远, 冷落**
2. 권태 : 어떤 일이나 상태에 시들해져서 생기는 게으름이나 싫증 **倦怠**
3. 냉담하다 : 태도나 마음씨가 동점심 없이 차갑다 **冷淡**
4. 지독하다 : 마음이 매우 앙칼지고 모질다 **特別厉害, 心狠**

[작품 원문/作品原文]

1964년 겨울을 서울에서 지냈던 사람이라면 누구나 알고 있겠지만, 밤이 되면 거리에 나타나는 **선술집**——오뎅과 군참새와 세 가지 종류의 술 등을 팔고 있고, 얼어붙은 거리를 휩쓸며 부는 차가운 바람이 펄럭거리게 하는 포장을 들치고 안으로 들어서게 되어 있고, 그 안에 들어서면 카바이드 불의 길쭉한 불꽃이 바람에 흔들리고 있고, 염색한 군용(軍用) 잠바를 입고 있는 중년 사내가 술을 따르고 안주를 구워 주고 있는 그러한 선술집에서, 그 날 밤, 우리 세 사람은 우연히 만났다. 우리 세 사람이란 나와 도수 높은 안경을 쓴 안(安)이라는 대학원 학생과 정체를 알 수 없었지만 요컨대 가난뱅이라는 것만은 분명하여 그의 정체를 꼭 알고 싶다는 생각은 조금도 나지 않는 서른 대여섯 살짜리 사내를 말한다.

먼저 말을 주고받게 된 것은 나와 대학원생이었는데, 뭐 그렇고 그런 자기 소개가 끝났을 때는 나는 그가 안씨라는 성을 가진 스물다섯 살짜리 대한민국 청년, 대학 구경을 해보지 못한 나로서는 상상이 되지 않는 전공을 가진 대학원생, 부잣집 장남이라는 걸 알았고, 그는 내가 스물다섯 살짜리 시골 출신, 고등학교는 나오고 육군사관학교를 지원했다가 실패하고 나서 군대에 갔다가 임질에 한 번 걸려 본 적이 있고, 지금은 구청 병사계(兵事係)에서 일하고 있다는 것을 아마 알았을 것이다.

자기 소개는 끝났지만, 그러고 나서는 서로 할 얘기가 없었다. 잠시 동안은 조용히 술만 마셨는데 나는 새카맣게 구워진 참새를 집을 때 할 말이 생겼기 때문에 마음속으로 군참새에게 감사하고 나서 얘기를 시작했다.

"안 형, 파리를 사랑하십니까?"

"아니오, 아직까진……." 그가 말했다.

"김 형은 파리를 사랑하세요?"

"예." 라고 나는 대답했다. "날 수 있으니까요. 아닙니다. 날 수 있는 것으로서 동시에 내 손에 붙잡힐 수 있는 것이니까요. 날 수 있는 것으로서 손 안에 잡아 본 적이 있으세요?"

"가만 계셔 보세요." 그는 안경 속에서 나를 멀거니 바라보며 잠시 동안 표정을 **꼼지락거리고** 있었다. 그리고 말했다.

"없어요. 나도 파리밖에는……."

낮엔 이상스럽게도 날씨가 따뜻했기 때문에 길은 얼음이 녹아서 흙물로 가득했었는데 밤이 되면서부터 다시 기온이 내려가고 흙물은 우리의 발밑에서 다시 얼어붙기 시작했다. 쇠가죽으로 지어진 내 검정 구두는 얼고 있는 땅바닥에서 올라오고 있는 찬 기운을 충분히 막아내지 못하고 있었다. 사실 이런 술집이란, 집으로 돌아가는 길에 잠깐 한잔하고 싶은 생각이 든 사람이나 들어올 데지, 마시면서 곁에 선 사람과 무슨 얘기를 주고받을 만한 데는 되지 못하는 곳이다. 그런 생각이 문득 들었지만 그 안경잡이가 때마침 나에게 기특한 질문을 했기 때문에 나는 '이놈 그럴 듯하다'고 생각되어 추위 때문에 저려드는 내 발바닥에게 조금만 참으라고 부탁했다.

"김 형, 꿈틀거리는 것을 사랑하십니까?" 하고 그가 내게 물었던 것이다.

"사랑하구 말구요."

나는 갑자기 의기양양해져서 대답했다. 추억이란 그것이 슬픈 것이든지 기쁜 것이든지 그것을 생각하는 사람을 의기양양하게 한다. 슬픈 추억일 때는 **고즈넉이** 의기양양해지고 기쁜 추억일 때는 소란스럽게 의기양양해진다.

"사관학교 시험에서 미역국을 먹고 나서도 얼마 동안, 나는 나처럼 대학 입학시험에 실패한 친구 하나와 미아리에 하숙하고 있었습니다. 서울은 그때가 처음이었죠. 장교가 된다는 꿈이 깨어져서 나는 퍽 실의에 빠져 있었습니다. 그때 영영 실의해 버린 느낌입니다. 아시겠지만 꿈이 크면 클수록 실패가 주는 절망감도 대단한 힘을 발휘하더군요. 그 무렵 재미를 붙인 게 아침의 만원된 버스칸이었습니다. 함께 있는 친구와 나는 하숙집의 아침 밥상을 밀어 놓기가 바쁘게 미아리고개 위에 있는 버스 정류장으로 달려갑니다. 개처럼 숨을 헐떡거리면서 말입니다. 시골에서 처음으로 서울에 올라온 청년들의 눈에 가장 부럽고 신기하게 비추이는 게 무언지 아십니까? 부러운 건, 뭐니뭐니 해도, 밤이 되면 빌딩들의 창에 켜지는 불빛, 아니 그 불빛 속에서 이리저리 움직이고 있는 사람들이고, 신기한 건 버스칸 속에서 일 센티미터도 안되는 간격을 두고 자기 곁에 예쁜 아가씨가 서 있다는 사실입니다. 때로는 아가씨들과 팔목의 살을 대고 있기도 하고 허벅다리를 비비고 서 있을 수도 있어서 그것 때문에 나는 하루 종일 시내버스를 이것저것 갈아타면서 보낸 적도 있습니다. 물론 그날 밤에는 너무 피로해서 토했습니다만……."

"잠깐, 무슨 얘기를 하시자는 겁니까?"

"꿈틀거리는 것을 사랑한다는 얘기를 하려던 참이었습니다. 들어보세요. 그 친구와 나는 출근 시간의 만원 버스 속을 쓰리꾼들처럼 안으로 비집고 들어갑니다. 그리고 자리를 잡고 앉아 있는 젊은 여자 앞에 섭니다. 나는 한 손으로 손잡이를 잡고 서서, 달려오느라고 좀 멍해진 머리를 올리고 있는 손에 기댑니다. 그리고 내 앞에 앉아 있는 여자의 아랫배 쪽으로 천천히 시선을 보냅니다. 그러면 처음엔 얼른 눈에 뜨이지 않지만 시간이 조금 가고 내 시선이 투명해지면서부터 나는 그 여자의 아랫배가 조용히 오르내리는 것을 볼 수 있습니다."

"오르내린다는 건…… 호흡 때문에 그러는 것이겠죠?"

"물론입니다. 시체의 아랫배는 꿈쩍도 하지 않으니까요. 하여튼……나는 그 아침의 만원 버스칸 속에서 보는 젊은 여자 아랫배의 조용한 움직임을 보고 있으면 왜 그렇게 마음이 편안해지고 맑아지는지 모르겠습니다. 나는 그 움직임을 지독하게 사랑합니다."

"퍽 음탕한 얘기군요." 라고 안은 기묘한 음성으로 말했다. 나는 화가 났다. 그 얘기는, 내가 만일 라디오의 박사게임 같은 데에 나가게 돼서 '세상에서 가장 신선한 것은?'이라는 질문을 받게 되었을 때, 남들은 상추니 오월의 새벽이니 천사의 이마니 하고 대답하겠지만 나는 그 움직임이 가장 신선한 것이라고 대답하려니 하고 일부러 기억해 두었던 것이었다.

"아니, 음탕한 얘기가 아닙니다."

나는 강경한 태도로 말했다.

"그 얘기는 정말입니다."

"음탕하지 않다는 것과 정말이라는 것 사이엔 어떤 관계가 있죠?"

"모르겠습니다. 관계 같은 것은 난 모릅니다. 요컨대……."

"그렇지만 그 동작은 '오르내린다'는 것이지 꿈틀거린다는 것은 아니군요. 김 형은 아직 꿈틀거리는 것을 사랑하지 않으시구면."

우리는 다시 침묵 속으로 떨어져서 술잔만 만지작거리고 있었다. 개새끼, 그게 꿈틀거리는 게 아니라고 해도 괜찮다, 하고 나는 생각하고 있었다. 그런데 잠시 후에 그가 말했다.

"난 지금 생각해 봤는데, 김 형의 그 오르내림도 역시 꿈틀거림의 일종이라는 결론을 얻었습니다."

"그렇죠?" 나는 즐거워졌다. "그것은 틀림없는 꿈틀거림입니다. 난 여자의 아랫배를 가장 사랑합니다. 안 형은 어떤 꿈틀거림을 사랑합니까?"

"어떤 꿈틀거림이 아닙니다. 그냥 꿈틀거리는 거죠. 그냥 말입니다. 예를 들면…… 데모도……."

"데모가? 데모를? 그러니까 데모……."

"서울은 모든 욕망의 집결지입니다. 아시겠습니까?"

"모르겠습니다." 라고 나는 할 수 있는 한 깨끗한 음성을 지어서 대답했다.

그때 우리의 대화는 또 끊어졌다. 이번엔 침묵이 오래 계속되었다. 나는 술잔을 입으로 가져갔다. 내가 잔을 비우고 났을 때 그도 잔을 입에 대고 눈을 감고 마시고 있는 게 보였다. 나는 이젠 자리를 떠나야 할 때가 되었다고 다소 서글픈 기분으로 생각했다. 결국 그렇고 그렇다. 또 한 번 확인된 것에 지나지 않다고 생각하면서, '자 그럼 다음에 또……' 라고 말할까, '재미있었습니다' 라고 말할까, 궁리하고 있는데 술잔을 비운 안이 갑자기 한 손으로 내 한쪽 손을 살그머니 잡으면서 말했다.

"우리가 거짓말을 하고 있었다고 생각하지 않으십니까?"

"아니오."

나는 좀 귀찮은 생각이 들었다.

"안 형은 거짓말을 했는지 모르지만 내가 한 얘기는 정말이었습니다."

"난 우리가 거짓말을 하고 있었던 것 같은 느낌이 듭니다." 그는 붉어진 **눈두덩**을 안경 속에서 두어 번 꿈벅거리고 나서 말했다. "난 우리 또래의 친구를 새로 알게 되면 꼭 꿈틀거림에 대한 얘기를 하고 싶어집니다. 그래서 얘기를 합니다. 그렇지만 얘기는 오 분도 안 돼서 끝나 버립니다."

나는 그가 무슨 이야기를 하고 있는지 알 듯하기도 했고 모를 것 같기도 했다.

"우리 다른 얘기합시다." 하고 그가 다시 말했다.

나는 심각한 얘기를 좋아하는 이 친구를 골려 주기 위해서, 그리고 한편으로는 자기의 음성을 자기가 들을 수 있는 취한 사람의 특권을 맛보고 싶어서 얘기를 시작했다.

"평화시장 앞에서 줄지어 선 가로등들 중에서 동쪽으로부터 여덟번째 등은 불이 켜 있지 않습니다." 나는 그가 좀 어리둥절해하는 것을 보자 더욱 신이 나서 얘기를 계속했다.

"…… 그리고 화신 백화점 육 층의 창들 중에서는 그 중 세 개에서만 불빛이 나오고 있었습니다……"

그러자 이번엔 내가 어리둥절해질 사태가 벌어졌다. 안의 얼굴에 놀라운 기쁨이 빛나기 시작했기 때문이다.

그가 빠른 말씨로 얘기하기 시작했다.

"서대문 버스 정거장에는 사람이 서른 두 명 있는데 그 중 여자가 열일곱 명이었고, 어린애는 다섯 명, 젊은이는 스물 한 명, 노인이 여섯 명입니다."

"그건 언제 일이지요?"

"오늘 저녁 일곱 시 십오 분 현재입니다."

"아." 하고 나는 잠깐 절망적인 기분이었다가 그 반작용인 듯 굉장히 기분이 좋아져서 털어놓기 시작했다.

"단성사 옆 골목의 첫 번째 쓰레기통에는 초콜릿 포장지가 두 장 있습니다."

"그건 언제?"

"지난 십사일 저녁 아홉 시 현재입니다."

"적십자 병원 정문 앞에 있는 호도나무의 가지 하나는 부러져 있습니다."
"을지로 3가에 있는 간판 없는 한 술집에는 미자라는 이름을 가진 색시가 다섯 명 있는데, 그 집에 들어온 순서대로 큰 미자, 둘째 미자, 셋째 미자, 넷째 미자, 막내 미자라고들 합니다."
"그렇지만 그건 다른 사람들도 알고 있겠군요. 그 술집에 들어가 본 사람은 꼭 김 형 하나뿐이 아닐 테니까요."
"아 참, 그렇군요. 난 미처 그걸 생각하지 못했는데. 난 그 중에 큰 미자와 하루 저녁 같이 잤는데, 그 여자는 다음 날 아침 **일수**(日收)로 물건을 파는 여자가 왔을 때 내게 팬티 하나를 사주었습니다. 그런데 그 여자가 저금통으로 사용하고 있는 한 되들이 빈 술병에는 돈이 백십 원 들어 있었습니다."
"그건 얘기가 됩니다. 그 사실은 완전히 김 형의 소유입니다."
우리의 말투는 점점 서로를 존중해 가고 있었다.
"나는……" 하고 우리는 동시에 말을 시작하기도 했다. 그럴 때는 번갈아서 서로 양보했다.
"나는……"
이번에는 그가 말할 차례였다.
"서대문 근처에서 서울역 쪽으로 가는 전차의 **도로리**가 내 시야 속에서 꼭 다섯 번 파란 불꽃을 튀기는 것을 보았습니다. 그건 오늘밤 일곱 시 십오 분에 거길 지나가는 전차였습니다."
"안 형은 오늘 저녁엔 서대문 근처에서 살고 있었군요."
"예, 서대문 근처에서 살고 있었어요."
"난, 종로 2가 쪽입니다. 영보 빌딩 안이 있는 변소 문의 손잡이 조금 밑에는 약 2센티미터 가량의 손톱 자국이 있습니다."
하하하하, 하고 그는 소리내어 웃었다.
"그건 김 형이 만들어 놓은 자국이겠지요?"
나는 무안했지만 고개를 끄덕이지 않을 수 없었다. 그건 사실이었다.
"어떻게 아세요?" 하고 나는 그에게 물었다.
"나도 그런 경험이 있으니까요."
그가 대답했다.
"그렇지만 별로 기분 좋은 기억이 못되더군요. 역시 우리는 그냥 바라보고 발견하고 비밀히 간직해 두는 편이 좋겠어요. 그런 짓을 하고 나서는 뒷맛이 좋지 않더군요."
"난 그런 짓을 많이 했습니다만 오히려 기분이 좋았……" 좋았다고 말하려고 했는데, 갑자기 내가 했던 모든 그것에 대한 혐오감이 치밀어서 나는 말을 그치고 그의 의견에 동의하는 고갯짓을 해 버렸다.
그러나 그때 나는 이상스럽다는 생각이 들었다. 내가 약 삼십 분 전에 들은 말이 틀림없다면 지금 내 앞에서 안경을 번쩍이고 앉아 있는 친구는 틀림없이 부잣집 아들이고 높은 공부를 한 청년이다. 그런데 왜 그가 이래야만 되는가?

"안 형이 부잣집 아들이라는 것은 사실이겠지요? 그리고 대학원 학생이라는 것도……."
내가 물었다.

"부동산만 해도 대략 삼천만 원쯤 되면 부자가 아닐까요? 물론 내 아버지 재산이지만 말입니다. 그리고 대학원생이라는 건 여기 학생증이 있으니까……"

그러면서 그는 호주머니를 뒤적거려서 지갑을 꺼냈다.

"학생증까진 필요없습니다. 실은 좀 의심스러운 게 있어서요. 안 형 같은 사람이 추운 밤에 싸구려 선술집에 앉아서 나 같은 친구나 간직할 만한 일에 대해서 얘기하고 있다는 것이 이상스럽다는 생각이 방금 들었습니다."

"그건…… 그건……"

그는 좀 열띤 음성으로 말했다.

"그건…… 그렇지만 먼저 물어보고 싶은 게 있는데요. 김 형이 추운 밤에 밤거리를 다니는 이유는 무엇입니까?"

"습관은 아닙니다. 나 같은 가난뱅이는 호주머니에 돈이 좀 생겨야 밤거리에 나올 수 있으니까요."

"글쎄, 밤거리에 나오는 이유는 무엇입니까?"

"하숙방에 들어앉아서 벽이나 쳐다보고 있는 것보다는 나으니까요."

"밤거리에 나오면 뭔가 좀 풍부해지는 느낌이 들지 않습니까?"

"뭐가요?"

"그 뭔가, 그러니까 생(生)이라고 해도 좋겠지요. 김 형이 왜 그런 질문을 하는지 그 이유를 조금은 알 것 같습니다. 내 대답은 이렇습니다. 밤이 됩니다. 난 집에서 거리로 나옵니다. 난 모든 것에서 해방된 것을 느낍니다. 아니, 실제로는 그렇지 않을는지 모르지만 그렇게 느낀다는 말입니다. 김 형은 그렇게 안 느낍니까?"

"글쎄요."

"나는 사물의 틈에 끼여서가 아니라 사물을 멀리 두고 바라보게 됩니다. 안 그렇습니까?"

"글쎄요. 좀……"

"아니, 어렵다고 말하지 마세요. 이를테면 낮엔 그저 스쳐지나가던 모든 것이 밤이 되면 내 시선 앞에서 자기들의 벌거벗은 몸을 송두리째 드러내놓고 쩔쩔맨단 말입니다. 그런데 그게 의미가 없는 일일까요? 그런, 사물을 바라보며 즐거워한다는 일이 말입니다."

"의미요? 그게 무슨 의미가 있습니까? 난 무슨 의미가 있기 때문에 종로 2가에 있는 빌딩들의 벽돌 수를 헤아리는 일을 하는 게 아닙니다. 그냥……"

"그렇죠? 무의미한 겁니다. 아니 사실은 의미가 있는지도 모르지만 난 아직 그걸 모릅니다. 김 형도 아직 모르는 모양인데, 우리 한번 함께 그거나 찾아볼까요. 일부러 만들어 붙이지는 말고요."

"좀 어리둥절하군요. 그게 안 형의 대답입니까? 난 좀 어리둥절한데요. 갑자기 의미라는 말이 나오니까."
"아, 참, 미안합니다. 내 대답은 아마 이렇게 된 것 같군요. 그냥 뭔가 뿌듯해지는 느낌이 들기 때문에 밤거리로 나온다고."
그는 이번엔 목소리를 낮추어서 말했다.
"김 형과 나는 서로 다른 길을 걸어서 같은 지점에 온 것 같습니다. 만일 이 지점이 잘못된 지점이라고 해도 우리 탓은 아닐 거예요."
그는 이번엔 쾌활한 음성으로 말했다.
"자, 여기서 이럴 게 아니라 어디 따뜻한 데 가서 정식으로 한 잔씩 하고 헤어집시다. 난 한 바퀴 돌고 여관으로 갑니다. 가끔 이렇게 밤거리를 쏘다니는 밤엔 꼭 여관에서 자고 갑니다. 여관엘 찾아든다는 프로가 내게는 최고죠."

우리는 각기 계산하기 위해서 호주머니에 손을 넣었다. 그때 한 사내가 우리에게 말을 걸어왔다. 우리 곁에서 술잔을 받아 놓고 연탄불에 손을 쬐고 있던 사내였는데, 술을 마시기 위해서 거기에 들어온 것이 아니라 불이 쬐고 싶어서 잠깐 들렀다는 꼴을 하고 있었다. 제법 깨끗한 코트를 입고 있었고 머리엔 기름도 얌전하게 발라서 카바이드 등의 불꽃이 너풀댈 때마다 머리칼의 하이라이트가 이리저리 움직이고 있었다. 그러나 어디선지는 분명하지는 않았지만 가난뱅이 냄새가 나는 서른대여섯 살짜리 사내였다. 아마 빈약하게 생긴 턱 때문이었을까. 아니면 유난히 새빨간 눈시울 때문이었을까. 그 사내가 나나 안 중의 어느 누구에게라고 할 것 없이 그냥 우리 쪽을 향하여 말을 걸어 온 것이었다.
"미안하지만 제가 함께 가도 괜찮을까요? 제게 돈은 얼마든지 있습니다만……" 이라고 그 사내는 힘없는 음성으로 말했다.
그 힘없는 음성으로 봐서는 꼭 끼워달라는 건 아니라는 것 같았지만, 한편으로는 우리와 함께 가고 싶은 생각이 간절하다는 것 같기도 했다. 나와 안은 잠깐 얼굴을 마주보고 나서,
"아저씨 술값만 있다면……" 라고 내가 말했다.
"함께 가시죠."라고 안도 내 말을 이었다.
"고맙습니다." 하고 그 사내는 여전히 힘없는 음성으로 말하면서 우리를 따라왔다.
안은 일이 좀 이상하게 되었다는 얼굴을 하고 있었고, 나 역시 유쾌한 예감이 들지는 않았다. 술좌석에서 알게 된 사람끼리는 의외로 재미있게 놀게 되는 것을 몇 번의 경험으로 알고 있었지만, 대개의 경우, 이렇게 힘없는 목소리로 끼어드는 양반은 없었다. 즐거움이 넘치고 넘친다는 얼굴로 요란스럽게 끼어들어야만 일이 되는 것이었다. 우리는 갑자기 목적지를 잊은 사람들처럼 사방을 두리번거리면서 느릿느릿 걸어갔다. 전봇대에 붙은 약 광고판 속에서는 예쁜 여자가 '춥지만 할 수 있느냐'는 듯한 쓸쓸한 미소를 띠우고 우리를 내려다보고 있었고, 어떤 빌딩의 옥상에서는 소주 광고의 네온싸인이 열심히 명멸하고 있었고, 소주 광고 곁에서는 약 광고의 네온싸인이 하마터면 잊어 버릴 뻔했다는 듯이 황급히 꺼졌다간 다시 켜져서 오랫동안 빛나고 있었고, 이젠 완전히 얼어붙은 길 위에는 거지가 돌덩이처럼 여기

저기 엎드려 있었고, 그 돌덩이 앞을 사람들은 힘껏 웅크리고 빠르게 지나가고 있었다. 종이 한 장이 바람에 휙 날리어 거리의 저쪽에서 이쪽으로 날아오고 있었다. 그 종잇조각은 내 발밑에 떨어졌다. 나는 그 종잇조각을 집어들었는데 그것은 '美姬 서비스, 特別 廉價'라는 것을 강조한 어느 비어홀의 광고지였다.

"지금 몇 시쯤 되었습니까?" 하고 힘없는 아저씨가 안에게 물었다.

"아홉 시 십 분 전입니다."라고 잠시 후에 안이 대답했다.

"저녁들은 하셨습니까? 난 아직 저녁을 안 했는데, 제가 살 테니까 같이 가시겠어요?" 힘없는 아저씨가 이번엔 나와 안을 번갈아 보며 말했다.

"먹었습니다." 하고 나와 안은 동시에 대답했다.

"혼자서 하시죠." 라고 내가 말했다.

"그만 두겠습니다." 힘없는 아저씨가 대답했다.

"하세요. 따라가 드릴 테니까요." 안이 말했다.

"감사합니다. 그럼……"

우리는 근처의 중국 요릿집으로 들어갔다. 방으로 들어가서 앉았을 때, 아저씨는 또 한 번 간곡하게 우리가 뭘 좀 들 것을 권했다. 우리는 또 한 번 사양했다. 그는 또 권했다.

"아주 비싼 걸 시켜도 괜찮겠습니까?" 라고 나는 그의 권유를 철회시키기 위해서 말했다.

"네, 사양 마시고."

그가 처음으로 힘있는 목소리로 말했다.

"돈을 써버리기로 결심했으니까요."

나는 그 사내에게 어떤 꿍꿍이속이 있는 것만 같은 느낌이 들어서 좀 불안했지만, 통닭과 술을 시켜달라고 했다. 그는 자기가 주문한 것 외에 내가 말한 것도 사환에게 청했다. 안은 어처구니없는 얼굴로 나를 보았다. 나는 그때 마침 옆방에서 들려 오고 있는 여자의 불그레한 신음소리를 듣고만 있었다.

"이 형도 뭘 좀 드시죠?" 라고 아저씨가 안에게 말했다.

"아니 전……"

안은 술이 다 깬다는 듯이 펄쩍 뛰고 사양했다.

우리는 조용히 옆방의 다급해져 가는 신음소리에 귀를 기울이고 있었다. 전차의 끽끽거리는 소리와 홍수난 강물 소리 같은 자동차들의 달리는 소리도 희미하게 들려 오고 있었고, 가까운 곳에서는 이따금 초인종 울리는 소리도 들렸다. 우리의 방은 어색한 침묵에 싸여 있었다.

"말씀드리고 싶은 게 있는데요."

마음씨 좋은 아저씨가 말하기 시작했다.

"들어주셨으면 고맙겠습니다……. 오늘 낮에 제 아내가 죽었습니다. 세브란스 병원에 입원하고 있었는데……"

그는 이젠 슬프지도 않다는 얼굴로 우리를 빤히 쳐다보며 말하고 있었다.

"네에에."

"그거 안되셨군요." 라고 안과 나는 각각 조의를 표했다.

"아내와 나는 참 재미있게 살았습니다. 아내가 어린애를 낳지 못하기 때문에 시간은 몽땅 우리 두 사람의 것이었습니다. 돈은 넉넉하지 못했습니다만 그래도 돈이 생기면 우리는 어디든지 같이 다니면서 재미있게 지냈습니다. 딸기철엔 수원에도 가고, 포도철엔 안양에도 가고, 여름이면 대천에도 가고, 가을엔 경주에도 가보고, 밤엔 함께 영화 구경, 쇼 구경하러 열심히 극장에 쫓아다니기도 했습니다 ……"

"무슨 병환이셨던가요?" 하고 안이 조심스럽게 물었다.

"급성뇌막염이라고 의사가 그랬습니다. 아내는 옛날에 급성맹장염 수술을 받은 적도 있고, 급성 폐렴을 앓은 적도 있다고 했습니다만 모두 괜찮았는데 이번의 급성엔 결국 죽고 말았습니다……죽고 말았습니다."

사내는 고개를 떨구고 한참 동안 무언지 입을 우물거리고 있었다. 안이 손가락으로 내 무릎을 찌르며 우리는 꺼지는 게 어떻겠느냐는 눈짓을 보냈다. 나 역시 동감이었지만 그때 사내가 다시 고개를 들고 말을 계속했기 때문에 우리는 눌러앉아 있을 수밖에 없었다.

"아내와는 재작년에 결혼했습니다. 우연히 알게 되었습니다. 친정이 대구 근처에 있다는 얘기만 했지 한 번도 친정과는 내왕이 없었습니다. 난 처갓집이 어딘지도 모릅니다. 그래서 할 수 없었어요."

그는 다시 고개를 떨구고 입을 우물거렸다.

"뭘 할 수 없었다는 말입니까?"

내가 물었다.

그는 내 말을 못 들은 것 같았다. 그러나 한참 후에 다시 고개를 들고 마치 애원하는 듯한 눈빛으로 말을 이었다.

"아내의 시체를 병원에 팔았습니다. 할 수 없었습니다. 난 서적 월부 판매원에 지나지 않습니다. 할 수 없었습니다. 돈 사천 원을 주더군요. 난 두 분을 만나기 얼만 전까지도 세브란스 병원 울타리 곁에 서 있었습니다. 아내가 누워 있을 시체실이 있는 건물을 알아보려고 했습니다만 어딘지 알 수 없었습니다. 그냥 울타리 곁에 앉아서 병원의 큰 굴뚝에서 나오는 희끄무레한 연기만 바라보고 있었습니다. 아내는 어떻게 될까요? 학생들이 해부 실습하느라고 톱으로 머리를 가르고 칼로 배를 째고 한다는데 정말 그러겠지요?"

우리는 입을 다물고 있을 수밖에 없었다. 사환이 **다꾸앙**과 양파가 담긴 접시를 갖다 놓고 나갔다.

"기분 나쁜 얘길 해서 미안합니다. 다만 누구에게라도 얘기하지 않고서는 견딜 수 없었습니다. 한 가지만 의논해 보고 싶은데, 이 돈을 어떻게 하면 좋을까요? 저는 오늘 저녁 다 써버리고 싶은데요."

"쓰십시오."

안이 얼른 대답했다.

"이 돈이 다 없어질 때까지 함께 있어 주시겠어요?"

사내가 말했다. 우리는 얼른 대답하지 못했다.
"함께 있어 주십시오."
사내가 말했다. 우리는 승낙했다.
"멋있게 한번 써봅시다." 라고 사내는 우리와 만난 후 처음으로 웃으면서, 그러나 여전히 힘없는 음성으로 말했다.
중국집에서 거리로 나왔을 때는 우리는 모두 취해 있었고, 돈은 천 원이 없어졌고, 사내는 한쪽 눈으로는 울고 다른 쪽 눈으로는 웃고 있었고, 안은 도망갈 궁리를 하기에도 지쳐 버렸다고 내게 말하고 있었고, 나는 "악센트 찍는 문제를 모두 틀려버렸단 말야, 악센트 말야." 라고 중얼거리고 있었고, 거리는 영화에서 본 식민지의 거리처럼 춥고 한산했고, 그러나 여전히 소주 광고는 부지런히, 약 광고는 게으름을 피우며 반짝이고 있었고, 전봇대의 아가씨는 '그저 그래요'라고 웃고 있었다.
"이제 어디로 갈까?" 하고 아저씨가 말했다.
"어디로 갈까?" 안이 말하고,
"어디로 갈까?" 라고 나도 그들의 말을 흉내냈다.
아무 데도 갈 데가 없었다. 방금 우리가 나온 중국집 곁에 양품점의 쇼윈도가 있었다. 사내가 그쪽을 가리키며 우리를 끌어당겼다. 우리는 양품점 안으로 들어갔다.
"넥타이를 하나 골라 가져. 내 아내가 사 주는 거야."
사내가 호통을 쳤다.
우리는 알록달록한 넥타이를 하나씩 들었고, 돈은 육백 원이 없어져 버렸다. 우리는 양품점에서 나왔다.
"어디로 갈까?" 라고 사내가 말했다.
갈 데는 계속해서 없었다. 양품점의 앞에는 귤장수가 있었다.
"아내는 귤을 좋아했다."고 외치며 사내는 귤을 벌여 놓은 수레 앞으로 돌진했다. 삼백 원이 없어졌다. 우리는 이빨로 귤껍질을 벗기면서 그 부근에서 서성거렸다.
"택시!"
사내가 고함쳤다.
택시가 우리 앞에서 멎었다. 우리가 차에 오르자마자 사내는,
"세브란스로!" 라고 말했다.
"안 됩니다. 소용없습니다."
안이 재빠르게 외쳤다.
"안 될까?"
사내는 중얼거렸다.
"그럼 어디로?"
아무도 대답하지 않았다.
"어디로 가시는 겁니까?" 라고 운전사가 짜증난 음성으로 말했다.
"갈 데가 없으면 빨리 내리쇼."

제15과 소설 : 「서울, 1964년 겨울」
한국 현대문학 작품 선독

우리는 차에서 내렸다. 결국 우리는 중국집에서 스무 발짝도 더 벗어나지 못하고 있었다. 거리의 저쪽 끝에서 요란한 사이렌 소리가 나타나서 점점 가깝게 달려 들었다. 소방차 두 대가 우리 앞을 빠르고 시끄럽게 지나쳐 갔다.
"택시!"
사내가 고함쳤다. 택시가 우리 앞에 멎었다. 우리가 차에 오르자마자 사내는,
"저 소방차 뒤를 따라갑시다." 라고 말했다.
나는 귤껍질 세 개째를 벗기고 있었다.
"지금 불구경하러 가고 있는 겁니까?" 라고 안이 아저씨에게 말했다.
"안 됩니다. 시간이 없습니다. 벌써 열 시 반인데요. 좀더 재미있게 지내야죠. 돈은 이제 얼마 남았습니까?"
아저씨는 호주머니를 뒤져서 돈을 모두 털어냈다. 그리고 그것을 안에게 건네줬다. 안과 나는 세어 봤다. 천구백 원하고 동전이 몇 개, 십 원짜리가 몇 장이 있었다.
"됐습니다."
안은 다시 돈을 돌려주면서 말했다.
"세상엔 다행히 여자의 특징만 중점적으로 내보이는 여자들이 있습니다."
"내 아내 얘깁니까?" 라고 사내가 슬픈 음성으로 물었다.
"내 아내의 특징은 잘 웃는다는 것이었습니다."
"아닙니다. 종삼(종로 3가)으로 가자는 얘기였습니다."
안이 말했다.
사내는 안을 경멸하는 듯한 웃음을 띠며 고개를 돌려 버렸다. 그러는 사이에 우리는 화재가 난 곳에 도착했다. 삼십 원이 없어졌다. 화재가 난 곳은 아래층인 페인트 상점이었는데, 지금은 미용 학원 이층에서 불길이 창으로부터 뿜어 나오고 있었다. 경찰들의 호각소리, 소방차들의 사이렌 소리, 불길 속에서 나는 탁탁 소리, 물줄기가 건물의 벽에 부딪쳐서 나는 소리. 그러나 사람들의 소리는 아무것도 나지 않았다. 사람들은 불빛에 비쳐 무안당한 사람들처럼 붉은 얼굴로, 정물처럼 서 있었다.
우리는 발밑에 굴러 있는 페인트 통을 하나씩 궁둥이 밑에 깔고 웅크리고 앉아서 불구경을 했다. 나는 불이 좀더 오래 타기를 바랐다. 미용 학원이라는 간판에 불이 붙고 있었다. '원'자에 불이 붙기 시작했다.
"김 형, 우리 얘기나 합시다." 하고 안이 말했다. "화재 같은 건 아무것도 아닙니다. 내일 아침 신문에서 볼 것을 오늘밤에 미리 봤다는 차이밖에 없습니다. 저 화재는 김 형의 것도 아니고 내 것도 아니고 이 아저씨 것도 아닙니다. 우리 모두의 것이 돼 버립니다. 그러나 화재는 항상 계속해서 나고 있는 건 아닙니다. 그렇기 때문에 난 화재엔 흥미가 없습니다. 김 형은 어떻게 생각하십니까?"
"동감입니다."
"나는 아무렇게나 대답하며 이젠 '학' 자에 불이 붙고 있는 것을 보았다."
"아니 난 방금 말을 잘못 했습니다. 화재는 우리 모두의 것이 아니라 화재는 오로지 화재

185

자신의 것입니다. 화재에 대해서 우리는 아무것도 아닙니다. 그렇기 때문에 난 화재에 흥미가 없습니다. 김 형은 어떻게 생각하십니까?"
"동감입니다."
물줄기 하나가 불타고 있는 '학'으로 달려들고 있었다. 물이 닿는 곳에선 회색 연기가 피어 올랐다. 힘없는 아저씨가 갑자기 힘차게 깡통으로부터 일어섰다.
"내 아냅니다." 하고 사내는 환한 불길 속을 손가락질하며 눈을 크게 뜨고 소리쳤다.
"내 아내가 머리를 막 흔들고 있습니다. 골치가 깨질 듯이 아프다고 머리를 막 흔들고 있습니다. 여보……"
"골치가 깨질 듯이 아픈 게 뇌막염의 증세입니다. 그렇지만 저건 바람에 휘날리는 불길입니다. 앉으세요. 불 속에 아주머님이 계실 리가 있습니까?"라고 안이 아저씨를 끌어 앉히며 말했다. 그러고 나서 안은 나에게 나지막하게 속삭였다.
"이 양반, 우릴 웃기는데요."
나는 꺼졌다고 생각하고 있던 '학'에 다시 불이 붙고 있는 것을 보았다. 물줄기가 다시 그곳으로 뻗어가고 있었다. 그러나 물줄기는 겨냥을 잘 잡지 못하고 이리저리 흔들리고 있었다. 불은 날쌔게 '용' 자를 핥고 있었다. 나는 '미'까지 어서 불붙기를 바라고 있었고, 그리고 그 간판에 불이 붙은 과정을 그 많은 불구경꾼들 중에서 나 혼자만 알고 있기를 바랐다. 그러나 그때 문득 나는 불이 생명을 가진 것처럼 생각되어서, 내가 조금 전에 바라고 있던 것을 취소해 버렸다.
무언가 하얀 것이 우리가 웅크리고 앉아 있는 곳에서 불타고 있는 건물 쪽으로 날아가는 것이 보였다. 그 비둘기는 불 속으로 떨어졌다.
"무엇이 불 속으로 날아 들어갔지요?"
내가 안을 돌아다보며 물었다.
"예, 뭐가 날아갔습니다."
안은 나에게 대답하고 나서 이번엔 아저씨를 돌아다보며,
"보셨어요?" 하고 그에게 물었다.
아저씨는 잠자코 앉아 있었다. 그때 순경 한 사람이 우리 쪽으로 달려 왔다.
"당신이지?" 라고 순경은 아저씨를 한 손으로 붙잡으면서 말했다.
"방금 무엇을 불 속에 던졌소?"
"아무것도 안 던졌습니다."
"뭐라구요?"
순경은 때릴 듯한 시늉을 하며 아저씨에게 소리쳤다.
"내가 던지는 걸 봤단 말요. 무얼 불 속에 던졌소?"
"돈입니다."
"돈?"
"돈과 돌을 손수건에 싸서 던졌습니다."
"정말이오?"

순경은 우리에게 물었다.

"예, 돈이었습니다. 이 아저씨는 불난 곳에 돈을 던지면 장사가 잘 된다는 이상한 믿음을 가졌답니다. 말하자면 좀 돌았다고 할 수 있는 사람이지만 나쁜 짓을 결코 하지 않는 장사꾼입니다."

안이 대답했다.

"돈은 얼마였소?"

"일 원짜리 동전 한 개였습니다."

안이 다시 대답했다.

순경이 가고 났을 때 안이 사내에게 물었다.

"정말 돈을 던졌습니까?"

"예."

우리는 꽤 오랫동안 불꽃이 튀는 탁탁 소리에 귀를 기울이고 있었다. 한참 후에 안이 사내에게 말했다.

"결국 그 돈은 다 쓴 셈이군요...... 자, 이젠 그럼 약속이 끝났으니 우린 가겠습니다."

"안녕히 가십시오." 라고 나는 아저씨에게 작별 인사를 했다.

안과 나는 돌아서서 걷기 시작했다. 사내가 우리를 쫓아와서 안과 나의 팔을 한쪽씩 붙잡았다.

"나 혼자 있기가 무섭습니다."

그는 벌벌 떨며 말했다.

"곧 통행금지 시간이 됩니다. 난 여관으로 가서 잘 작정입니다."

안이 말했다.

"난 집으로 갈 겁니다."

내가 말했다.

"함께 갈 수 없겠습니까? 오늘밤만 같이 지내 주십시오. 부탁합니다. 잠깐만 저를 따라와 주십시오."

사내는 말하고 나서 나를 붙잡고 있는 자기의 팔을 부채질하듯이 흔들었다. 아마 안의 팔에 대해서도 그렇게 했으리라.

"어디로 가자는 겁니까?"

나는 아저씨에게 물었다.

"여관비를 구하러 잠깐 이 근처에 들렀다가 모두 함께 여관으로 갔으면 하는데요."

"여관에요?"

나는 내 호주머니 속에 든 돈을 손가락으로 계산해 보며 말했다.

"여관비라면 모두 내가 내겠으니 그럼 함께 가시지요."

안이 나와 사내에게 말했다.

"아닙니다. 폐를 끼쳐 드리고 싶지 않습니다. 잠깐만 절 따라와 주십시오."

"돈을 빌리러 가는 겁니까?"

"아닙니다. 받아야 할 돈이 있습니다."

"이 근처에요?"

"예, 여기가 남영동(南營洞)이라면."

"아마 틀림없는 남영동인 것 같군요." 내가 말했다.

사내가 앞장을 서고 안과 내가 그 뒤를 쫓아서 우리는 화재로부터 멀어져 갔다.

"빚 받으러 가기에는 시간이 너무 늦었습니다."

안이 사내에게 말했다.

"그렇지만 저는 받아야만 합니다."

우리는 어느 어두운 골목길로 들어섰다. 골목의 모퉁이를 몇 개인가 돌고 난 뒤에 사내는 대문 앞에 전등이 켜져 있는 집 앞에서 멈췄다. 나와 안은 사내로부터 열 발자국쯤 떨어진 곳에서 멈췄다. 사내가 벨을 눌렀다. 잠시 후에 대문이 열리고, 사내가 대문 안에 선 사람과 말하는 소리가 들렸다.

"주인 아저씨를 뵙고 싶은데요."

"주무시는데요."

"그럼 주인아주머니는……"

"주무시는데요."

"꼭 뵈어야겠는데요."

"기다려 보세요."

대문이 다시 닫혔다. 안이 달려가서 사내의 팔을 잡아끌었다.

"그냥 가시죠?"

"괜찮습니다. 받아야 할 돈이니까요."

안이 다시 먼저 서 있던 곳으로 걸어왔다. 대문이 열렸다.

"밤 늦게 죄송합니다."

사내가 대문을 향해 고개를 숙이며 말했다.

"누구시죠?"

대문은 잠에 취한 여자의 음성을 냈다.

"죄송합니다. 이렇게 너무 늦게 찾아와서 실은……"

"누구시죠? 술 취하신 것 같은데……"

"월부 책값 받으러 온 사람입니다." 하고, 사내는 비명 같은 높은 소리로 외쳤다.

"월부 책값 받으러 온 사람입니다." 이번엔 사내는 문기둥에 두 손을 짚고 앞으로 뻗은 자기 팔 위에 얼굴을 파묻으며 울음을 터뜨렸다.

"월부책 값 받으러 온 사람입니다. 월부책 값……"

사내는 계속해서 흐느꼈다.

"내일 낮에 오세요."

대문이 탁 닫혔다.

사내는 계속해서 울고 있었다. 사내는 가끔 '여보'라고 중얼거리며 오랫동안 울고 있었

제15과 소설 : 「서울, 1964년 겨울」
한국 현대문학 작품 선독

다.
　우리는 여전히 열 발자국쯤 떨어진 곳에서 그가 울음을 그치기를 기다리고 있었다. 한참 후에 그가 우리 앞으로 비틀비틀 걸어왔다.
　우리는 모두 고개를 숙이고 어두운 골목길을 걸어서 거리로 나왔다. 적막한 거리에는 찬바람이 세차게 불고 있었다.
　"몹시 춥군요." 라고 사내는 우리를 염려한다는 음성으로 말했다.
　"추운데요. 빨리 여관으로 갑시다."
　안이 말했다.
　"방을 한 사람씩 따로 잡을까요?"
　여관에 들어갔을 때 안이 우리에게 말했다.
　"그게 좋겠지요?"
　"모두 한방에 드는 게 좋겠어요." 라고 나는 아저씨를 생각해서 말했다.
　아저씨는 그저 우리 **처분**만 바란다는 듯한 태도로, 또는 지금 자기가 서 있는 곳이 어딘지도 모른다는 태도로 멍하니 서 있었다. 여관에 들어서자 우리는 모든 프로가 끝나 버린 극장에서 나오는 때처럼 어찌할 바를 모르고 거북스럽기만 했다. 여관에 비한다면 거리가 우리에게 더 좁았던 셈이었다. 벽으로 나누어진 방들, 그것이 우리가 들어가야 할 곳이었다.
　"모두 같은 방에 들기로 하는 것이 어떻겠어요?"
　내가 다시 말했다.
　"난 아주 피곤합니다."
　안이 말했다.
　"방은 각각 하나씩 차지하고 자기로 하지요."
　"혼자 있기가 싫습니다." 라고 아저씨가 중얼거렸다.
　"혼자 주무시는 게 편하실 거예요."
　안이 말했다.
　우리는 복도에서 헤어져 사환이 지적해 준, 나란히 붙은 방 세 개에 각각 한 사람씩 들어갔다.
　"화투라도 사다가 놉시다."
　헤어지기 전에 내가 말했지만,
　"난 아주 피곤합니다. 하시고 싶으면 두 분이나 하세요." 라고 안은 말하고 나서 자기의 방으로 들어가 버렸다.
　"나도 피곤해 죽겠습니다. 안녕히 주무세요." 라고 나는 아저씨에게 말하고 나서 내 방으로 들어갔다. 숙박계엔 거짓 이름, 거짓 주소, 거짓 나이, 거짓 직업을 쓰고 나서 사환이 가져다 놓은 자리끼를 마시고 나는 이불을 뒤집어썼다. 나는 꿈도 안 꾸고 잘 잤다.
　다음날 아침 일찍이 안이 나를 깨웠다.
　"그 양반, 역시 죽어 버렸습니다."
　안이 내 귀에 입을 대고 그렇게 속삭였다.

189

"예?"
나는 잠이 깨끗이 깨어 버렸다.
"방금 그 방에 들어가 보았는데 역시 죽어 버렸습니다."
"역시……"
나는 말했다.
"사람들이 알고 있습니까?"
"아직까진 아무도 모르는 것 같습니다. 우선 빨리 도망해 버리는 게 시끄럽지 않을 것 같습니다."
"자살이지요?"
"물론 그것이겠죠."
나는 급하게 옷을 주워 입었다. 개미 한 마리가 방바닥을 내 발이 있는 쪽으로 기어오고 있었다. 그 개미가 내 발을 붙잡으려고 하는 것 같은 느낌이 들어서 나는 얼른 자리를 옮겨 디디었다.
밖의 이른 아침에는 **싸락눈**이 내리고 있었다. 우리는 할 수 있는 한 빠른 걸음으로 여관에서 떨어져 갔다.
"난 그가 죽으리라는 것을 알고 있었습니다."
안이 말했다.
"난 짐작도 못했습니다." 라고 나는 사실대로 얘기했다.
"난 짐작하고 있었습니다."
그는 코트 깃을 세우며 말했다.
"그렇지만 어떻게 합니까?"
"그렇지요. 할 수 없지요. 난 짐작도 못 했는데……"
내가 말했다.
"짐작했다고 하면 어떻게 하겠어요?"
그가 내게 물었다.
"씨팔 것, 어떻게 합니까? 그 양반 우리더러 어떡하라는 건지……"
"그러게 말입니다. 혼자 놓아두면 죽지 않을 줄 알았습니다. 그게 내가 생각해 본 최선의 그리고 유일한 방법이었습니다."
"난 그 양반이 죽으리라고는 짐작도 못했다니까요. 씨팔것, 약을 호주머니에 넣고 다녔던 모양이군요."
안은 눈을 맞고 있는 어느 앙상한 가로수 밑에서 멈췄다. 나도 그를 따라가서 멈췄다. 그가 이상하다는 얼굴로 나에게 물었다.
"김 형, 우리는 분명히 스물다섯 살짜리죠?"
"난 분명히 그렇습니다."
"나도 그건 분명합니다."
그는 고개를 한 번 갸웃했다.

"두려워집니다."
"뭐가요?"
내가 물었다.
"그 뭔가가, 그러니까……"
그가 한숨 같은 음성으로 말했다.
"우리가 너무 늙어 버린 것 같지 않습니까?"
"우린 이제 겨우 스물다섯 살입니다."
나는 말했다.
"하여튼……" 하고 그는 내게 손을 내밀며 말했다.
"자, 여기서 헤어집시다. 재미 많이 보세요." 하고 나도 그의 손을 잡으며 말했다.
우리는 헤어졌다. 나는 마침 버스가 막 도착한 길 건너편의 버스 정류장으로 달려갔다. 버스에 올라서 창으로 내다보니 안은 앙상한 나뭇가지 사이로 내리는 눈을 맞으며 무언가 곰곰이 생각하고 서 있었다.

[단어 해석/单词解析]

1. 선술집 : 술청 앞에 선 채로 간단하게 술을 마실 수 있는 술집 **小酒馆**
2. 꼼지락거리다 : 몸을 천천히 좀스럽게 계속 움직이다 **缓慢地动, 蠕动**
3. 고즈넉하다 : 말없이 다소곳하거나 잠잠하다 **一言不发, 默不作声**
4. 쓰리꾼 : 소매치기. 일본어에서 온 말 **扒手**
5. 눈두덩 : 눈언저리의 두두룩한 곳 **上眼皮**
6. 일수 : 본전에 이자를 합하여 일정한 액수를 날마다 거두어들이는 일. 또는 그런 빚 **日收入, 每天收的钱或债**
7. 도로리 : 트롤리. 전차의 폴 꼭대기에 달린 작은 쇠바퀴로 가공선에 접하여 전기를 통하게 함 **(电车上与电线接触的)电轮, 滚轮**
8. 너풀대다 : 엷은 물체가 바람에 날리어 가볍게 자꾸 움직이다 **飘动, 颤动**
9. 꿍꿍이속 : 남에게 드러내 보이지 아니하고 어떤 일을 꾸며 도무지 모를 셈속 **名堂, 鬼把戏**
10. 다꾸앙 : 단무지 **用萝卜腌制的咸菜**
11. 처분 : 처리하여 치움 **处理, 办理**
12. 싸락눈 : '싸라기눈'의 준말. 빗방울이 갑자기 찬 바람을 만나 얼어 떨어지는 쌀알 같은 눈 **雪粒, 雪霰**

[연습 문제/练习]

1. 작품 중의 세 사내 사이에 오가는 대화는 작품에 어떤 효과를 주는지 생각해 보십시오.
2. 작품에 등장한 세 인물의 성격을 말해 보십시오.
3. 판매원 사내의 자살과 그것을 본 두 사람의 반응을 통해 작가가 제시하려는 주제의식은 무엇입니까?

제 16 과   소설 : 「서편제」

[작가 소개/作家介绍]

이청준(李淸俊, 1939~2008)은 전라남도 장흥군에서 태어나 서울대학교 문리대를 졸업하였다. 1965년 『사상계』에 「퇴원」이라는 작품이 당선되어 신인상을 받고 등단하였다. 1968년 「병신과 **머저리**」로 제12회 동인문학상을 수상하였다. 그는 1966년 「굴레」, 1968년 「석화촌」과 「매잡이」를 발표하였다. 이들 작품에서 현실과 관념, 허무와 의지 등의 대응관계를 구조적으로 **파악하였다**. 1970년대에 들어서 그는 「소문의 별」, 「조율사」, 「들어보면 아시겠지만」, 「낮은 목소리로」, 「자서전들 쓰십시다」, 「서편제」 등 다수의 소설을 발표하며 창작활동을 매우 활발하게 전개한다.

이청준은 지적이면서도 관념에 빠져들지 않으며, 현실 세계의 부조리와 불합리를 냉정하게 포착한다. 그는 1978년에 「잔인한 도시」로 제2회 이상문학상을, 1986년 「비화밀교」로 대한민국문학상을, 1990년 「자유의 문」으로 이산문학상을 수상하였다.

[단어 해석/单词解析]

1. 머저리 : 말이나 행동이 다부지지 못하고 어리석은 사람을 낮잡아 이르는 말 蠢货
2. 파악하다 : 어떤 대상의 내용이나 본질을 확실하게 이해하여 알다 把握

[작품 해제/作品解析]

「서편제」는 이청준의 「남도 사람」이라는 **연작** 소설집 중에 있는 한 편이다. 「남도 사람」은 '서편제' '소리의 빛' '선학도 나그네' '새와 나무' '다시 태어나는 말' 등 총 8편으로 이루어져 있는데 그중에서 '서편제'는 제일 먼저 창작되었다. 이 작품은 기구한 운명을 **타고난** 소리꾼 남매의 가슴 아픈 한에서 피어나는 소리의 예술을 형상화한다.

　소설은 판소리를 소재로 하여 한 많은 일생을 살아가는 소리꾼을 등장시켜, 한이라는 한국적 정서를 드러낸다. 여인의 한은 아버지에 의해 **소경**이 되어 평생 앞을 못보고 살아갈 수 밖에 없는 한이고, 사내의 한은 어머니를 잃고 의붓아버지와 누이를 버리고 나온 자책의 한이라고 할 수 있다. 하지만 작품은 소극적 체념으로서 한을 보여 주는 것이 아니라, 그것을 화해와 사랑을 지향하는 예술혼으로 승화시켜 보여 준다. 결국 여인의 한은 남도 소리에 녹아 버리고 용서와 화해를 뛰어넘어 예술적 한으로 승화되었고 사내의 한은 누이를 찾는 과정에서 서서히 녹아 버렸다. 소설에서는 '한'과 '원한'을 구분해서 설명하고 있다. '원한'은 미움과 증오에서 나오는 것으로 여인이 아비를 용서하지 못한다면 그것은 원한이 되고, 반면에 '한'은 살아가면서 쌓이는 비애의 **응어리**로, 여인은 아비를 용서하여 소극적 원한을 뛰어넘어 예술의 한으로 승화한다. 이는 또한 이 작품이 지니는 제일 큰 장점이라고 할 수 있다.

[단어 해석/单词解析]

1. 연작 : 한 작가가 같은 주인공의 단편 소설을 몇 편 써서, 그것을 연결하여 장편으로 만드는 일 **系列作品**
2. 타고나다 : 어떤 성품이나 능력, 운명 따위를 선천적으로 가지고 태어나다 **天生**
3. 소경 : 맹인 **盲人, 瞎子**
4. 응어리 : 가슴속에 쌓여 있는 한이나 불만 따위의 감정 **积怨, 恨**

[작품 원문/作品原文]

　여인은 초저녁부터 목이 아픈 줄도 모르고 줄창 소리를 뽑아대고, 사내는 그 여인의 소리로 하여 끊임없이 어떤 예감 같은 것을 견디고 있는 듯한 표정으로 북장단을 잡고 있었다. 소리를 쉬지 않는 여인이나, 묵묵히 장단 가락만 잡고 있는 사내나 양쪽 다 이마에 힘든 땀방울이 솟고 있었다.

　전라도 보성읍 밖의 한 한적한 길목 주막. 왼쪽으로는 멀리 읍내 마을들을 내려다보면서 오른쪽으로는 **해묵은** 묘지들이 길가까지 바싹바싹 다가앉은 가파른 공동묘지 — 그 공동묘지 사이를 뚫고 나가고 있는 한적한 고갯길목을 인근 사람들은 흔히 소릿재라 말하였다. 그리고 그 소릿재 공동묘지 길의 초입께에 조개껍질을 엎어 놓은 듯 뿌연 먼지를 뒤집어쓰고 들앉아 있는 한 작은 초가 주막을 사람들은 또 너나없이 소릿재 주막이라 말하였다. 곡성과 상엿소리가 자주 지나는 묘지 길이니 소릿재라 부를 만했고, 소릿재 초입을 지키고 있으니 소릿재 주막이라 이를 만했다. 내력을 모르는 사람들은 아마 그쯤 짐작을 하고 지나칠 수도 있었으리라. 하지만 이 소릿재와 소릿재 주막에는 또 다른 내력이 있었다. 귀가 밝은 읍내 사람들은 대개 다 그것을 알고 있었다. 보성 고을 사람이 아니더라도 어쩌면 이 소릿재 주막에 발길이 닿아 하룻밤쯤 술손 노릇을 하고 나면 그것을 쉬 알 수 있었다.

주막집 여자의 소리 때문이었다.

남자도 없이 혼자 몸으로 주막을 지키고 살아가는 여자의 남도 소리 솜씨가 누가 들어도 예사롭지 않았기 때문이었다.

이날 저녁의 손님 역시 그것을 이미 깨닫고 있는 것 같았다. 아니 그는 애초부터 그저 우연히 발길 닿는 대로 이 주막을 찾아든 사람이 아니었다. 그는 실상 읍내의 한 여인숙 주인으로부터 소릿재 이야기를 처음 들었을 때부터 이미 분명한 예감을 가지고 있었다. 그리고 뒷얘기를 더 들을 것도 없이 그 길로 자신의 예감을 쫓아 나선 것이었다.

주막집에는 과연 심상치 않은 여인의 소리가 있었다. 초저녁께부터 시작해서 밤이 깊도록 지칠 줄을 모르는 소리였다. 소릿재의 내력에는 그 서른이 채 될까 말까한 여인의 도도하고도 **구성진** 남도소리가 뒤에 숨어 있었다.

하지만 사내는 여인의 소리를 들으면서도 주막을 찾아올 때의 그 부푼 예감이 아직도 흡족하게 채워지질 못하고 있는 것 같은 표정이었다. 소리를 들으면 들을수록 그것은 오히려 더욱더 견딜 수 없는 어떤 예감 속으로 깊이깊이 사내를 휘몰아 들어가고 있는 것 같았다. 방 안에 술상이 마련되어 있었지만 그는 거의 술 쪽에는 관심도 두지 않고 소리에만 넋이 팔려 있었다. 여인이 「춘양가」 몇 대목을 뽑고 나자 사내는 아예 술상을 한쪽으로 밀어 놓고 제 편에서 먼저 북장단을 자청하고 나섰던 것이다.

"좋으네. 참으로 좋으네…… 자, 이 술잔으로 목이나 좀 축이고 나서……"

여인이 소리를 한 대목씩 끝내고 날 때서야 그는 겨우 생각이 미친 듯 목축임을 한 잔씩 나누고는 이내 또 여인에게 다음 소리를 재촉해 대곤 하는 것이었다.

한데 여인이 이윽고 다시 「수궁가」 한 대목을 구성지게 뽑아 제끼고 났을 때였다. 사내는 마침내 참을 수가 없어진 듯 여인에게 다시 목축임 잔을 건네면서 물었다.

"한데……한데 말이네. 자넨 대체 언제부터 이런 곳에다 자네 소리를 묻고 살아 오던가?"

"……?"

여인은 사내의 그 조심스런 물음의 뜻을 얼른 알아차릴 수가 없었던지 한동안 말이 없이 사내 쪽을 가만히 건너다보고 있었다.

"이 고갯길을 소릿재라 이름하고, 자네 주막을 두고는 소릿재 주막이라 하던 것을 듣고 왔네. 그래 이 고을 사람들이 그런 이름을 지어 부르는 건 자네 소리에 내력을 두고 한 말이 아니던가?"

"……"

사내가 한 번 더 물음을 되풀이했으나 여인은 이번에도 역시 대꾸가 없었다. 하지만 이제 여인의 침묵은 사내의 말뜻을 알아들을 수가 없어서만은 아닌 것 같았다. 여인은 다시 한동안이나 사내 쪽을 이윽히 건너다보고 있었다. 그리고는 뭔가 사내의 **흉중**을 헤아려 내고 싫어지기라도 한 듯 천천히 고개를 저어대고 있었다.
"그렇다면, ……그렇다면 이 소릿재 주막의 사연은 자네가 첫 번 임자가 아니더란 말인가? 자네 먼저 여기에 소리를 하던 사람이 있었더란 말인가?"
자기 예감에 몰리듯 사내가 거푸 다급한 목소리로 물어대고 있었다.
"자네 소리에도 그러니까 앞서 이를 내력이 따로 있었더란 말이 아닌가?"
여인은 비로소 고개를 바로 끄덕였다. 그리고는 뭔지 괴로운 상념을 짓씹고 있는 듯 얼굴빛이 서서히 흐려지면서 띄엄띄엄 입을 열기 시작했다.
"그렇답니다. 이 고개나 주막 이름은 제 소리 따위에 연유가 있는 것이 아니랍니다. 진짜 소리를 하시던 분이 계셨지요."
"그 사람이 누군가? 자네 먼저 소리를 하던 분이 어떤 사람이었던가 말이네."
"무덤의 주인이었지요."
"무덤이라니?"
"요 언덕 위에 묻혀 있는 소리의 무덤 말씀이오. 소릿재를 알고 소릿재 주막을 알고 계신 양반이 소리 무덤 얘기는 아직 모르고 계시던 모양이구만요. 뒤쪽 언덕 위에 그분의 무덤이 있답니다. 소리만 하다 돌아가셨길래 소리를 함께 묻어드린 그분의 무덤이 말씀이오. 소릿재나 소릿재 주막은 그분의 무덤을 두고 생긴 말이랍니다……."
다그쳐대는 사내의 추궁을 피할 수가 없어진 듯 아득한 탄식기 같은 것이 서린 목소리로 털어놓은 여인의 이야기는 대략 이런 것이었다.
6·25 전화로 **뒤숭숭해진** 마을 인심이 조금씩 가라앉아 가고 있던 1956, 7년 무렵의 어느 해 가을——여인이 아직 잔심부름꾼 노릇으로 끼니를 벌고 있던 읍내 마을의 한 대갓집 사랑채에 이상한 식객 두 사람이 들게 되었다. 환갑 진갑 다 지낸 그 댁 어른이 우연히 마을 나들이를 나갔다 데리고 들어온 소리꾼 부녀였다. 나이 이미 쉰 고개를 넘은 늙은 아비와 열 다섯 살이 채 될까 말까 한 어린 딸아이 두 부녀가 똑같이 다 주인 어른을 반하게 할 만큼 용한 소리꾼들이었다.
주인 어른은 두 부녀를 아예 사랑채 식객으로 들어앉혀 놓고 그 가을 한철 동안 톡톡히 두 사람의 소리를 즐기고 지냈다.
아비나 딸아이나 **진배없이** 소리들을 잘했지만, 목소리를 하는 것은 대게 딸아이 쪽이었고 그녀의 아비 쪽은 북장단을 잡는 쪽이었다. 주인 어른은 실상 아비 쪽의 소리를 더 즐기는 눈치였지만, 그 아비는 이미 늙고 병이 들어 기력이 쇠해져 있는 데다, 나어린 계집아이의 도도하고도 창연스런 목청에는 주인 어른도 못내 경탄해 마지않는 바가 있었기 때문이다. 부녀는 그 가을 한철을 하염없이 소리만 하고 지내고 있었다. 그러다 어느새 겨울이 닥쳐오고, 겨울철 찬바람에 병세가 더치기 시작했던지, 가을철부터 심심찮게 늘어가던 그 아비 쪽의 기침 소리가 갑자기 참을 수 없는 발작기로 변해갔다.
그러자 아비는 웬일인지 한사코 그만 어른의 집을 나가겠노라 이상스런 고집을 부리기 시작했고, 고집을 말리다 못한 주인 어른이 마침내는 노인의 뜻을 알아차린 듯 찬바람 휘몰아치는 겨울 거리 밖으로 두 부녀를 내보내고 말았다.

이윽고 들려 온 소문이, 그날 한나절 방황 끝에 두 부녀가 찾아든 곳이 이 공동묘지 길 아래 버려진 헛간 같은 빈집이었다는 것이다. 그리고 병이 들어 거동이 어려워진 늙은 아비는 식음을 전폐한 채 밤만 되면 소리를 일삼고 있다는 것이었다. 소문을 전해 들은 주인 어른이 그때의 그 심부름꾼 계집이던 여인에게 다시 양식거리를 그곳까지 이어 보내곤 했다. 그녀가 심부름을 나가 보면 모든 게 소문대로였다. 고개 아랫마을 사람들은 밤만 되면 그 아비의 소리를 듣는다는 것이었다. 고갯길 주변에 공동묘지가 생긴 이래로 어느 때보다도 깊은 통한과 허망스러움이 깃든 소리라 했다. 소리를 들은 사람들은 아무도 그것을 귀찮아하거나 짜증스러워하는 이가 없었다. 사람들은 오히려 그 부녀를 두고 까닭 없는 한숨 소리들을 삼키며 자신들의 세상살이까지를 덧없어 할 뿐이었다.

그럭저럭 그해 겨울도 다해 가던 음력 세모께의 어느 날 밤이었다. 그날은 마침 가는 해를 파묻어 보내듯 온 고을 가득하게 밤눈이 내리고 있었는데, 그날 밤 새벽녘에 아비는 드디어 이승에서의 마지막 소리를 하고 나서 그 길로 그만 피를 토하며 가쁜 숨을 거둬 가고 말았다는 것이다.

다음 날 저녁 무렵, 소식을 전해 들은 주인 어른의 심부름을 받고 여인이 다시 부녀의 오두막으로 갔을 때는, 재 아랫마을 사람들이 이미 공동묘지 길목 위의 한 구석에 소리꾼 아비의 육신을 파묻고 돌아오던 참이더라는 것이었다.

한데 또 하나 알 수 없는 것은 그렇게 해서 아비가 죽고 난 뒤의 계집아이의 고집이었다. 소리꾼 아비가 죽고 나자 여인네 집 주인 어른은 의지할 데 없는 그 계집아이를 다시 그의 집으로 데려오게 하려고 했다. 하지만 계집아이는 어찌된 속셈인지 한사코 그 흉흉한 오두막을 떠나지 않으려고 했다. 어른의 말을 따르기는커녕 나중에는 그 죽은 아비의 소리까지 그녀가 다시 대신하기 시작했다. 보다 못한 주인 어른이 이번에는 또 무슨 생각이 들었던지 어린 계집아이 혼자 지키고 앉아 있는 오두막으로 그 당신네 잔심부름꾼 여자아이를 함께 가 지내게 했고, 게다가 또 술청지기 사내까지 한 사람을 덧붙여서 자그마한 술 주막을 내게 해 주더라 했다.

"무슨 소리를 들을 귀가 있을 턱은 없었지만, 저 역시도 그 여자나 여자의 소리에는 신기하게 마음이 끌리는 대목이 있었던 터라서, 어른의 말씀엔 두말없이 주막으로 자리를 옮겨 앉은 것이 그 여자한테 소리를 익히게 된 인연이었지요. 그 여자도 이번에는 더 고집을 부릴 수가 없었던지 그로부터 몇 년 간은 주막을 찾아드는 사람들 앞에서 정성을 다해 소리를 했고, 손님이 없는 날은 저한테까지 그 소리를 배워 주느라 밤이 깊은 줄을 모를 때가 많았어요. 그런 세월을 꼬박 삼 년이나 지냈다오."

여인은 이제 아득한 회상에서 정신이 깨어나고 있는 듯 서서히 자신의 이야기를 정리해 나가기 시작했다.

여자는 아비의 기일이 찾아오면 음식을 장만하기보다 **정갈한** 술 한 되를 따로 마련하고, 고인의 영좌 앞에 밤새도록 소리를 하는 것으로 제례를 대신했는데, 어느 해 겨울인가는 제주조차 따로 마련함이 없이 밤새도록 소리만 하고 있다가 다음날 아침 날이 밝고 보니 그날 새벽으로 여자는 혼자 집을 나간 채 그것으로 그만 다시는 영영 종적을 들을 수가 없게 되고 말았다는 것이었다. 아비의 삼년상이 끝나던 날 새벽의 일이었다 했다.

한데 희한스런 일은 그 아비의 주검이 묻히고 나서도 계속 주막에서 들려 나오고 있는 그 여인의 소리에 대한 아랫마을 사람들의 말투였다. 아비가 죽고 나선 그의 딸이 소리를 대신했고, 그 딸이 자취를 감추고 나선 여인이 다시 그것을 이어가고 있었으나, 아랫마을 사람들은 언제나 그 소리를 옛날에 죽은 그 늙은 사내의 그것으로만 말하고 있었다는 것이었다. 묘지에 묻힌 소리의 넋이 그의 딸과 여인에게 그것을 이어 가게 하고 있다는 것이었다. 그의 딸이 하거나 여인이 대신하거나 사람들은 언제나 그것을 죽은 사내의 소리로만 들으려 했고, 그렇게 말하기를 좋아해 왔다는 것이었다.

"그래 사람들은 그 어른의 무덤을 소리 무덤이라고들 한답니다. 소릿재나 소릿재 주막이니 하는 소리도 거기서 나온 말이고요. 전 말하자면 그 소리 무덤의 묘지기나 다름없는 인간이지요. 하지만 전 그걸 원망하거나 이곳을 떠나고 싶은 생각은 없답니다. 이래뵈도 지금은 제가 그 노인네의 소리를 받고 있는 턱이니께요. 언젠가는 한 번쯤 당신의 핏줄이 이곳을 다시 스쳐갈 날을 기다리면서 이렇게 당신의 소리 덕으로 끼니를 빌어먹고 살아가는 것도 저한테는 이만저만한 은혜가 아니거든요."

여인은 한숨 섞인 목소리로 이야기를 끝맺고 나서 다시 소리를 시작했다.

이번에는 「홍보가」 가운데서 홍보가 매품팔이를 떠나면서 늘어놓는 신세 타령의 한 대목이 시작되고 있었다.

여인이 성큼 소리를 시작하자 사내도 이내 다시 북통을 끌어안으며 뒤늦은 장단을 따라가기 시작했다. 이번에는 그 장단을 잡아나가는 사내의 솜씨가 아까처럼 금세 소리의 흥을 타지 못하고 있었다. 사내는 아직도 뭔가 자꾸 이야기의 뒤끝이 **미진한** 얼굴이었다. 여인의 소리보다도 아직은 이야기를 좀더 캐고 싶은 표정이 역연했다. 하지만 사내의 기색 따위는 아랑곳도 하지 않은 채 여인의 소리가 점점 열기를 더해 가기 시작하자, 사내 쪽도 마침내는 북채를 꼬나 쥔 손바닥 안에 서서히 다시 땀이 배기 시작했다. 그리고 마치 가슴이 끓어오르는 어떤 뜨거운 회상의 꼴짜기를 헤매어 들기 시작한 듯 두 눈길엔 이상스런 열기 같은 것이 어리기 시작했다.

사내는 그때 과연 몸을 불태울 듯이 뜨거운 어떤 태양의 불볕을 견디고 있었다.

소리를 들을 때마다 그의 머리 위에서 이글이글 불타오르는 뜨거운 여름 햇덩이가 하나 있었다. 어렷을 적부터의 한 숙명의 태양이었다.

파도비늘 반짝이는 바다가 내려다보이는 해변가 언덕밭의 한 모퉁이--그 언덕밭 한 모퉁이에는 누군가 주인을 알 수 없는 해묵은 무덤이 하나 누워 있었고 소년은 언제나 그 무덤가 잔디밭에 허리 고삐가 매여 놓고 있었다. 동백나무 숲가로 뻗어 나온 그 길다란 언덕밭은 소년의 죽은 아비가 그의 젊은 아낙에게 남기고 간 거의 유일한 유산이었다. 소년의 어미는 해마다 그 밭뙈기 농사를 거두는 일 한 가지로 여름 한철을 고스란히 넘겨 보내곤 했다.

소년은 날마다 그 무덤가 잔디에서 고삐가 매인 짐승 꼴로 긴긴 여름날을 기다려야 했다. 그리고 그 언덕바지 무덤가에서 소년은 더러 물비늘 반짝이며 섬 기슭을 돌아 나가는 돛단배를 내려다보기도 했고, 더러는 또 얼굴을 쪄오는 듯한 여름 태양볕 아래 배고픈 낮잠을 자기도 했다. 그러면서 이제나저제나 밭고랑 사이로 들어간 어미가 일을 끝내고 나오기를 기다렸다. 하지만 여름마다 콩이 아니면 콩과 수수를 함께 섞어 심은 밭고랑 사이를 타고 들어간 어미는 소년의 그런 기다림 따위는 아랑곳을 하지 않았다. 물결 위를 떠도는 부표처럼 가물가물 콩밭 사이를 오락가락하면서 하루 종일 그 노랫소리도 같고 울음소리도 같은 이상스런 콧소리 같은 것을 웅웅거리고 있었다. 어미의 웅웅거리는 노랫가락 소리만이 진종일 소년의 곁을 서서히 멀어져 갔다간 다시 가까워져 오고, 가까워졌다간 어느 틈엔가 다시 까마득하게 멀어져 가곤 할 뿐이었다.

그러던 어느 날.

하루는 그 바다가 내려다보이는 돼기밭가로 해서 뒷산을 넘어가는 고갯길 근처에서 이상스런 노랫가락 소리가 들려오기 시작했다. 밭두렁 길을 지나 뒷산으로 들어가는 푸나무꾼 같은 사람들에게서 자주 듣던 소리였다. 하지만 그날의 노랫가락은 동네 나무꾼들의 그것이 아니었다. 산으로 들어간 나무꾼도 없었고 소리를 하는 사람의 모습을 볼 수도 없었다. 산을 휩싸고 있는 녹음 속 어디선가 하루 종일 노랫소리만 들려왔다. 나중에 알게 된 일이었지만 그것은 이날 처음으로 그 산 고개를 넘어 마을로 들어오던 어떤 낯선 노래꾼의 소리였다. 어쨌거나 그날 그 모습을 볼 수 없는 노랫소리는 진종일 해가 지나도록 숲 속에서 흘러나왔고, 그러자 한 가지 이상스런 일이 일어났다. 밭고랑만 들어서면 우우우 노랫소리도 같고 울음소리도 같던 어미의 그 이상스런 웅얼거림이 이날 따라 그 산소리에 화답이라도 보내듯 더욱더 분명하고 극성스럽게 떠돌아 번지기 시작한 것이다. 그러면서 어미는 뜨거운 햇별 아래 하루 종일 가물가물 밭이랑 사이를 가고 또 오갔다. 그리고 마침내 산봉우리 너머로 뉘엿뉘엿 햇덩이가 떨어지고, 거무한 저녁 어스름이 서서히 산기슭을 덮여 내려오기 시작하자, 진종일 녹음 속에만 숨어 있던 노랫소리가 비로소 뱀처럼 은밀스럽게 산 어스름을 타고 내려와다. 그리곤 그 뱀이 먹이를 덮치듯이 아직도 가물가물 밭고랑 사이를 떠돌고 있던 소년의 어미를 후닥닥 덮쳐 버린 것이었다.

그런 일이 있고 난 다음부터 그날의 소리는 아주 소년의 마을로 들어와 집 **문간방**에 둥지를 틀고 살게 되었으며, 동네 안에 둥지를 틀고 들어앉게 된 소리의 남자는 날만 밝으면 언제나 그 언덕밭 뒷산의 녹음 속으로 숨어 들어가 진종일 지겹도록 산울림만 지어 내리곤 하였다. 사람의 모습은 보이지 않고 녹음이 소리를 숨기고 사는 양한 소리였다. 밭고랑 사이를 오가는 여인네의 그 괴상스런 노랫가락 소리도 날이 갈수록 극성스러워지고 있었다. 소년은 여전히 그 무덤가 잔디에서 진종일 계속되는 노랫가락 소리를 들어야 했고, 소리를 들으면서 허기에 지친 잠을 자거나 소리를 들으면서 그 잠을 다시 깨어야 했다. 잠을 자거나 잠을 깨거나 소년의 귓가에선 노랫소리가 떠돌고 있었고 소년의 머리 위에는 언제나 그 이글이글 불타오르는 뜨거운 햇덩이가 걸려 있었다.

소리는 얼굴이 없었으되, 소년의 기억 속엔 그 머리 위에 이글거리던 햇덩이보다도 분명한 소리의 얼굴이 있을 수 없었다. 그리고 그 언제나 뜨겁게만 불타고 있던 햇덩이야말로 그날의 소년이 숙명처럼 아직 그것을 찾아 헤매 다니고 있는 그 자신의 운명의 얼굴이었다.

그러니까 소년이 그 소리의 진짜 모습을 자신의 눈으로 똑똑히 보게 된 것은 그의 어미가 어느 날 밤 뜻하지 않은 소동 끝에 홀연 저승길로 떠나가 버리고 난 다음 날 아침의 일이었다. 소리가 마을로 들어서던 그 한여름이 지나가고 해가 훌쩍 뒤바뀌고 난 이듬해 이른 여름의 어느 날 밤, 소년의 어미는 땅덩이가 꺼져 내려앉는 듯한 길고도 무서운 복통 끝에 흡사 핏속에서 쏟아내듯 작은 계집아이 형상 하나를 낳아 놓고는 그날 새벽으로 영영 그만 눈을 감아 버린 것이었다. 그리고 그런 일이 있은 다음 날 아침에야 비로소 소리의 사내가 그 후줄근한 모습을 드러내며 소년의 집 사립문을 들어서던 것이었다.

　　하지만 소년은 아직도 그때의 그 사내의 얼굴이 소리의 진짜 얼굴이라고는 생각하지 않았다. 소년에겐 여전히 그 뜨거운 햇덩이가 소리의 진짜 얼굴로 남아 있었다. 나이가 들어가도 마찬가지였다. 사정이 달라져버린 소리의 사내가 핏덩이 같은 갓난애와 소년을 데리고 이 고을 저 고을로 소리를 하며 밥구걸을 다니고 있었을 때도, 소리의 진짜 얼굴은 언제나 그 뜨겁게 이글거리는 햇덩이 쪽이었다.

　　괴롭고 고통스런 얼굴이었다. 하지만 어떻게 된 심판인지 사내는 그 고통스런 소리의 얼굴을 버리고는 살 수가 없었다. 머리 위에 햇덩이가 뜨겁게 불타고 있지 않으면 그의 육신과 영혼이 속절없이 맥을 놓고 늘어졌다. 그는 그의 햇덩이를 만나기 위해 끊임없이 소리를 찾아다니지 않으면 안 되었다. 그런 식으로 이날 이때까지 반생을 지녀 온 숙명의 태양이요 소리의 얼굴이었다.

　　사내는 여인의 소리에서 또다시 그 자기의 햇덩이를 만나고 있었다. 그리고 언제나처럼 무서운 인내 속에서 그 뜨겁고 고통스런 숙명의 태양볕을 끈질기게 견뎌 내고 있었다.

　　그러자 이윽고 여인의 소리가 끝났다. 「흥부가」한 대목이 다한 것이었다.

　　하지만 사내는 여인이 소리를 끝내고 나서도 아직까지 그 끓는 태양볕을 머리 위에 견디고 있는 듯 한참이나 더 얼굴을 고통스럽게 찡그리고 있었다. 이마와 콧잔등에는 실제로 태양볕의 연기를 견디고 있던 사람처럼 굵은 땀방울이 맺혀 있었다.

　　"그래 그 여잔 한 번 여길 떠나고 나선 그걸로 그만 소식이 아주 끊기고 말았더란 말인가?"

　　이윽고 깊은 상념에서 깨어난 사내가 곁에 놓인 술잔으로 천천히 목을 한 차례 축이고 나선 조심스럽게 여인을 다시 채근대기 시작했다. 아깟번 이야기에서 미진했던 것이 다시 머리에 떠오르고 있는 모양이었다.

　　"소식이 아주 끊겼다면 자넨 그래 짐작조차 가는 곳이 없었던가? 그때 그 여인이 여길 떠나면 어느 쪽으로 갔음 직하다고 짐작조차 떠오르는 데가 없었던가 말이네."

　　그러나 여인은 이제 그만 사내의 추궁에는 흥미가 없어진 모양이었다. 아니 어쩌면 그녀는 이미 사내의 흉중을 훤히 꿰뚫고 나서 일부러 섣부른 말대답을 부러 삼가고 있는지도 또한 알 수 없는 일이었다. 꼬리를 물고 있는 사내의 추궁에도 그녀는 이제 좀처럼 시원한 대답을 보내 오지 않고 있었다.

　　"아까도 말씀드렸소만, 어디 그런 짐작이 닿을 만한 곳이나 있었겠어요."

　　몰라서도 그럴 수는 있었겠지만, 말을 자꾸 피하고 싶은 기색이 역력했다.

"가는 곳을 짐작할 수 없었다면, 그 사람들 부녀가 어디서부터 이 고을로 흘러들었는지, 전부터 지내 오던 곳을 얘기 들은 일은 있었을 게 아닌가?"

"소리를 하고 다니는 사람들이 한 곳에 정해 놓고 몸을 담는 일이 있었겠소. 그저 남도 일대를 쉴 새 없이 두루 떠돌아다녔다더구만요."

"소리를 하던 부녀간 외에 따로 친척 같은 것도 없고? 그 여자한테 무슨 동기간 비슷한 것이라도 말이네……."

"그야 태생지가 어딘 줄도 모르는 사람들인데, 집안 내력인들 곧이곧대로 속을 털어 보이려 했겠소……."

한데 그때였다. 여인의 말 가운데 부지중 뜻밖의 사실이 한 가지 흘러나왔다.

"행여 또 그런 핏줄 같은 것이 한 사람쯤 있었다 해도 앞을 못 보는 그 여자 처지에 떳떳이 얼굴을 내밀고 찾아 나설 형편도 못 되었고요."

그녀가 장님이었다는 것이었다.

"아니, 그 여자가 그럼 앞을 못 보는 장남이었단 말인가? 그리 된 내력이 도대체 어떤 것이었다던가? 그 여자 아마 태생부터가 장님으로 난 여잔 아니었을 거 아닌가 말이네."

사내의 표정이 갑자기 사납게 흔들리고 있었다. 여인은 무의식중에 깜박 그런 말을 하고 나서도, 사내의 반응에는 도대체 영문을 알 수 없다는 듯 천연스럽게 말꼬리를 다시 **눙치려** 하고 있었다.

"그 여자가 장님이었다는 걸 말씀드리지 않았던가요. 하기야 그 여잔 눈이 먼 사람답지 않게 거동이 워낙 **가지런해서** 함께 지내고 있을 때부터 앞을 못 보는 사람이라는 생각을 잊고 있을 때가 많았으니께요. 하지만 손님 말씀대로 그 여자도 태생부터가 장님은 아니었던가 봅디다."

"그래, 어떻게 되어서 눈을 잃게 되었다던가? 사연을 들은 것이 있었으면 들은 대로 얘기를 좀 털어놔 보게."

사내의 목소리는 억제할 수 없는 예감에 떨고 있었다. 그러자 여인은 처음 얼마간 겁을 먹은 듯한 표정으로 말끝을 자꾸 흐리려 하고 있었으나 이제는 사내의 기세가 그것을 용납하지 않았다.

"상세한 내력까지는 저도 잘 모르지만요……."

딸아이에게 눈을 잃게 한 것은 다름 아닌 그녀의 아비 바로 그 사람이었을 거라 말한 것이 여인이 사내에게 털어놓은 놀라운 비밀의 핵심이었다.

소리꾼의 계집딸이 나이 아직 열 살도 채 못 되었을 때——어느 날 밤 그녀는 갑자기 견딜 수 없는 통증으로 그의 아비 곁에서 잠을 깨어 일어나게 되었고, 잠을 깨고 일어나 보니 그녀의 얼굴은 웬일로 숯불이라도 들어부은 듯 두 눈알이 모진 아픔으로 활활 타 들어오는 것 같았고, 그것으로 그녀는 영영 앞을 못 보는 장님 신세가 되어 버리고 만 것이라 했다. 여자의 아비가 잠든 계집 자식 눈 속에다 청강수를 몰래 찍어 넣은 것이라 했다. 그런 얘기는 여인이 일찍이 읍내 대가댁 심부름꾼 시절서부터 이미 어른들에게 들어 알고 있던 사실이었는데, 그렇게 하면 눈으로 뻗칠 사람의 영기가 귀와 목청 쪽으로 옮겨 가서 눈빛 대신 사람의 목청 소리를 비상하게 한다는 것이었다. 어렸을 적의 여인은 결코 그런 끔직스런 얘기들을 믿으려 하지 않았었다. 하지만 어느 날 밤 사실이 못내 궁금해진 여인이 그 눈이 먼 여자 앞에 이야기를 모두 털어놓고 물었을 때 가엾은 그 계집 장님은 길고 긴 한숨으로 대답을 대신하여 그 믿을 수 없는 이야기를 믿어도 좋은 듯이 응대를 하고 말더라는 것이었다.

"한데 손님은 어째서 자꾸 그런 쓸데없는 얘기에까지 흥미가 그리 많으시오? 가만히 보니 아까부터 손님은 제 소리보다도 외려 그 여자 이야기 쪽에 정신이 더 팔리고 계신 듯해 보이시던데 손님한테도 무슨 그럴 만한 사연이 계신 게 아니시오?"

이야기를 대충 끝내고 난 여인이 **짐짓** 심통을 부려 보고 싶은 어조로 묻고 있었다.

그러자 사내는 이제 그의 오랜 예감이 비로소 어떤 분명한 사실에 다다르고 있는 듯 얼굴빛이나 몸짓들이 부적 더 사나워지고 있었다. 사나워진 그의 얼굴 한 구석엔 내력을 알 수 없는 어떤 기분 나쁜 살기의 빛깔마저 떠오르기 시작했다. 여인의 심통스런 추궁에도 그는 거의 발작이라도 일으킬 듯이 고갯짓을 거칠게 가로저어대고 있었다.

하지만 여인은 미처 그런 눈치까지는 알아차리질 못하고 있었던 모양이었다.

"그렇담 손님은 제 얘길 너무 곧이곧대로 믿고 계신가 보구만요. 전 아직도 그걸 통 믿을 수가 없는데 말씀이오. 눈을 그렇게 상해 놓으면 목소리가 대신 좋아진다는 게, 아닌 게 아니라 그럴 수도 있는 일이겠소?"

무심결에 묻고 나서야 그녀는 가만 제풀에 문득 입을 다물어 버렸다. 이번에도 계속 고개만 가로저어대고 있는 손님의 눈빛에서 그녀도 비로소 그 내력을 알 수 없는 살기 같은 것을 보았기 때문이었다.

하지만 여인은 아직도 무엇 때문에 갑자기 사내가 그런 눈이 되고 있으며, 무엇이 아니라고 그토록 고갯짓을 되풀이하고 있는지 까닭을 알 수가 없었다. 눈을 멀게 해도 소리가 고와질 수는 없다는 것인지, 아니면 좋은 목청을 길러 주기 위해 그 아비가 딸년의 눈을 멀게 했었다는 소리꾼 부녀의 이야기 전부를 부인하고 싶은 것인지, 그녀로서는 도대체 손님의 고갯짓을 옳게 새겨 읽어 낼 재간이 없었다. 더더구나 그 여인으로서는 딸년의 소리를 위해서가 아니라 보다 더 분명하고 비정스런 소리꾼 아비의 동기를 점치고 있는 사내의 깊은 속마음은 상상조차도 못했을 일이었다.

"어이 가리 어이 가리, 황성 먼 길 어이 가리
오늘은 가다 어디서 자고, 내일은 가다 어디서 잘 거나……"

한동안 무거운 침묵의 시간이 흐른 다음이었다.

여인이 이윽고 사내를 유인하듯 천천히 다시 노래를 시작했다. 공연히 거북해진 방 안 분위기를 소리로나 녹여 보고 싶은 여인의 심사인 듯했다.

「심청가」중에 심봉사가 황성길을 찾아가는 정경으로, 여인의 목소리는 어느 때보다도 유장하고 창연스런 진양조 가락을 뽑아 넘기고 있었다. 지그시 눈을 내리감은 사내의 장단 가락이 졸리운 듯 이따금씩 여인을 급하게 뒤쫓곤 했다.

제16과 소설:「서편제」
한국 현대문학 작품 선독

사내는 이미 여인의 소리를 듣고 있지 않았다.

그는 또다시 그 어릴 적의 이글거리는 태양볕을 머리 위에 뜨겁게 느끼고 있었다. 그리고 그 아비 아닌 아비가 되어 버린 옛날 사내의 소리를 듣고 있었다.

어미를 잃고 난 소년이 사내의 그 소리 구걸길을 따라 나선 지도 어언 십여 년을 흐르고 있었다.

사내는 채 철도 들지 않은 계집아이와 소년을 앞세우고 고을고을 소리를 팔며 떠돌아다니고 있었다.

그러면서 사내는 항상 그의 그 어린것에게도 소리를 시키는 게 소원이었다.

하지만 어린 녀석은 그저 마지못해 소리를 흉내 내는 시늉을 해 보일 뿐, 정작으로 그것을 익히고 싶은 생각이 조금도 없었다.

사내는 마침내 녀석을 단념하고 이번에는 그보다도 더 나이가 어린 계집아이 쪽에 소리를 배워 주기 시작했다. 계집아이에겐 소리를 시키고 사내 녀석에겐 북장단을 치게 했다. 재간이 좀 뻗친 탓이었을까? 계집아이 쪽은 신통하게도 소리를 잘 흉내 내었고, 목청도 제법 들을 만했다. 사람들이 모인 데서 아비 대신 오누이가 소리를 놀아 보여서 치하를 듣는 일까지 생기기 시작했다.

사내는 끝내 나어린 오뉘 소리꾼을 만들기가 소원인 것 같았다.

하지만 그 어린 사내 녀석은 끝내 아비의 뜻을 따를 수가 없었다. 그는 오히려 사내와는 정반대의 생각을 품고 있었다. 언제부턴가 그는 자기의 손으로 그 나이 먹은 사내와 사내의 소리를 죽이고 말 은밀한 계획을 꾸미고 있었다. 어미를 죽인 것이 바로 사내의 소리였다. 언젠가는 또 사내가 자기를 죽이게 될 지도 모른다는 두려움이 항상 녀석을 떨리게 했다. 소리를 하고 있을 때밖엔 좀처럼 입을 여는 일이 드문 버릇이나 사내의 그 말없는 눈길이 더욱더 녀석을 두렵게 했다. 어미의 원한을 풀어 주고 싶었다. 사내가 자기를 해치려 들기 전에 이쪽에서 먼저 사내를 없애 버려야만 했다. 사내를 두려워하면서도 그의 곁을 떠나지 못하고 있는 것은 마음속에 그런 음모가 꾸며지고 있었기 때문이었다. 사내가 두렵기 때문에 그가 시키는 대로 북채잡이 노릇까지는 터놓고 거역을 할 수가 없었다. 순종을 하는 체해 보이면서 때가 오기를 기다리고 있었다.

사내가 소리를 하고 있을 때, 그 하염없고 유장한 노랫가락 소리를 듣고 있노라면 녀석은 번번이 그 잊고 있던 살기가 불현듯 되살아 나오곤 했다. 그는 무엇보다도 그 사내의 소리를 견딜 수가 없었다. 그리고 그 소리를 타고 이글이글 떠오르는 뜨거운 햇덩이를 참을 수가 없었다.

그는 사내의 소리를 들을 때마다 문득문득 기회가 가까이 다가오고 있음을 느꼈다. 거기다가 사내는 또 듣는 사람도 없이 혼자서 자기 소리에 취해들 때가 종종 있었다. 산길을 지나다가 인적이 끊긴 고갯마루턱 같은 데에 이르면 통곡이라도 하듯 사지를 풀고 앉아 정신없이 자기 소리에 취해 들곤 하였다. 사내가 목청을 돋아올리기 시작하면 무연한 산봉우리가 메아리를 울려 오고, 골짜기의 산새들도 울음소리를 잠시 그치는 듯했다. 녀석이 어느 때보다도 뜨겁게 불타고 있는 그의 햇덩이를 보는 것은 그런 때의 일이었다. 그런 때는 유독히도 더 사내에 대해 견딜 수 없는 살의가 치솟곤 했다.

사내의 소리는 또 한 가지 이상스런 마력을 가지고 있었다. 녀석에게 살의를 잔뜩 동해 올려놓고는 그에게서 다시 계략을 좇을 육신의 힘을 몽땅 다 뽑아가 버리는 것이었다. 녀석이 정작 그의 부푼 살의를 좇아나서 볼 엄두라도 낼라치면, 사내의 소리는 마치 무슨 마비의 독물처럼 육신의 힘과 부풀어 오른 살의 **촉수**를 이상스럽도록 무력하게 만들어 버리곤 하였다. 그것은 심신이 온통 **나른하게** 풀어져 버리는 일종의 몸살기와도 비슷한 증세였다.

한데 더욱더 알 수 없는 것은 그때마다 녀석을 대하는 사내의 태도였다. 확실한 것은 아니었지만 녀석은 그때 사내 쪽에서도 어느 만큼은 벌써 그의 마음속 비밀을 눈치 채고 있으리라는 생각이 문득문득 머리로 들어오곤 하였다. 그것이 녀석으로 하여금 그를 더욱 두려워하게 한 이유의 하나가 되고 있었다. 사내를 해치려 하고 있는 터에, 그리고 그것을 그토록 오랫동안 망설이고 주저해 온 터에 사내라고 그에게서 전혀 수상한 **낌새**를 눈치 채지 못하고 있었을 리가 없었다. 한데도 사내는 전혀 수상한 낌새를 나타내지 않고 있었다. 그는 그저 아무것도 모른 체 무심스레 소리에만 열중하고 있기가 예사였다. 아니 어쩌면 그는 이미 모든 것을 다 꿰뚫어 알고 있으면서도(그가 소리를 할 때마다 녀석에게 이상한 살기가 부풀고 있다는 사실까지도!) 오히려 녀석을 기다리며 유인이라도 해대고 있는 듯이 끝없이 깊은 절망과 체념기가 깃들인 모양새로 더욱더 극성스레 목청을 돋아내고 있는 것이었다.

그러던 어느 가을날 오후였다.

녀석은 마침내 모든 것을 알게 되었다.

소리꾼 일행은 그날도 어느 낯선 고을의 산길을 지나가고 있었는데, 그날따라 사내는 또 길을 걸으면서까지 그 극성스런 소리를 쉬지 못하고 있었다. 쉬엄쉬엄 소리를 뿌리며 산길을 지나가던 일행이 이윽고 한 산마루의 고갯길을 올라서자, 사내는 이제 거기다 아주 자리를 잡고 주저앉아서 **새판잡이**로 다시 목청을 놓기 시작하는 것이었다. 가을 산은 붉게 불타고 골짜기는 뽀얗게 멀어져 있었다. 사내는 그 산과 골짜기에서도 깊은 한이 솟아오르는 듯 오래오래 소리를 계속하고 있었다. 그러나 그는 마침내 자기 소리에 힘이 지쳐난 듯 길가 가랑잎 위로 슬그머니 몸을 눕히더니 그 길로 그만 잠이 드는 듯 기척이 이내 조용해져 버렸다.

그런데 녀석은 또 그날따라 사내의 길고 오랜 소리로 하여 사지가 더욱 나른하게 힘이 빠져 있었다. 사내의 노랫가락이 너무도 망연하고 정망스러웠다. 잦아들 듯한 한숨으로 제풀에 공연히 몸이 떨려올 지경이었다.

녀석은 이제 더 이상 견디고 있을 수가 없었다. 까닭 없이 가슴에 북받쳐 오르고 있는 그 기이한 서러움이 녀석에게 오히려 이상스런 힘을 주고 있었다.

그는 이윽고 슬그머니 자리를 털고 일어나 잠잠해진 사내의 주위를 조심조심 몇 차례나 맴돌았다.

하지만 사내는 그때 실상 잠이 들어 있었던 것이 아니었는지도 모른다. 녀석이 마침내 계집아이조차 모르게 커다란 돌멩이 하나를 가슴에 안고 가만가만 사내의 뒤쪽으로 다가서 갔을 때였다. 그리고는 제 겁에 제가 질려 어찌할 줄을 모르고 한참 동안이나 그냥 몸을 떨고

서 있을 때였다. 녀석은 그때 차라리 사내가 잠을 깨고 일어나서 그의 거동을 들켜 버리게라도 되었으면 싶던 참이었는데, 사내가 정말로 천천히 머리를 비틀어 뒤에 선 녀석을 돌아다보았던 것이다.

"왜 그러고 있는 거냐?"

그리고 그는 무엇인가 기다리다 못한 사람처럼 조금은 짜증이 섞인 듯한 목소리로 녀석을 슬쩍 나무랐다. 그러나 그뿐이었다. 그는 더 이상 녀석을 나무라려고 들지도 않았고 돌멩이의 사연을 묻지도 않았다. 그는 그저 그 조용한 한마디뿐 녀석의 심증을 유인하듯 다시 고개를 돌려 잠이 든 시늉이 되고 말았다.

정말로 알 수 없는 일이었다.

작자는 처음부터 녀석의 마음속을 알고 있었음에 틀림 없어 보였다. 한데도 그는 무슨 생각으로 그토록 아무것도 모르는 체해 줄 수가 있었는지, 그 점은 이날 이때까지도 해답을 풀어 낼 수 없는 기이한 수수께끼였다.

녀석이 사내의 곁을 떠난 것은 그러니까 그런 일이 생겼던 바로 그날 오후의 일이었다. 사내는 끝내 녀석을 모른 체하고 있었고, 녀석은 더 이상 자신을 견디고 서 있을 수가 없었다. 그는 마침내 끌어앉은 돌멩이를 버리고 나서 용변이라도 보러 가듯 스적스적 산길가 숲 속으로 들어가선 그 길로 영영 두 사람 앞에 모습을 감춰 버리고 만 것이었다. 숲 속을 멀리 빠져나와 두 사람의 모습을 찾아볼 수 없을 만큼 되었을 때, 그를 부르며 찾아 헤매는 듯한 사내의 소리가 골짜기를 아득히 메아리쳐 오고 있었지만, 녀석은 점점 소리가 멀어지는 반대쪽으로만 발길을 재촉해 버리고 만 것이었다.

그러나 녀석에겐 아직도 그 골짜기를 길게 메아리쳐 오던 사내의 마지막 소리를 피해 갈 곳은 아무 데도 없었다. 그날 이후로 그는 어느 때 어느 곳에서나 소리를 만나기만 하면 그때의 그 사내의 소리를 다시 듣곤 했다.

이날도 물론 마찬가지였다.

이날 밤도 그는 어느새 안타깝게 그를 찾아 헤매는 사내의 소리를 듣고 있었다. 그리고 그는 버릇처럼 어디론가 그것에서 멀어지려고 숨이 차도록 다급한 발길을 끝없이 재촉해 가고 있었다.

"이제 그만하고 목을 좀 쉬게."

사내가 마침내 제풀에 힘이 파한 얼굴로 여자를 **제지하고** 나선 것은 그러니까 전혀 그녀를 위해서가 아니었던 셈이다.

사내는 이제 얼굴빛이 참혹할 만큼 힘이 빠져 있었다.

"그래 여인은 그럼 자기의 눈을 멀게 한 비정스런 아비를 어떻게 말하던가?"

몇 잔째 거푸 술잔을 비우고 난 사내가 이윽고 다시 조용한 목소리로 여인에게 물어 왔다.

"그 여잔 그런 말을 한 적이 없었답니다."

사내 앞에선 이제 더 이상 숨길 일이 없다는 듯 여인의 말투가 한결 고분고분해지고 있었다.

"여인이 말한 일이 없더라도 평소에 아비를 대하는 거동 같은 것을 보아 그 여인이 제 아비를 용서하고 있는지 못하고 있는지는 맘속으로 짐작해 볼 수가 있었을 것 아닌가 말이네."

빈틈없이 파고드는 사내의 추궁에 여인은 거의 억지 짐작을 꾸며 대고 있는 식이었다.

"행동거지로만 본다면야 말도 없고 원망도 없었으니 용서를 한 것 같아 보였지요. 더구나 소리를 좀 안다 하는 사람들까지도 그걸 외려 당연하고 장한 일처럼 여기고들 있었으니께요."

"그 목청을 다스리기 위해 눈을 멀게 했을 거라는 얘기 말인가?"

"목청도 목청이지만, 좋은 소리를 가꾸자면 소리를 지니는 사람 가슴에다 말 못할 한을 심어 줘야 한다던가요?"

"그래서 그 한을 심어 주려고 아비가 자식 눈을 빼앗았단 말인가?"

"사람들 얘기들이 그랬었다오."

"아니지⋯⋯아닐 걸세."

사내가 다시 고개를 천천히 가로젓고 있었다.

"사람의 한이라는 것이 그렇게 심어 주려 해서 심어 줄 수 있는 것은 아닌 걸세. 사람의 한이라는 건 그런 식으로 누구한테 받아 지닐 수 있는 것이 아니라, 인생살이 한평생을 살아가면서 긴긴 세월 동안 먼지처럼 쌓여 생기는 것이라네. 어떤 사람들한테 사는 것이 바로 한을 쌓는 일이고 한을 쌓는 것이 바로 사는 것이 되듯이 말이네⋯⋯. 그보다도 고인한테 좀 미안한 말이지만, 노인은 아마 그 여자의 소리보다 자식년이 당신 곁을 떠나지 못하게 해 두고 싶은 생각이 앞섰을지도 모르는 일일 거네."

여인은 드디어 입을 다물어 버리고 말았다. 사내는 이제 그 여인이 알아듣거나 말거나 아직도 한참이나 깊은 상념 속을 헤매듯이 아득하고 몽롱한 목소리로 혼잣말처럼 중얼거리고 있었다.

"하지만 어쨌거나 그 여자가 제 아비를 용서한 것은 다행한 일이었을지 모르는 노릇이지. 아비를 위해서도 그렇고 그 여자 자신을 위해서도 그렇고⋯⋯. 여자가 제 아비를 용서하지 못했다면 그건 바로 원한이지 소리를 위한 한은 될 수가 없었을 거 아닌가. 아비를 용서했길래 그 여자에겐 비로소 한이 더욱 깊었을 것이고⋯⋯."

여인은 문득 다시 사내를 건너다 보았다.

"손님께서는 아마 그렇게 믿어야 마음이 편해지시는가 보군요."

그리고 여인은 그제서야 사내가 안심이 된다는 듯 모처럼만에 한 차례 웃음을 보이고 나더니 이번에는 별로 망설이는 기색도 없이 스스럼없이 물어왔다.

"그래, 손님께서 이제 그 여자가 장님이 되어 버린 것을 아시고도 여전히 그 누이를 찾아 헤매 다니실 참인가요?"

여인의 그 갑작스런 **발설**에도 사내는 무얼 좀 새삼스럽게 놀라워하는 기색 같은 것이 전혀 안 보였다.

"그저 여망이 있다면 멀리서나마 그 여자 소리라도 한번 만나게 되었으면 싶네만, 글쎄 언제 그런 날이 있을는지……."
　지나가는 소리처럼 힘들이지 않은 목소리로 말하고 나서는, 그녀가 불쑥 자신의 맘속을 짚어 낸 것이 새삼스럽게 크게 궁금해지기라도 한듯 비로소 조금 생기가 돌아오른 눈길로 여인 쪽을 그윽이 건너다보았다.
　이제 여인 쪽에서도 벌써 사내의 그런 눈치를 알아차린듯, 그러나 어딘가 지레 시치미를 떼고 있는 목소리로 엉뚱스레 의뭉을 떨어내고 있었다.
　"아마 그 여자 어렸을 때 소리 장단을 부축해 준 북채잡이 어린 오라비가 한 분 계셨더라는데, 제가 여태 그걸 말씀드리지 않고 있던가요?"

[단어 해석/单词解析]

1. 해묵다 : 어떤 물건이 해를 넘기어 오래되다 **陈年, 多年**
2. 구성지다 : 천연스럽고 구수하며 멋지다 **悦耳, 婉转**
3. 흉중 : 마음속에 품고 있는 생각 **心里话**
4. 뒤숭숭하다 : 느낌이나 마음이 어수선하고 불안하다 **乱糟糟, 混乱**
5. 진배없다 : 그보다 못하거나 다를 것이 없다 **差不多, 毫无二致**
6. 정갈하다 : 깨끗하고 깔끔하다 **利落, 整齐**
7. 미진하다 : 아직 다하지 못하다 **未尽, 没有……完**
8. 문간방 : 문간 옆에 있는 방 **门厅**
9. 눙치다 : 어떤 행동이나 말을 문제 삼지 않고 넘기다 **放过, 消气**
10. 가지런하다 : 여럿이 층이 나지 않고 고르게 되어 있다 **整齐**
11. 짐짓 : 마음으로는 그렇지 않으나 일부러 그렇게 **故意, 果真**
12. 촉수 : 촉광의 정도를 나타내는 수 **灯光的亮度**
13. 나른하다 : 맥이 풀리거나 고단하여 기운이 없다 **没劲, 乏力**
14. 낌새 : 어떤 일을 알아차릴 수 있는 눈치 **苗头, 征兆**
15. 새판잡이 : 새로 일을 벌여 다시 하는 일 **重整旗鼓**
16. 제지하다 : 말려서 못하게 함 **制止**
17. 발설 : 입 밖으로 말을 냄 **泄漏, 说出去**

[연습 문제/练习]

1. 작중 여자의 한은 무엇입니까?
2. 작중 아버지가 딸의 눈을 멀게 하는 이유에 대해서 자기의 생각을 말해 보십시오.
3. 이 작품을 읽고 느끼는 것을 말해 보십시오.

《韩国现代文学作品选读》电子课件信息

尊敬的老师：

您好！

为了方便您更好地使用《韩国现代文学作品选读》，我们特向使用该书作为教材的教师赠送电子课件。如有需要，请完整填写"教师联系表"并加盖所在单位系（院）或培训中心公章，免费向出版社索取。

北京大学出版社

教 师 联 系 表

教材名称	《韩国现代文学作品选读》					
姓名：		性别：		职务：		职称：
E-mail：		联系电话：		邮政编码：		
供职学校：			所在院系：			（章）
学校地址：						
教学科目与年级：				班级人数：		
通信地址：						

填写完毕后，请将此表邮寄给我们，我们将为您免费寄送《韩国现代文学作品选读》电子课件，谢谢合作！

北京市海淀区成府路205号　　　　邮 购 部 电 话：010-62534449
北京大学出版社外语编辑部　刘虹　市场营销部电话：010-62750672
邮政编码：100871　　　　　　　　外语编辑部电话：010-62759634
电子邮箱：554992144@qq.com